Amor e Ética

Dados Internacionais de Catalogação na Publicação (CIP)
(Câmara Brasileira do Livro, SP, Brasil)

Barros, Paulo
Amor e ética / Paulo Barros. — São Paulo : Summus, 2006.

Bibliografia.
ISBN 85-323-0296-3

1. Contos 2. Conscientização 3. Gestalt-terapia 4. Poesia
5. Psicoterapia I. Título.

06-5992   CDD-153

Índice para catálogo sistemático:

1. Conscientização : Psicologia   153

Compre em lugar de fotocopiar.
Cada real que você dá por um livro recompensa seus autores
e os convida a produzir mais sobre o tema;
incentiva seus editores a encomendar, traduzir e publicar
outras obras sobre o assunto;
e paga aos livreiros por estocar e levar até você livros
para a sua informação e o seu entretenimento.
Cada real que você dá pela fotocópia não autorizada de um livro
financia o crime
e ajuda a matar a produção intelectual de seu país.

Paulo Barros

Amor e Ética

summus editorial

AMOR E ÉTICA
Copyright © 2006 by Paulo Barros
Direitos desta edição reservados por Summus Editorial

Editora executiva: **Soraia Bini Cury**
Assistente de produção: **Claudia Agnelli**
Capa: **Camila Mesquita**
Projeto gráfico: **Daniel Rampazzo / Casa de Idéias**
Diagramação: **Sheila Fahl / Casa de Idéias**
Fotolitos: **Casa de Tipos**

Summus Editorial
Departamento editorial:
Rua Itapicuru, 613 – 7º andar
05006-000 – São Paulo – SP
Fone: (11) 3872-3322
Fax: (11) 3872-7476
http://www.summus.com.br
e-mail: summus@summus.com.br

Atendimento ao consumidor:
Summus Editorial
Fone: (11) 3865-9890

Vendas por atacado:
Fone: (11) 3873-8638
Fax: (11) 3873-7085
e-mail: vendas@summus.com.br

Impresso no Brasil

Sumário

Prefácio – As voltas de tanta coisa 7

Primeira Parte
POESIA E PROSA

Auto-retrato 11

Tem gente que escreve de outro jeito 13

Serapião... 14

Espírito, uma invenção do espírito............................. 16

Histórias do Primeiro Avô 19

A saga da saudade 24

Bastião Rosa... 66

Fartura.. 75

Seiva... 77

Passarim... 78

Roda-gigante 79

Contigo.. 80

Na ponta de um cigarro.................................. 81

Laudo 82

Riqueza.. 83

Você 84

Onda quântica 85

Quântica II.. 86

Quântica III.. 87

Quântica IV 88

Quântica V 89

Quântica VI 91

Bilhete 93

Amanhecer em ti 94

O guardador de águas de Manoel 95

Consulta a Vinicius 96

Segunda Parte

ENSAIOS

Amor e ética 101

Psicoterapia e internet 256

Awareness 274

O homem e a informática 291

Gestalt-terapia: duas palavras 303

Posfácio – Carta a um amigo escrevinhador 307

Anexo – O sagrado e o profano 310

Prefácio
As voltas de tanta coisa

Para ser mais exato, Paulo Barros teria de se chamar Paulos Barros. É verdade que somos plurais todos nós, os humanos, e viemos todos do mesmo barro transmutado em sangue e carne. Mas não conheço ninguém que seja, como este meu amigo, assim rico de facetas diversas. Como se reflete neste texto, ele é um mosaico, composto da improvável associação de peças da mais autêntica ingenuidade com outras da mais elaborada sofisticação intelectual. Para uni-las, um velho-artesão e um menino-aprendiz preparam a argamassa, enquanto escutam as histórias desfiadas por um caboclo que enrola seu cigarrinho de palha, sentado num banquinho. E todos esses personagens e olhares são Paulos, coexistindo na maior sem-cerimônia dentro dele e neste livro.

Meu amigo é poeta inspirado, prosador divertido, pensador coerente, filósofo erudito, crítico arguto. E terapeuta da melhor qualidade, daqueles raros, de orelhas enormes e boca pequena. Sua visão do ser humano revela uma enorme ternura por nossas fraquezas, não a condescendência dos arrogantes, mas a compreensão de quem provou do mesmo sal. Por isso está credenciado para falar das várias dimensões e dos paradoxos que se entrelaçam no relacionamento amoroso, sem cair no achismo fácil nem nas receitas pretensiosas.

Seu texto é criativo porque seu repertório é vasto. Nós nos conhecemos há muitos anos, ele e eu, e atravessamos diferentes parcerias, com sucessivas trocas de papéis. Fui sua professora (quando ele era aluno de graduação e eu professora titular), fomos colegas (quando participamos dos colegiados da PUC), fui sua aluna (quando voltei à Faculdade de Psicologia para completar minha formação em Clínica), somos compadres (padrinhos do filho tão desejado de um amigo nosso). Em todas essas diferentes conotações do vínculo que nos une, o afeto sempre esteve presente – e de muito nos serviu, em momentos amargos que a vida nos impôs.

Nos últimos anos, estivemos distantes, injustamente distraídos um do outro. Fiquei sem notícias dele, mas nem estranhei muito. Sabia que ele andava recolhido, dando mais espaço para o caboclinho, encurtando as rédeas do intelectual: sacumé, mais pra pescaria no Pantanal que pra leituras na Sorbonne – embora percorresse os dois territórios com a mesma intimidade. Nem estranhei quando ele reapareceu, borboleta saindo do casulo, ainda no gerúndio, sem ter completado totalmente seu processo de reencontro com este mundo. Ele chegou contando histórias da vida e da morte, como quem está comendo uma fatia de bolo de fubá. Histórias que ainda não estão neste livro, mas estarão no próximo, posso prometer. Estava mais velho, mais sábio e, ao mesmo tempo, mais garoto e mais maroto. Incoerência? Não, em se tratando dos Paulos Barros.

Trazia nos bolsos este presente: o novo texto, em que fala de si e do mundo, com a verve e a poesia de sempre. Com um atrevido toque de irreverência: dá uma cambalhota no poeta ("que seja finito enquanto dure, mas imortal posto que é chama"), flagra a inconsistência dos argumentos do autor consagrado que faz o elogio da traição. Tudo isso com a coragem do desbravador de matos fechados e a honestidade do intelectual das academias do saber. Ou vice-versa.

Afinal, quem sabe que está de bem com Deus pode ousar.

Lidia R. Arantangy

Primeira Parte
Poesia e Prosa

Auto-retrato

O que eu tive?
Pouquinha coisa.
Nesta vida por exemplo:
Um cavalo aos doze anos.
Um amor aos quinze e um grande amigo.
Um ideal aos vinte e uma luta perdida.
Uma tristeza funda aos vinte e cinco e um rumo
Seguido firme e não mais perdido. Meu trabalho.
Música, muita música pela vida afora.
A convivência com grandes espíritos na leitura
O acesso à vida, encanto profundo com minha alma
Feminina.
Estripulias de garoto. Curiosidades.
A cumplicidade das cozinheiras.
A alegria dos simples.
O desafio do complicado.
O amor de mulher. Algumas paixões.
A faceirice gentil e companheira.
A admiração, o respeito mútuo.
Claro, muita briga também. E sofrimento.
A orgia dos sentidos. Variadas gulodices.
Visitas à poesia. O contato com a criação.
Os pecados e o perdão. A alegria serena.

Filhos. Casal de filhos.
Raízes na terra.
O futuro e o sagrado.

Amanheceres de verão, tardes de outono.
Viver de aconchego nas noites de inverno.
Um dia inteiro de primavera.
O balido de um bezerrinho.
A algazarra das araras,
O silêncio da coruja.
Meus arranca-rabos com o diabo.
Pra depois deixar ele de lado.
Bem, 'tou de bem com Deus. E Ele comigo.

Tem gente que escreve de outro jeito

Quando não sei mais quem sou, desejando estar sozinho,
volto a meus autores preferidos.
Neles uma espécie de aconchego,
uma viagem no tempo,
uma forma de permanência.

Assim como a da árvore. Em sua beleza, sementes,
o fremir da brisa em sua folhagem.
Nela me detenho, a vida em suas raízes.
À sua sombra me deito. Me entrego ao pertencer
à vastidão da paisagem.

E então, se tenho sorte, o futuro se abre, e
com ele, um desejo de escrever.
Deste modo viver afinidades.
Meu texto se faz semente.
Brota como um olho d'água.
Como riacho passeio por meus gigantes, autores da floresta.

Ao fluir com meu texto um desejo se faz intenso,
uma espécie de possessão,
duplo desejo de antinomias.
Não abro mão de nenhum de meus autores.
Anseio, com quem me ler estar sozinho.

Serapião

Dizem que o nome lhe veio do padrinho. Um tio-avô. Um homem que por onde andava não estava só. Muito procurado por conselhos. Ao que muito escutava. E pouco dizia. Gostava sim. De contar histórias. Mas do que mesmo gostava era das coisas. Dos bichos. De andar a pé. Não que andasse muito. Mormente passados os oitenta. De antes disso não havia quase quem mais lembrasse. O trechinho de um morro. Um pedacinho de vale. Era o que andava. Afora o jardim. Mas seu mundo era grande. Porque era o de Deus. Assim qualquer coisa. Que lhe viesse ao encontro. Não que fosse de muitos cuidados. Descuidado em aparências. Cuidando de outras coisas. Das coisas mesmas. Celebrava. Desatento. Andava num outro mundo. No mundo do Criador. Dizem que em sua oficina era tal a bagunça que pouco se entendia. Como que dali, de suas mãos, pudessem sair tamanhas e tantas preciosidades. Um caminhãozinho de puxar areia. Um boneco lindo de pano. O conserto de uma panela. Uma faca velha de cabo novo. Uma colher de pau de mexer em doce. Somente para ficar com as coisas de madeira. Para não falar do couro, da argila, da palha, dos metais, das tintas, das colas, das pedras. Mexia em tudo isso. E mais. Sempre acompanhado. De quem, não se sabia. Mas tinha. Debaixo dos olhos tudo o de que carecia. Estivesse em hora de lixar. Levantava um papelão. Lá estava a lixa. Caísse uma arruela e a mão tropeçava com ela. Assim que pensasse em alguma coisa seu anjo o conduzia. De anjo, chamamos nós. Que ele não punha nome. Apenas sorria por dentro. De pura gratidão. Mas que ele amava se via. Os parafusos. Um furo na madeira. O vento. Um graveto com que cruzasse. A sujeira das mãos. A ele as coisas se ofereciam. E ele, Serapião, o tio-avô, agradecia. Nunca se viu esse homem sozinho. É o mundo de Deus, dizia. Que assim quem vive nem carece de contrição. Em comunhão vivia.

Espírito, uma invenção do espírito

"Se o espírito não existisse só
um espírito poderia criá-lo."

Em uma cabana vivia um velho tão velho que ninguém mais o visitava. E isto há tanto tempo que dele ninguém se lembrava. Não esperava mais visitas e também delas tinha medo. Quem senão a morte poderia dele se lembrar?

Cozinhava suas batatas em um caldeirão de ferro preto. Esquecera onde as arranjara, e toda noite se encantava com que elas estivessem tão macias quando ainda há bem pouco estavam frescas e coloridas de terra. Dos seus cochilos acordava bocejando, lembrando que estava com sono.

Caminhava atrás da casa como quem fosse para o mato. Até mesmo os pássaros mais tímidos com ele não se importavam. Sua presença era como a das árvores, suas preferidas.

Depois de temer a morte até mesmo a desejara. Mas temer e desejar são cansativos e passageiros, e por longos períodos deu de esquecê-la. Quando se lembrava, vislumbrava um esquecimento pressentido como recíproco. E algo em si sorria como se sorri na presença de uma lembrança amiga. Com o tempo tudo foi adquirindo esta qualidade. Sua existência tornou-se sutil.

Um dia não mais voltou para a cabana. Quedou-se junto à árvore mais antiga. E por uma afinidade na compreensão da passagem do tempo, começou a perder idade. Foi perdendo, perdendo e esteve ali tanto tempo que ficou sem nenhuma idade. Sua consciência foi se tornando luminosa. O seu corpo não mais existiu, pois que forma poderia ter o corpo de um homem sem nenhuma idade?

A árvore e seu companheiro passaram a contar histórias em silêncio. As histórias eram tantas e tão antigas que saíram do tempo. Penetraram por uma imensa porta onde havia uma inscrição, com a mais antiga das palavras. Embora não conhecessem aquela linguagem dos primórdios, reconheceram o seu significado eterno: AGORA.

Só se sai do tempo quando se penetra nas coisas. Penetra-se as criaturas quando, estando totalmente presente, deixa-se de existir e se é transportado de maneira integral até elas. Assim os antigos diziam que para penetrar o espírito das criaturas é necessário que se deixe de existir, que se abandone tudo que se é para poder estar com elas. E então se lembrar de quando se era um com as coisas. Fazer isto é uma necessidade do espírito. Um espírito é a necessidade de se constituir enquanto tal. O espírito anseia por encontrar a si mesmo. E só se encontra quando, esquecendo-se, sai ao encontro do espírito que existe nas criaturas.

Conta-se que esta história se passou numa ocasião em que a morte, estando ocupada consigo mesma, não existiu por uns tempos. Pois também a morte só existe quando se ocupa das criaturas.

E tendo o velho deixado de existir ao encontrar o espírito das coisas, tornou-se ele mesmo em espírito. Escapou assim da morte, que até hoje vive a procurá-lo.

Todas estas coisas foram contadas por um velho, não tão velho como o primeiro, mas que aprendeu a escutar uma árvore contar histórias.

As pessoas têm medo do silêncio. Não querem aprender. Só se interessam em saber. Por ter estado o velho à sombra da árvore mais antiga e ter lá permanecido, as pessoas confundem sombras com espíritos e julgam encontrar a morte sob as árvores mais frondosas dos lugares ermos.

Desde estes tempos todo velho que aprendeu a escutar as árvores tem muitas histórias para contar. Todo mundo já viu alguma vez um velho em silêncio, debaixo de alguma árvore, fingindo que está cochilando. Pois é este o seu segredo. Está escutando histórias. A gente não vê mas tem sempre um pouco de brisa passando por ali. Por isso de vez em quando uma folha se mexe. O vento que vem depois é a brisa indo embora depressa. O velho finge que acorda e vai embora também. Mas leva o coração cheio de histórias.

Histórias do Primeiro Avô

— E as estrelas avô, de onde vieram?

— Quando o Primeiro Avô resolveu deixar a Terra para passear pelos céus, a pedido dos seus, ele prometeu que iria marcar os lugares por onde fosse passando. Então combinou que acenderia pequenas fogueiras que indicassem as andanças dele pelos espaços. E disse:

"Enquanto as estrelas estiverem nos céus, estarei me lembrando de todos, e mandando uma prenda a cada um. A primeira estrela concede um desejo. A segunda guarda um segredo. A terceira traz uma lembrança. Todas as noites acenderei uma fogueira. E como agora, nos reuniremos em torno dela, para contarmos as nossas histórias."

Então surgiram as estrelas. As estrelas são as fogueiras do Primeiro Avô. Elas fazem-nos lembrar de suas histórias.

— E os lagos, avô, o que são?

— Quando o Primeiro Avô partiu da Terra e resolveu criar os céus com seus passeios, dividiram-se os seres em celestes e terrestres. Levou fogueiras da terra para o céu. As estrelas. E deixou na terra algumas coisas do céu. Os lagos são pedaços do céu na terra. Refletem as estrelas. O Sol, as nuvens. O céu vem passear na terra na imagem dos lagos. E suas águas, aquecidas pelo Sol, passeiam pelo céu nas nuvens e voltam para refrescar e alimentar as plantas e todos os seres. Se a mente estiver limpa, o lago reflete o céu.

— E os rios, avô, de onde vieram?

— Quando as águas, aquecidas pelo Sol, vão passear nas nuvens, elas se dividem em pequeninas gotas para se purificar e poder cada uma receber o sopro do céu. E em gotas trazem a bênção celeste que espalham por toda parte. Mas as águas, como todos os seres, desejam se juntar. Então, com saudades da terra, todas elas se dirigem aos lugares mais baixos dos vales para se reencontrar. Os rios são os caminhos das águas pela terra. Seus passeios terrestres. As cachoeiras são as alegrias das águas, quando elas andam depressa e cantam as alvuras das espumas.

— E as árvores, avô, as montanhas, de onde vieram?

— Antes de o Primeiro Avô se mudar para o céu, a terra toda era plana e as plantas todas eram rasteiras e viviam abraçadas à terra. Quando o Primeiro Avô iniciou suas andanças celestes, algumas plantas procuraram subir e estenderam seus braços em louvor ao Avô, e a terra se ergueu em montanhas para melhor divisar e vasculhar os céus em busca do Avô. Os pássaros ganharam asas e de contentes entoam cantigas.

— E as flores, avô, de onde vieram?

— Antes de o Primeiro Avô partir, não havia separações. Nem mesmo macho e fêmea havia. E então as coisas se desdobraram. E se apartaram para poder sentir atração. E esta força que se chama amor passou a unir o que foi separado. Nasceram então as flores que anunciam este desejo de união.

— E as perguntas, avô, de onde vieram?

— Quando o Primeiro Avô partiu, para não sentir saudades, levou o mundo todo e todo mundo dentro de si. E criou o dentro e o fora. Então os olhos passaram a ver dentro e fora. E os ouvidos passaram a escutar dentro e fora. O que une o fora e o dentro é o coração. As perguntas então apareceram, como as passagens, os caminhos entre as pessoas, as coisas e os mundos que existem dentro e fora da gente.

— E as palavras, avô, de onde vieram?

— Quando o Primeiro Avô partiu, e se criaram os espaços, o mundo, para não ficar vazio, foi dando lugar a uma porção de coisas. E cada coisa, para não se sentir sozinha, ganhou um significado. O Primeiro Avô entregou o significado de cada coisa aconchegado em uma palavra. Assim, cada palavra guarda o significado de cada coisa. E cada coisa não está sozinha, pois carrega consigo o seu significado.

— E a vida, avô, de onde veio?

— Em suas andanças, o Primeiro Avô, certa feita, foi muito, muito longe. E de longe pôde olhar todas as estrelas. E sentiu uma alegria do tamanho do céu. E começou a dançar toda essa alegria. E dançou e dançou. Tanto, mas tanto mesmo que passou a desejar que sua alegria fosse compartilhada. E esse desejo foi crescendo, crescendo. E se tornou tão imenso que produziu a maior explosão que já aconteceu. Um número desconhecido de fagulhas resultou daquela explosão. As fagulhas então foram transportadas por um grande sopro. O sopro da grande alegria do Primeiro Avô. Todas as coisas que foram atingidas pelas fagulhas e pelo sopro ganharam vida.

— Mas então, avô, não existia vida aqui antes de o Primeiro Avô partir?

— As coisas eram muito diferentes antes de ele partir. Para começar não existia antes nem depois. Nem princípio nem fim. Todas as coisas estavam dentro do Primeiro Avô. O próprio tempo era um grande novelo guardado no ouvido do Primeiro Avô. Em sua grande explosão de alegria o novelo caiu e começou a se desenrolar. E o fio do tempo começou a tecer o grande enredo de que se fazem todas as histórias da vida.

— Mas avô, o Primeiro Avô não morava aqui com a gente? Não foi daqui que ele partiu? Ele está muito longe? Onde ele se encontra? É difícil encontrar com ele?

— Como o Primeiro Avô existia antes de existir antes e depois, para ele não existe antes nem depois. O Primeiro Avô permanece. Ele fica por onde passa.

— É difícil encontrar com ele?

— Não, o difícil é ficar quieto. Para encontrar com ele basta ficar quieto. O fio do tempo, quando desenrola, faz um barulhinho. Se escutar o barulhinho do fio do tempo você escuta o Avô.

— Mas a gente vê ele?

— O Primeiro Avô existia antes de existir fora e dentro. Para poder ver o Primeiro Avô você precisa saber que ele se encontra em toda parte. Ele pode estar no seu sonho ou numa pequena lagartixa. Assim como cada palavra é um envelope que guarda uma coisa. E cada coisa é uma caixa que guarda um significado. O Primeiro Avô é o significado.

— Mas avô, a gente pode ver o significado?

— Então, aí é que está o segredo do fora e do dentro. Você precisa desmanchar estas barreiras para poder ver o significado. Você tem de deixar uma coisa entrar completamente em você. Ou você tem de entrar nela para descobrir o significado. E então você pode ver o Primeiro Avô. Mas não se esqueça: o que une o fora e o dentro é o coração.

— A gente pode falar com ele?

— Pode. Mas não deve. O importante é aprender a escutá-lo. Muitas pessoas falam, falam com o Primeiro Avô. Mas não aprenderam a escutá-lo. E acabam falando sozinhas. E dizem que o Primeiro Avô não as escuta. Não é verdade: elas é que não sabem escutar.

— O Primeiro Avô escuta a gente?

— Sim. Sempre. Desde que o grande novelo do tempo caiu do ouvido dele e começou a se desenrolar.

— O Primeiro Avô está escutando a gente? Agora?

— Sim, claro. Nós estamos falando com ele. Nós estamos falando dele. Nós somos as perguntas...

— Então... ele é as respostas!

— Sim.

— Então ele esteve com a gente o tempo todo!

— Sim.

— E ele permanece por onde passa.

— Sim.

— Então podemos guardá-lo conosco o tempo todo.

— Sim; assim como ele nos guarda.

— Mas e se a gente se esquecer, avô?

— Basta ficar quieto. E invocá-lo. E fazer-lhe perguntas. E reaprender a ouvi-lo — então sentiremos o sopro de sua grande alegria que nos enche de vida.

A saga da saudade

Ah! As verdades matemáticas...

Em verdade, eis a minha idade: Sou tão velho que a menos que tenhais mais que a metade dos meus anos, se somardes duas vezes a vossa idade e subtraí-la da minha, encontrareis apenas o número de anos que faltam para que tenhais a minha meia-idade.

Se, no entanto, tiverdes algo mais que a metade dos meus anos, precisaremos nos adentrar em números negativos. Será preciso fazer com que o tempo ande para trás. Deixai que vos conte:

Houve um tempo em que se sabia fazer de conta. E contas não havia. Não estas de pagar. Apenas as de trocar. Não havia fazer contas. Contas apenas com pedras e conchas do fundo do mar, à beira das praias e dos riachos. E sementes. Cada semente que havia! Brilhantes, redondas, ovaladas, marrons e coloridas. Correr atrás dos flocos de paina que acaso o vento carregasse. E catar sementes.

Contar, se contavam histórias. Estas sim, guardadas em cofres. Aguardadas com avidez. Bebidas, sorvidas com toda ganância. Com que pressa olhos e ouvidos se aguçavam em torno de uma história! Ah, o aconchego das noites de histórias! Inventá-las ao vento, nas tardes das caminhadas. Asas na pipa, na imagem, n'ação. Hoje, empinando os fios da memória, a gente garra a garranchar. Histórias se encontravam em cada esquina. Cada uma vinda de um lado. Se cruzavam, redemoinhavam, seguiam. Enriquecidas por seu caminhar. Gentes. Os redemoinhos do caminho. O redemoinhar das histórias.

De conto de réis ouvi contar. Em contos de reis eu me encantava. E ria e redemoinhava: Dois mil reis no bolso de um único pedreiro. Todos a cavalo em suas armaduras. Prontos para a única, a verdadeira batalha. O pedreiro a cavaleiro. Esporeava como o galo no terreiro. Empinava o peito, o chapéu, a imaginação. O galope pra venda, a pinga, as duas cervejas, os nacos de mortadela. Os dois mil reis rodeados de crianças no bolso do pedreiro. Partiam, voavam para o balcão na paga dos doces. O vendeiro, um homem barrigudo, esticava a nota à luz da lamparina! Olhava, via e se ria. Os dez reis de cavalos empinados a gargalhar. Por conta de um doce de batata. Ou um pedaço de maria-mole. Dez reis pela alegria de uma criança. Duzentos réis por vinte crianças felizes. Não era barato nem caro. Parecia conta de "japoneis". Não eram os reis magros, quixotes, que levaram presentes para o Jesus?

Ah, Jesus menino! Namoradeiro! Quantas meninas não te namoraram nas costas do padre? Os padres cacundeiros. Estes pesos carregaram. Quantos abraços desfeitos nos cantos da igreja por um roçar de batinas! Das igrejas os sinos. Cronos anunciando muito além das aves, marias ou não, o revoar das pombas a bater palmas. O mourão do galo era o terceiro. A contar o ingazeiro em direção à porteira.

Dizem que Pedro, o do céu, foi enganado com sebo pelo Malasartes. Num fim de história de muitas peripécias. Morrido o Malasartes, expulso do inferno pelo diabo, foi tentar sortes no céu. Que vinha ali apenas por dedos de prosa. Reclamar do diabo. Afinal, qualquer um pode. Com riscos de se transformar em ranzinza. Mas enfim... Tudo tem seu preço.

Em tardes de mormaço até a morte é preguiçosa. De formas que, como em antes do baile*, só algum janota apressado. Pouco ou nenhum movimento na porta. O porteiro do céu, dizem, também tem os seus tédios. Foram interrompidos apenas por uma velhinha. Com esforço, tremendo, ela conseguiu afastar a morte ao meio-dia. Na espera do padre. E tendo morrido às três, sem o padre, chegava ao céu na força do mormaço antes da chuva das quatro. Trazia um

---

* Regionalismo significando o lugar, a porta mesmo de onde acontecerá o baile.

pedaço de sebo. Usava para desenferrujar as juntas. Que se não, se poriam a ranger, não bem medida cada légua. E tendo chegado, dada por finda a viagem, jogou o pedaço de sebo por trás da saia para São Pedro não ver.

Malasartes viu. Viu e depressa cobriu. Com o pé. Viu e ouviu que a porta do céu também rangia. Catou depressa e enfiou no bolso direito o resto do sebo. Que no esquerdo trazia, ganhado no jogo, até o baralho do diabo. Que o diabo é vermelho de tanto passar raiva e vergonha. A tudo acostumado. No entanto se estranhou com Malasartes. Malasartes desconfiou o que não podia o diabo. Mandá-lo de volta para a terra. Sair de lá só mesmo expulso. Mais tarde descobriu o que podia com o diabo. Disputar quem mais jogos sabia no baralho. Os casos de baralho. Não cedia enquanto não visse. O diabo ficasse irritado. Daí lançou o pialo*. Arremedou vacilar. Armou o laço. Deu de perdido. Que não conhecia o jogo de truco. Pôs o diabo alvoroçado. Por fim fora o diabo buscar do baralho. Na última queda, no ponto acima, de zape e espadilha, pusera o diabo de pé-de-pato e pé-de-pinto. Soltou um dois pra ser comido pelo três do diabo. O diabo perdia de dez a nove. Trucou para voltar. Só se a queda valesse o baralho, retrucou Malasartes. Fantasiado de pato, o bode Malasartes vestiu de penas e bico chato o bodão** do diabo. Pra não passar raiva e vergonha o diabo o expulsou. Foi então que decidiu tentar sortes no céu.

Com a chegada da velhinha mudou de idéias. Não iria trocar paciências com São Pedro. No mormaço das quatro, antes da chuva, haveria tédio. Mas que haja baralho santo não acredito. Provocaria. Viu São Pedro dar sete voltas pra direita no cadeado da porta. E voltar apenas duas. Matutou. Mais fácil que mexer em bunda de marimbondo. Se despediu de São Pedro. Se afastou de um tanto. Catou uma lata de cerveja usada e uns gravetos. Fez fogo e derre-

---

* Pialo: gíria do jogo de truco, blefar.
** Bodão: bode grande, pessoa que joga muito bem.

teu o sebo na latinha. No canto dos olhos vigiava São Pedro. São Pedro sentado num banquinho. O braço esquerdo apoiado nos dois joelhos. O cotovelo direito apoiado na palma da mão esquerda. A palma da mão direita apoiava a bochecha. E São Pedro deu uma gemidinha. Malasartes exultou. Com sortes de bater com as dez. São Pedro estava com dor de dentes. Deixou a latinha esfriar. Separou o sebo em três porções. Com a menor fez uma bolinha. Com a segunda fez uma chapinha. O resto ele devolveu na lata e voltou a requentar. São Pedro deu mais uma gemidinha. Malasartes colocou a chapinha no bolso direito. A bolinha no bolso da camisa. E foi direto pro São Pedro com a latinha na mão: – Com dor de dentes, São Pedro?

Malasartes que nem gato. Sentado num banquinho à beira do fogão. A última conquista tinha sido enrolar os bolinhos. Não fora fácil convencer tia Anastácia a deixá-lo ajudar. O tira-mão-daí-menino comera solto. Um par de vezes. Malasartes antigamente sofria de mão-leve. Agora não, só de brincadeiras. Tinha restado, no entanto, um outro porém. Olho rápido. Na primeira desconfiou. Na segunda, bateu na mosca. Como é que tia Anastácia, tão dada e conversadeira, não deixava ninguém ajudá-la? Em nada. Ninguém desconfiasse que a preta tava ficando velha. Nem mesmo depois de morta, no céu já não se sabe há quantos anos. E como ali isto não fazia sentido, ninguém sabia. Ninguém fora o Malasartes. Malandro de todas as feiras. Pegava no ar. Pelo cheiro. Quaisquer vaidades. As pequenas então, cheirava de longe. Não as tivesse usado sempre pra treinar pontarias, sempre que estava modorrando. Gato treina o bote é quando se espreguiça. De modos que matara a charada do céu. O céu não sendo senão a paz das pequenas vaidades ignoradas. O purgatório para as fúrias. Já o inferno é pura teimosia. Burro que vai pro inferno se conhece é pelo queixo. Curtido em muita peroração. Malasartes gostava desta palavra. Ouvira do juiz de direito.

Quando Malasartes explicou, tia Anastácia entendeu. – Aqui no céu a gente não envelhece.

Passou a deixar que ele ajudasse. Quando estivessem sozinhos. Mas o coração da preta ele ganhou de outro jeito. Se ela lembrava como é que era. Namorar de bicicletas. A gente estando com a moça. Andar do lado de fora da calçada. Empurrando a bicicleta. Saber montar com elegância. Pé esquerdo no pedal. Dar impulso com a direita. A pausa pra elegância. Passar com a direita por cima da roda traseira. Dar duas pedaladas. Olhar pra trás e prometer. A colheita dos sorrisos. A amizade das cozinheiras. Ofício adquirido na meninice. Jamais abandonado. Aprendizado com serventias até no céu.

A conversão de Malasartes começara com São Pedro. Para isso servem os porteiros do céu. P'r'o desarme da malandragem. Das três porções do sebo usara só duas. – Com dor de dentes, São Pedro? Tenho aqui um santo remédio. Dos tempos de camelô. – A bolinha de sebo foi parar no segundo molar de São Pedro. – Bom mesmo seria de sebo de peixe. Mas na falta... – Com sebo de peixe? Nunca ouvi falar. – Peixe junta sebo em antes um pouco da piracema. Pra viagem da desova. Noite de lua e os tapa n'água dos curimbatá. No meu tempo de tardezinha. O gado se juntando na porteira. A saparia a espalhar boatos. As voltas de um caminho. Meu parceiro de pesca, São Pedro, era um dentista. Iscava um anzol como se estivesse obturando. E juntava sebo de peixe. Pros arreios, pras varinhas de bambu. E pr'algum dente atrapalhado. A dor de um dente doendo, São Pedro, não presta em lugar nenhum. Seja na cama, em beira de rio, nem mesmo em porta de céu.

Com prosas de Malasartes, São Pedro acorda e recorda. – E a dor d'ainda agorinha? – Sumiu. A dor dormiu. Em prosas de ninar. Malasartes recordador! Precursor antipsicanalista. De dor em antes a gente se deve é esquecer. A não ser destas outras escondidas debaixo de alguma maldade da gente. Mesmo estas pedras não se deve carregar. É só levantar pra dor sair de baixo. E restar descansada numa volta de caminho. Dor assim vira semente. Um caminho de voltar. Um voltar a ter caminho. E depois na rede um moinho. Recontar de histórias.

Curiosidades

Um leitor me perguntando: – O que é feito da chapinha de sebo. E do sebo da latinha? – Sei lá menino. Sossega. A bunda na cadeira. Não faça conta. O que se conta são outras artes. Mas um espevitar de curiosidades tem remédio. O da latinha ele emprestou pra São Pedro. Pra acabar com a rangedeira da porta do céu. Dizem até que muito anjo botou asinhas de fora. Foi um tal de fugidinha de anjo! Nos cochilos de São Pedro. Uma revoada. – É chuva de milagres, uns diziam. – Tem raposa no galinheiro, diziam outros. Se a porta do céu se abrisse, tinha mais é muita gente que saísse. Muitas vidas eu tivesse, uma delas eu vivia só grudado em você.

Mas grude é bom enquanto não seca. Munguzá não sei que seja. Mas experimente. Prova um bocadinho. Eta palavra gostosa! Supimpa. Propiá.

E a chapinha de sebo? Onde é que ele enfiou! Tome cuidado. Não foi usada. Ficou pra semente. Pra afiar a malandragem. Fosse na terra virava sabonete. Em pleno viaduto do Chá. O xará conhece? Lugarzinho às avessas. Onde muito esperto virou otário. Um costume da cidade. Perto do ponto final do bonde. Esquina pra ceguinho botar sanfona. Assim de gente! E lugar de muitos desafios. Por exemplo: antes de botarem o guarda, quem é que melhor atravessava a rua, depois que o sinal fechasse? Tinha de atravessar. Entrar dentro do Mappin. Roubar alguma coisa. E voltar pra perto do ceguinho. Um dia aprontaram uma pro ceguinho. Que melhor que ele havia outro sanfoneiro. Que ele tocasse qualquer coisa. Que na mesma hora o outro aprendia.

Atrás de um caixote de feira, de óculos raibão, puseram sentado o tal de sanfoneiro. O ceguinho tocava, o nego repetia. O ceguinho replicava, o neguinho repetia. O menino do ceguinho arregalava. E cochichava: Que o outro quase que não tocava. E muita gente parava pra ver. O nego indo atrás do ceguinho. No trato ficara combinado uma parte esquisita: que o ajudante pudesse explicar a música pro sanfoneiro desafiante. Que, além de cego, também era meio surdo. Então o ceguinho tocava. O ajudante cochichava pro neguinho. O nego mexia no caixote. E daí começava a repetir. O ceguinho suava e já estava ficando brabo. Que o povo jogasse moeda pro que tocasse melhor.

Foi quando o ajudante sugeriu. O que juntou de entendido! Só mesmo naquela esquina. Pra julgar o desafio. Os dois chapéus foram enchendo. O ceguinho perdia de pouco. O ajudante pegou o neguinho e o caixote. Sumiram no meio do povo. No meio do desafio. Que eles voltavam outro dia. Pra acabar de encher o chapéu. A falação nem bem começando.

Foi quando baixaram dois *corvo*. Dois *corvo* da guarda-civil. Depois, nem bem meia hora voltaram. Deram a volta do bonde. Pela Sete de Abril. Malasartes de ajudante. O neguinho com a sanfona. O chapéu. E dentro do caixote uma caixinha preta recém-lançada no mercado. O gravador portátil.

O sonho da saudade

Ah! A realidade! A realidade é apenas uma das possibilidades. Quem ouviu histórias sabe disso. Aprendeu a fazer de conta, fez artes com Malasartes, sabe disso. Que nem em tempo de namoro. Sabe o que eu fazia? Eu me esquecia de você só para poder lembrar de novo. Fazer você sumir. Só pra aparecer de novo. Tinha gosto. E se a gente ia se encontrar, eu ficava imaginando a cor do seu vestido. Tinha um azul que eu gostava tanto! Manga curta, estufadinha. Um decote grande, quase quadrado. Com uma fita de renda branca fazendo as beiradas. Eu demorava olhando no vestido. Você me caçoava: — Se olha tanto no vestido acaba se esquecendo de mim. Mas no fundo, no fundo você sabia. Vestido estava ali só pra eu imaginar que não existisse. Eu ficava olhando pra vestido nenhum. Então alguém já viu um azul que se mexesse como aquele?

— Pára com isso — você dizia. Me pedindo pra continuar. E a gente ia até quase sufocando. Quase mais eu não te via. E tudo mais escurecendo. No sem pressa de um crepúsculo.

— Teu olhar tá parecido com verão. Cada dia me esquenta mais. Dá vontade de ficar sem roupa. Vamos tomar sorvete.

— Se você gosta tanto de maracujá, por que não pede igual ao meu? – você me perguntava, só pra eu responder:

— É que eu gosto tanto de beijar o teu sorvete.

— Pois não vai mais.

— Tá bom, não gosto mais.

— Duvido!

— É mesmo. Enjoei de maracujá. Doutra vez vou pedir seio-de-moça. Até que eu tomava dois de uma vez.

Promessas

Ah! O que eu não fazia pra ver você sorrir. Sorrir de promessa. Sorrir de contentamento. O que eu não fazia pra fazer você feliz! Quanta gente já não disse ser este um caminho pra tristeza? O que ninguém falou, nem nunca foi preciso, é da delícia. O que é bom a gente cavoca sozinho. Feito pirilampo. Feito estampido. Não dispensa é olhar ligeiro. Isso não. Igualzinho estrela cadente. Estrela a gente procura é mesmo no escuro. Felicidade é como uma piscada. Se a gente entende, tá combinado. Se for explicar, tá complicado.

Agora, tem uma coisa. Você me entenda. Olhar ligeiro não tem nada a ver com pressa. Carícia tem de ser devagarinho. Nem não gosta de braveza ou mandonice. Lebre se pega é de mansinho. Penugem se conta é de uma por uma. Senão não se faz. Calafrio em calaquente*. Arrepio virar preguiça. Depois bocejo se tapa é com beijo. A volta pro começo. Até desmaiar. Acordar devagarinho. Eito se roça é de mansinho. Senão não se faz. Preguiça virar arrepio. Remanso girar currupio.

A dor que eu tenho é de saudade. Carcomendo devagarinho. Roçando feito penugem. Por isso vou contando uma por uma.

---

* Calaquente: sentir calor.

Há quem tenha. Vontades pra escutar. Vontades também se escutam devagarinho. As de verdade, com certeza, estão por baixo da terceira dobra. Mão cheia de dedos não acha. Nem nunca vislumbrou. É mão de gente alongada. Que tem muito pra caminhar. Vai ter de dobrar três horizontes. Na volta, se sobrar, se puxa um dedo de prosa. Pra contar penugens. Aí se vê: preguiça virar arrepio. Duas vontades se escutando. Um dedo de prosa e um dedo de pinga. Cada gole bem dado demora na boca. Acorda as bochechas. Fala na garganta. Quenturas no peito. Descanso pra barriga. A preguiça acordando. A fala no cio. Feito boi de encosta mugindo. As cabritices de bezerrinho. Mugir saudades de um vagido.

Não te aborreço, minha querida? Não quero sombras em tua alma dolorida. Nem na formosura do rosto que agora não vejo. Recostado em teu seio, falar pro teu peito, eu só queria descansar este pedaço da alma. Beija meus olhos. E quando eu tiver feliz, (posso?) encostar o dedo no seu umbigo. Em umbigo não sendo, não está mais aqui quem falou que era o dedinho.

Criando saudades

Às vezes eu fico. Só escutando o que eu já vivi. Conversa com a vida. As lembranças sendo. Como um sino tocando espichado nas lonjuras. Lonjuras de dentro da gente. Eu gostava de viajar. Pra sentir saudades. Partir de manhã cedo. Botar quatro horas de viagem entre a gente. O cavalo suado. Uma sombra, um riacho. Algum pé de fruta de beira de estrada. A parada pro lanche do bornal. E lembrar o tanto que faltava pra gente se ver. Desse tudo certo. A compra do gado. A volta lenta com a boiada. Não tivesse alguma rês de cria nova. Chegar. Soltar os animais no pasto. Um trato pro baio. Um banho ligeiro. Engolir qualquer coisa. E ir voando de bicicleta pra cidade. Na praça a rapaziada. Toda enfileirada olhando a moçada passar. Do coreto pela alameda, até a esquina do cinema. Levas e levas de moças. De três, de quatro, de braço dado, tagarelando. Buscando e trocando olhares. Com os rapazes de três, de quatro, em semicírculos, todos voltados pra passarela.

Às vezes eu chegava cedo. Esperando a hora de te esperar. No mais das vezes você já estava. Eu não acreditava. Como é que podia?! Você tão linda a me esperar. Eu ter ido tão longe. No meio do dia, no meio da serra. Só para voltar. A faina pesada intercalando lembranças. Medindo as horas. Ser teu tão longe. Só pra te querer perto. Falar de pertinho o que a distância já disse. Como é que podia, você sempre mais bonita do que a lembrança que eu tinha? Quem foi de nós que se viu primeiro? Eu posso me dizer que tive. Um amor de vestido azul. Quem não teve algum dia, atire a primeira pedra. Os círculos n'água se afastando. O que quase ninguém vê. A pedrinha afundando. Os círculos desaparecendo. A pedrinha ficando. Dormindo no fundo da água. Alma da gente. Pescador vai buscar. Na rede. Do fundo do mar.

As estrelas de cada um

Será que eu vim tão longe? Apenas pra voltar? Ou será o que foi? Que eu voltei tão longe? Apenas para chegar? As lembranças sendo. Lonjuras? Pertices? Sina da gente. Os sinos da gente. A vida ensinando. O que é que o vento traz. O que é que o vento leva. O vento muda o tempo. O vento mexe co'as pedras do fundo da água. O tempo, o bicho mais quieto que tem. Mas ele mexe em tudo. Mexe e não mexe. O vento é o barulho do tempo. A bulha, a bula. O tempo é uma bolha de ar. Que quando estoura não faz barulho. Faz vento. Traquinagens.

Ora, eu vi c'os meus olhos. As horas passando. Enfileiradas, girando, uma atrás das outras. Bolas pintadas de ar. Cada cor com sua hora. Mas peregrinas, fiéis. Caminhantes no regular. De repente um não sei quê. O linear se encaracola. E serpenteia. Vira chicote. E cirandeia. Feito em pororoca e espuma. O clarão das horas em cachoeira. O borbulhar no frigir. Lonjuras e pertices se misturando. A cascata de cima de um remanso. O arrepio da preguiça. Delícias.

Segredos a revelar. A instantice do instante. O impressionante das impressões. A felicidade como piscada. Recebida como herança ou vocação. As estrelas de cada um.

O Jacaré

Tirante a bailarina todo mundo tem. Até o Jacaré. Jacaré sendo apelido. Próprio. Apropriado. Feito assinatura. Uma figura. Horripilante, não tivesse assumido a vocação. De bobo da praça caipira. Raiando os limites da simplicidade. Os limites assumidos. Tornados em simples limites. Devolvida a pujança do simples. Recebia chacotas. Devolvia verdades. Desarmava os espíritos. Armava brincadeiras. Colhia e distribuía. Risadas por onde passasse. Andava inclinado pra frente. Como se tivesse atrasado. Tava sempre adiantado. Podendo e parando pra chacotear. Conhecido e recebido antes de virar as esquinas. Pelo andar das botinas.

— Já vem vindo, Jacaré?

— Não, já tô vortando...

— Mas cada vorta que ocê dá, Jacaré...

— Espere o troco. Mais vale vorta bem vorteada que ataio mar ataiado.

— Quando é que vai casar, Jacaré?

— Tá me querendo pra cunhado?

— Sartei, Jacaré; sartei de banda.

— E achou o quê? Se ocê não perdeu nada? Sapo sarta é por precisão. Tá precisando?

— Tá no avesso, Jacaré?

— Vesguice sua, quatroio; tá m'estranhando?

— Esconde os dentes, Jacaré; quer vender a risada?

— Tá precisando, sem graça. Pro cê eu faço fiado.

— E a cacunda, Jacaré, teu pai era zebu?

— E não? Só que era dos mocho. Já o teu era chifrudo, não é mesmo, guampudo?

— Oh, Jacaré, não leve a mal, desculpe o moço.

— Moço ele não é que já vi ele barranqueando. Levá não levo é nada. Só vou buscá. E descurpa não carece. Ele tá brincando. E entrô foi pelo cano.

— Boa, Jaguaré!

— Oh o respeito! Sou Jacaré. Com muito aprecio.

— Jacaré, você encolheu ou quando nasceu tava faltando?

— Eu nasci onde o vento faz a curva. Cipó faz nó no escuro e cavalo relincha pro rabo. De modos que ocê cheire esse vento, desfaça esse nó e vá procurá.

A estrela do Jacaré. Sem pescoço o danado. Mas sabia olhar pro céu. Conhecido das nuvens, do vento, do tempo. Encontrar com ele andando depressa. Um sinal de chuva.

— Pra que horas, Jacaré?

— Não passa das duas.

— Pra quantos dias, Jacaré?

— Prepare a lenha. Alonga até no sábado. Se não varar o domingo.

O escuro do Jacaré. Só tinha é medo de moça. Medo e ternura. Nunca se arriscou. Ariscava. Aquietava. Sorria. E escapava. Jacaré piaba. Liso. Conciso e estradeiro. No que tange ao feminino. Conheceu só a metade do mundo.

Varjão dos Monteiro

Eh varjão! Varjão dos Monteiro! Arrozal imenso. Um baixadão estendido. Lugar esquecido de morros. Um plano espreguiçado. Lonjura tremeluzente. Nas horas de mormaço. Socó, saracura e sanhaço. Batuíra, nhambu e corruíra. No beiral da casa. No oco do moirão. No tufo de rabo de burro. No cacho de caraguatá. No galho do pé de araçá. Vespinha suriçoca. Ninhada de rato. Formiga braba. Correição de ruivinha. Carreiro de paca. Jequitibá e guapuruvu. Ninho de cobra. Içá e içabitu. Garça e urubu. Jararaca e urutu. Taquara e bambu. Novilha e gabiru. Lambari e pitu. Mestiça e zebu. Raçada de caracu. De um tudo na soca do arroz. Rebrota, roçado, tapera, barreiro. Pita de saci, pium e varejeira. Bagre e sagüiru. Mandiúva e guaru. Preá e tatu. Maritaca e anu. Perereca e sapo-boi. Quebra-pedra e pica-pau. Tucum e brejaúva. Trevo e carqueja. Salamargo e guapé. Vassourinha e sapé. Beldroega e mamona. Taboa e banana-do-brejo. Sanguessuga e cobra-d'água. Boi na canga e burro na cangalha. Balaio, tacho e pilão. Cuia, moringa e latão. Pá, enxada e enxadão. Farinha, toicinho e feijão. Café, garapa e cachaça. Casco de bode e chifre de boi. Casca de tatu e rabo de cobra. Palha de milho e fumo de corda. A binga e o canivete. O facão. A espingarda. O arreio. O cabresto e a cabeçada. O par de rédea e o par de estribo. O rabicho e o peitoral. O laço e a barrigueira. A capa e o bornal. O freio. O bridão. O barbicacho. O baixeiro. Atrás da porta, o chapéu e a ferradura. No fogão, o tição e o caldeirão. Na prateleira, o sal e a rapadura. O naco de carne-seca. As pacuera pra farofa. Três raízes de mandioca. Pé de couve, limão-cravo e pimenta. De um tudo no varjão dos Monteiro.

Provando

De modos que eu pensava, se algum dia eu te perdesse, eu descambava pro fundo do varjão. Cheguei até a pôr em prova:

– Vou três dias pro varjão. Pra ver se vivo sem você.

O que ainda eu não sabia. E você já dominava. Navegando nas certezas.

– Vou sentir falta.

Sua boca disse só isso. O resto foi sua meiguice. Nos olhos. Nos enfeites de um sorriso. No espremido de um abraço. Esfregaço de desejos. Que eu fosse que ali ficava: minha vontade de voltar. Eu levava dos teus cheiros no meu corpo. Feito enxame alvoroçado. Com aquele tanto de mel. Feito um tropel em disparada. Você sendo fada madrinha. Me desdigo. Me enganei. Você sendo mula madrinha. Carregada de sininhos. Trotando faceira na beira de um bambuzal.

Os meus queixumes. Cada invenção! O que é que eu ia fazer, três dias no mato? Mesmo; o que é que eu ia?

Mais você me injuriou. Uma promessa me pedindo. Que a gente fosse até a cachoeira. Assim logo que eu voltasse. Então. Onde é que eu ia achar tanto mato? Que escondesse suas lembranças? Não ir eu não podia. Assim ficava feio.

O varjão ficou pequeno. Mais longe eu fosse, mais perto você ficava. Num fim de mundo daqueles. Será que não existia? Um lugar que fosse só um lugar? Que nele você não estivesse? Não fosse mesmo loucura? Encontrar uma pessoa assim? No meio de tanto mato? No meio do dia? Na quentura do mormaço? Socó, saracura e sanhaço? Guapuruvu? Tudo assombrado...

Cacei jeito de pensar forte. Em pega de boi brabo. Em bote de cobra-estrela. Em caixa de marimbondo. Em perdida de pirambeira. Em esturro de onça. Em coisa ruim. Em assombração. No final de cada cena, tava lá ocê assistindo. Me aplaudindo com sorrisos.

E se eu pensasse em bosta de vaca? Escorregar em dia de chuva, bem no meio do curral? Tava lá você de novo. Rindo que mais não podia. Os tratos que eu não inventei. Que você me deixasse. Esquecer um minutinho. Só pra poder lembrar de novo.

Não tem chá que desmanche. O estalado de um olho com insônia de lembrança acordada. Noite de estrelas. De muita estrela. Gastei foi muito fósforo. Pra olhar sua fotografia, a noite inteira, naquele mundão. Esbarrei foi com um tatu. Que veio quieto. Direto pro meu bornal. Não tava atrás de matula. Mexeu em nada. Seguiu forte o seu caminho. Andava atrás de tatua. Devia de ser.

Dei de escutar. Grito de curiango. Pipilo de grilo. Poc-poc de sapo-martelo. Latido de lebre. Roçar de vento na folhagem. Assobio de capivara. Os galos cantando longe. O virivi do paturi. Lagarto correndo em folha seca. Dois tiros da banda da lagoa. Porquera! Errou o primeiro?

Se eu andasse talvez. Topasse com coisa acontecendo. Saísse das suas lembranças. Eu estava precisando. M'engalfinhar com fatos. A noite em si no mato. Demanda atenção. Enxergar no escuro. O escuro acontecendo. Divisar nas sombras. Enxergar com o pé.

Tateando com a vista. Só vendo de perto. Desfazer lonjuras. Não demora aconteceu. Alcançar os meus intentos. Mas ficou faltando. O que é que era. E eu não atinava. Que o mato ficou aborrecido sem suas lembranças. Então que eu andei. Dei uma volta pra poder enxergar. O que estava ali desde o começo. Que eu no mato não queria ficar sem suas lembranças. Coisas que só andando. A gente enxerga no escuro. Pirilampo. A felicidade como piscada. Noitão de estrelas. Eu deitado no chão. Olhando pro céu. Achado em lembranças. Recolhendo os instantes. Você sorrindo. Debaixo do pé de fruta. Aparando na saia as frutas que eu ia colhendo. Depois despejava na cesta. Ah, o sabor de um beijo! Debaixo da goiabeira. Goiabada com queijo! Romeu por nome e Julieta.

De repente o susto. Como onça despejada de um galho. Ali mesmo na minha frente. Sua mãe levasse você viajar. Sua mãe já sendo sogra. Farejasse, desconfiada da cachoeira. Bem do que eu não precisava. Era de sogra ladina. Ah! Meu Deus! O que foi mesmo que você falou? De uma tia doente? De precisão de viagem? Uma coisa eu peço: não me fale de viagem; ou do que mais seja importante, usando o vestido azul. Só vou escutar por distração. Ou fosse que era o contrário. Sua mãe de viagem sozinha. E nós de viagem pra cachoeira. Do susto pra alegria. Do salto pro sobressalto. A dúvida. A ladina. Qual das duas seria? Fosse outro e não dormia. Fosse outra eu duvidava. A coruja. Tivesse olhando arrepiava. Do rabo pro pescoço. Eu deitado no chão. Olhando pro céu. E rindo a mais não poder.

O tanto que eu andei

Atrás da segunda capoeira. Depois de riacho corcoveado. Deixando um pau de vespa pro nascente. É seguir rumo ao jatobá. Não faça caso de muriçoca. Tome tento é pra aroeira. Chegado o jatobá, tiver com fruto, repare o tanto de rastro. Do miúdo pro graúdo. Pode escolher. De pêlo, de pena, de escama, de couro. Não sendo desaforo. Mentira não é de caçador. O que é, o que é? Vá pensando. Não queime cartucho. Dê no malho. Não gaste espoleta. Certeiro na mira. Não negue fogo. Com faro de perdigueiro. Não perca o rastro. Amarre. Em caça amoitada. Esbarre. Atire. No cerne da testa. Nesta adivinhação, o de mais é escama. Que é palavra de pescador. Não vale um tostão.

Do jatobá, pra mão direita, procure a taperinha. Uns dizem que é assombrada. Não creio. Mas não beba da água. É arruinada. Desvira co'as tripas. Água boa fica dali mais um pouco. No rumo seguinte. Dum pau seco de guatambu. Desvirado pro norte. Tiver com que, carregue. Que vai precisar. Senão, esbarre pro sul, alinhado pra um angico. Seguindo pro bambuzal. De um gomo prepare um cantil. Escolha do seco. Mais pro pé que da folhagem. Faça a facão. Com água, retome a viagem. Entestando p'rum brejo de biri. Este o tanto que eu andei o segundo dia.

Vocação

Se eu tive ciúmes? Não dela. Mas da cobiça de macho. Que algum não lhe mostrasse macaco-prego. Ou viesse com graceza. No mais eu tinha o respeito. De quantos me conheciam. Nem vinham enchouriçar. Nunca teve arrasto de asa. Nem nunca mexi com mulher de ninguém. Desfiz muita briga. Não rumei em desatino. Por uns tempos eu fui prezado. Sendo este meu bom apelido. Antes eu tinha sido o Lombadinha. Porque eu sabia na estrada se vinha carro detrás dos morros. E não errava. Eu não cismava. Confiava que sim. Confiava que não. Como é que era, não me pergunte. Só sei que aprendi. De primeiro, na serra. Campeando boi. Depois, nas caçadas. Em discurso de festa de aniversário, pra arreliar, um amigo de tantos tempos, versado no verbo, mais tarde compadre, mais cedo parceiro de bola de gude, principiou sua homenagem, assim me chamando: Prezado Lombadinha. Ao que muito lhe devi. E devo. De sincera comoção.

Só depois. Que eu dei pra vadiar. Vendo de tudo no mundo. Comprado e vendido nesse mesmo mundo. Que o certo não é o certo. E o errado não é o errado. Que desvio é teimosia. Toleima. Turra. Despique. Desforra. Brabice. Ciumeira. Rabugice. De um mandar no outro. Em outros. Que o desvio é escavar com a unha. Ser ganancioso. Tratante. Muquirana. Unha-de-fome. Morrinha. Sovina. Pão-duro. Olho comprido. Invejoso. Ingrato. Despeitado. Que o desvio é rançar na raiva. Ser rancoroso. Embrutecer no cruel. O que é bom se cultiva. O que é mau não se repete. Na liça do mundo se vê. E se aprende.

Não se encarecoroe coa sorte. Sorte vem de lá. Ou não vem. Se vê. Não carece de buliçar. Não se entrave de peias pro mundo. Não se entulhe de desculpas. Considere. Que tudo está na labuta. Todos. De um dia o que fica é o suor. E as lembranças. O com que esquecer-se da dor. A vida é esta. Cumpre não reclamar. Debalde baldar. Resingas* desfazem do mundo. Encarece as mercês. Todas. Isto as faz infinitas. Desdobrantes. Rebrotadas. A felicidade como pitada. O amor como fermento. Untar com risos. E levar ao peito. Do contrário olhe no espelho: nariz torcido e empinado. Vista vesga; grossa pro não e baça de cobiça. Queixo duro de teima pontiaguda. Pele bexiguenta de mau humor. Boca bicuda ou muxoxa. Que figura! Que destino desassumido! Que deserdança de vocação!

Nhô Quim

Por telhado, palha. De sapé. Por parede barro. Nos desvãos da taquara. Por chão terra batida. Um banquinho pra fora, a dois passos da porta. Nele sentado Nhô Quim. Nhô Quim já foi Quinzão. Quinzão boiadeiro. Caboclo de pêlo nas ventas. Domador de burro brabo. Retireiro. Homem de lida. Do focinho à ponta do rabo. Pro que fosse. Maneiro co'a criação. Mão firme no tranco. Mão leve na rédea. Não fosse preciso um esbarro. Animal xucro virava dama. Das grã-fina, sim senhor. Só depois ganhava nome. Moça. Margarida. Moreninha. Morenota. Simpatia. Rabo aparado, lombo roliço. Pisadura nenhuma.

---

* Resingas: resmungações.

Os machinho rapado. A pelugem luzindo. Debaixo de arreio argolado. Chapelão preto ornando co'a cinta e par de botas. Espora de prata e chibatão. Calçado de ferradura. A marcha picada tinindo nas pedras. Quinzão boiadeiro. Enchia as janelas de moça.

Nhô Quim pitava e se alembrava. Dos nome das mula. Dos nome das moça.

— Eh-eh, tinha uma das trança comprida. Chamada Luzia. Olho rebrilhante. Sorriso de pirambeira. De escorrego macio. Tremeluz de um tanto que a mula já sabia. Diminuía a toada. Faltando um pouco pra casa da moça. Passava a passo querendo pará. Uma olhada naquela figura. Demorava nos olhos da gente. Eh-eh... Dava gosto. Devia de ter. Cheirinho de bezerro. Deixava um doce n'alma da gente.

— Hum, hum. Minha mula de sete palmo! Rosilha. Por nome Ventura. Vinte arroba ela escorava. No laço de sete tento. Estancava. Sentava no morro abaixo. Cotiano* velho, bom de chincha. Cada um touro! Ajoelhava mas não arrastava! Zé Romão perdeu um baio na minha mão. Chegou com prosa. Saiu rufino**. Que boi dele de carro puxava. Apostemo. Puxou? Arrastou foi língua na poera. Relance cantado. Em prosa de violeiro. Três macho em troca da mula. Foi a oferta que eu tive. Passei reto sem desfeita. Ventura. Minha mula de sete palmo. Apanhei da mão de um cigano. A troco de um pampa que eu tinha. Cavalo passarinheiro. Refugador de pontes. Negaceava das duas bandas. Só mesmo não boleava. Murchava debaixo da cela. E dava com o nego no chão. Fricoteiro saracote. Andadurento. Pilhei pra ver se acertava. Animal cheio de baldas. Negava o estribo. Arrodeava. Ruim de pegar. Feito motor velho. Escabeceava. Feito vaca que ameaça pegar. Peidorreiro roncador. Feito fosse o gasômetro. Uma desfeita. Mordedor de freio. Estufador de barriga. No acocho

---

* Cotiano: tipo de arreio muito firme.
* Rufino: de fininho, escaldado.

da barrigueira. Dançava a cabeça de todo lado. No refugo da cabeçada. Limpava o lombo de banda. E dava co'a cela no chão. O excomungado! Desfiz de um traste na mão do cigano. Uma volta que eu dei nele, de uma manta que me passou. Que na ida ele me vendeu uma vaquinha alongada. Um prejuízo ambulante. Cerqueira feito cabrita. Pisoteadeira de roça. Mais quebrava que comia. Cambão, forquila, pialo. Não havia o que segurasse. Só mesmo no laço. E nem. Que a danada aprendeu a roer no pé da corda. Amanheceu foi pendurada na cabeça de um moirão. De um curral de cinco tábuas. Carneei. Sequei o couro na cerca. Foi ali qu'ela parou. O couro seco e sovado. Virou corda de acochar fueiro. Ventura. Minha mula de sete palmo. Despique de vaca cerqueira. Um animal plantado nas quatro patas. Canela fina. Anca esparramada. Peito estufado. Pescoço aprumado. Erguia a cabeça. A orelha esticada. Dura de casco e a boca leviana. A virilha alinhada co'lombo. Boa de estrada e de lida. Viageira e sossegada. Ligeira e destemida. Firme pra morro e atoleiro. Animal de confiança minha mula Ventura. Altura de sete palmos.

— Nhô Quim! Algum pega levou! De boi brabo? No aberto ou no apertado? Na cela ou no apeado? Por trás ou careado? Sole ou acompanhado? Me conte um caso, Nhô Quim. De lembrança. E me acorde no clarear. Tenho muito chão pra pisar. E me ensine, Nhô Quim. Um carreiro que me carregue. Ligeiro pra lá do varjão. Tenho pressa de encontro. Encontro de moça bonita. Qualmente a sua Luzia.

— Pois eu tive, menino! Um caso de se contar. Um boi assoprando co'as venta. Esquentando na minha barriga. Eu deitado de dentro de um cocho. Que foi o que eu achei, pra mó de escapar. Boi ruço! Me procurando co'as ponta das guampa. Eu num aberto desprevenido. Pra fora de uma mangueira. Deu pega de apar com o cocho*. Cerca nenhuma, ou pau, pra mais de quarenta braça. Me estufou pelas costas. Dei tento deitado no cocho. Me desvirei. O bicho bufando.

---

* De apar com o cocho: junto ao cocho.

Estrumado por coisa ruim. C'os olhos arregalado. Caçando um jeito de me espetar. Deis'ta* assanhado! Que não amanheço sem minha faca. Cocei a cintura. Achei o aço. Sangrei na venta o esquentado. Brabeza toda acabou. Virou merda. Na conversa co'a minha faca, debandou a correr. Largando bosta pra trás.

A volta

Quando a chuva no sol, enche de prata as folhas das plantas. E as lembranças gotejam. Um querer andar. Um caminho de voltar. Noite de prosa com Nhô Quim. Saudade da gente passeando na dos outros. Noite de sono fundo. No fundo do varjão. Dia amanhecido de chuva. Com três léguas eu batia direto no rio. Descendo, umas quatro curvas, da banda de lá. O casebre do Ditim. Piraquara vivendo do rio. Ali mesmo nascido. Criado no peixe e na mandioca. Por certo pra amigo emprestasse. Canoa leviana e remo ligeiro. Em caso de precisão de amor. Rio abaixo umas quatro horas de remo. Pra encostar na ponte e tomar carona. Em carroça, charrete, carro de boi, bicicleta, trator. Com sorte o caminhão do leite da tarde. Rio grosso das chuvas de janeiro. Ditim pescador me levasse. Senhor do caminho das águas. A vida em busca dos peixes. De anzol, de covo, de catueiro, de galho, de espinhel, de rede, de tarrafa, de rodada, na espera.

O rio

Naquele trecho o rio quase não corria. Serpenteava em voltas. Gastava o tempo espreguiçado. Gostava do varjão. Demorava. Viesse atropelado dos morros. Sufocado de chuvas. Ali descansava. Deitava as águas do varjão. Viesse sujo entranqueirado. Carregado do que a chuva lavasse em outras terras. Ali depositava. O varjão aceitava. Formava húmus. Engordava prenhe do que o leito lhe trouxesse. Quatro, cinco dedos de terra gorda. Pra procria das plantas. Pra explosão dos verdes. Pra cobertura completa da terra. Vexada de tanta

---

* Deis'ta: deixa estar.

fertilidade. A abastança da terra gorda. Espoleteando qualquer semente. Rebentada em broto pra todo lado. Revestida de densidade esverdejada. Livrada de quaisquer excessos. De bordejar em leitos. Das núpcias sagradas com o rio. O Rio. O rio perdendo forças de carreira. Desmanchando a pressa. Envelhecendo. Espalhado na lassidão das lonjuras. Desfazendo as turvas do reboliço. Entregue os seus cardumes, pra engorda no banhado. Preparada a festa da piracema. Recebendo o sol quente das rasuras. E decantado se encantava, tornado espelho nas planuras. Não é à toa. Caboclo diz: Que o rio ali reze por vento. E de liso se arrepie, descendo pras cabeceiras. Jeito manhoso de caçar demoras. O arrepio da preguiça. Sem precisão de pressa. O acertado do vagar. De morar num lugar assim eu me entendia. De ver eu via o estar ali. Desvendando as terras do varjão. Velando e velejando os ventos. A bulha dos tempos. Assuntando o rio. Eu não ia pra cachoeira? Pro borbulhar das horas? Pro delírio das águas? Pras delícias com você? De estar ali, o de ver eu via. Como é que se casavam o rio e a terra.

Despedida de Nhô Quim

O que é a cachoeira? As pedras na flor das águas. A curva do rio pro fundo da terra. A água empós a fuga da terra. A busca de um delírio vertical. Um de repente. O embate. A carícia das espumas. O tempo explodindo em bolhas.

– Algum recado, Nhô Quim, pro Ditim Piraquara? Do pouso agradecido. Vou indo.

Lembrando de muita coisa. Conto ao mundo Nhô Quim. De sua ventura. Nos conformes do assentado. Mando a encomenda pra semana. A pinga. O fumo. E o mais.

– É tempo. Diga pro Ditim que busque a parcerada. E que encoste p'rum carteado. Tou com coceira de baralho. Pronto pr'um jogo de truco. Que venha buscar o capão dele. Que já tirou ninhada e já criou. Que venha me ajudar. Na sangra de animal aguado. No mais, que sigo sendo seu padrinho. E lhe dou bênção. E você, meu menino, volte pra lua nova. Pruma caçada de rã. Pr'um repente de conversa. Meu rancho é pouco mas dá de sobra. Meu teto é baixo mas tem escora.

Quem é Nhô Quim, o leite de uma vaca

Nhô Quim é conforto. É beira de fogo. É quentura pra qualquer friagem. Limpa o caminho da gente. É força que cala no cerne da pessoa. Que acompanha até mesmo no apartado. Nó que não afrouxa uma amizade. Pessoa de fiança. Conheci eu sendo pequeno. No tempo em que boi, eu achando brabo, por mão de Nhô Quim, acabava baixando o pescoço pra eu coçar. O quente do bafo de um boi. É doce. Que a língua dele é lixa numa lambida. Caçando o sal na pele da gente. Foi Nhô Quim que me apresentou. Pra tanta coisa. Mesmo desde as primeiras honras de um curral. Galgar nos postos de ajudante. Pra retira do leite. Destramelar o portão e deixar passar um só bezerro. Repetir no terno. O cantado do nome de uma vaca. Cravim, Cravim, Cravim... O mugido sussurrado. Aberto o portão, passasse o bezerro novo. Como é que podia? Nem bem secado o umbigo, tropegar num trotinho. E no meio de tanta vaca, achar a que lhe fosse mãe. Pelo cheiro. Pelo rumo de um sussurro. Na espera se via a compreensão do retireiro. Não fosse atrapalhar o despontar do encontro. Que disto dependia o azedar de um leite. Ou mais. Que a vaca sossegada, começando a ser mamada, aconchegada no bezerro, depois da urinada, principiasse a aleitar. Sem estorvo de pressa. Que senão, escondia o leite. Por incômodo, cisma ou balda adquirida. O voleio certo de um pialo. O tanto de corda medida. Lançado de cima pra baixo. Fosse por trás, mandado co'a canhota. O nó da ponta catado. Principiando em subida. Do lado de cá, de a par com o úbere, na continha da mão direita. – Arruma, Cravinha! Arruma, arruma, arruma... O tapa sossegado, o empurrão firme e maneiro. Ou somente a voz cantada no pedido. Que a vaca juntasse as pernas. Pra segunda volta trançada da corda de pialar. O rabo, um pouco acima da brochinha, fosse encostar entre o primeiro nó e a laçada. Que senão no espavento dos mosquitos ou por pura regalia, dançava em lombo de retireiro. Por coisa à toa, numa hora assim, já vi brio de leiteiro bão esparramar no chão. Junto com o leite derramado, de um balde mal aprumado, em estorvo de cata chapéu. Lançado do outro lado, por rabo mal abanado, de vaca olhando pro céu.

Mais fino e mais curto. O pialinho de encabrestar bezerro. Que fosse ficar na espera. Com queixo encostado no cotovelo da mãe. Mas de banda, feito fosse um travesseiro. E por carinho, tome lambida no lombo. Uma vez tivesse cumprida a liça de descer o leite. Que o tio principiava em balada de retireiro. Tocando com as duas mãos. As tetas por instrumento. O balde em vibra-som. Tchi-tchu, tchi-tchu, tchi-tchu, tchi-tchu. Pro começo. Tchu, tchu, tchu, tchu, tchu. Mais pausado pro fim da tirada. Uma munheca produzia. Enquanto a outra descansava. Tchu, tchu, tchu, tchu.. tchu... tchu... A pausa crescendo. O fio de leite raleando. Caindo na espuma gorda. O chiado da espuma. Demorava no balde. Pro latão de cinqüenta litros. O inchaço do úbere aliviado. Esgotado por inteiro. Tirante o teto do bezerro. Solto o bezerro. Corria pra baixo das tetas. Caçava a cheia. E mamava. Mamava. Mamava chegando a espumar. O rabinho espanando. Tivesse parado de andar pra trás. Que a vaca andava uns dois passos. Em busca de um canto de beira de cerca. No sossego das bolotas de rúmen. Subindo lentas. Do pescoço pras bochechas.

Ruminando

Eu, de menino, tentava adivinhar. Quando é que a bola subia. E quando é que a vaca engolia. Tivesse com quem apostava. A conta das mastigadas. Tinha vaca apressada. Na casa das vinte engolia. Na média, bordejavam as trinta. Apascentadas beiravam cinqüenta. Uma esquecida livrou oitenta e nove. Por prosa de absurdo. Gerou discussão em roda de gente de gado. Pra no final, em palpite de sapo, destapasse a explicação. Vai ver tivesse com dor de dentes.

Fosse gaga. Tivesse com tremedeira de queixo lento. Em papo menos razoável perfilaram conjecturas. Do que dependesse a conta das mastigadas. Fome, nervoso, da vontade da vaca, do tipo do capim, do tanto de chuva, do tipo de baba, da fase da lua, de fazer inveja pr'outras vacas, da idade, do que ela estivesse pensando, da qualidade do chiclete, do trabalho que tivesse tido no pastar, de não usar palitos, do que tivesse de engolir, de outros cacoetes, de ter chupado cana, de não saber assobiar, enfim, tudo não passando de ruminação. Na falta do que fazer, pra'mode não brigar foram todos pro bar. Deglutir com cerveja. Espumada. Chupável. Gelada de um tanto que pedisse fritura quente. De tira-gosto. Torresmo. Lambari. Tolete de traíra. Mandioca frita. Sobra de massa podre. Miúdos. Frango à passarinho. Bolinho de milho apimentado. Credo-em-cruz! Água na boca só de pensar! Uma loirinha gelada. Escorregava macia. Feito agradar co nariz. Estripulice. Artes de prosa e culinária. No bar, desfeita a pressa, empalmaram o assunto. Co'a mão direita. Pra descascar co'a canhota. A masturbatória. Que ruminar não passasse de fixação oral. De boi babar. Por falta de sutiã de vaca. E que cada um justificasse a sua: Se a vaca tivesse com fome engolia depressa. Igualmente tivesse nervosa. Tivesse com vontade mastigava o quanto queria. Capim duro demorava engolir. Molhado em chuva o capim amaciava. De fazer inveja não acabava nunca. Com baba grossa dificultava. Com lua no céu distraía. Tardava engolir. Pensando no boi ansiava. Engolia direto. Trabalho de pastar influía no cansaço da queixada. Que quando se usa palito quem rumina é a gente. Fosse desaforo não engolia nunca. Quanto a outros cacoetes, já imaginaram, uma mastigada, duas piscadas, um giro de pescoço. Tudo encarreirado? De ter chupado cana o bagaço é duro. E se soubesse assobiar tinha com o que se distrair. Dispensava ruminar.

Duas mantas de toicinho, três quilos de mandioca e quatro engradados de cerveja; dois brigados com a mulher em casa, o atraso de um casamento, o dono do bar satisfeito. Os efeitos daquela conversa.

A gente do gado

Da gente do gado se ouvem histórias. Amores. Paixão. De carreiro por junta de boi. Da cabeceira de uma vacada. Tudo sendo motivo de jogo. Previsões. Apostas. Desafios. De quando chove. De quando pare. Se é macho ou fêmea. Se é boa de leite. Dos metros de lenha de capão de mato. Da produção de quadras de arroz. Das arrobas de um porco. Do uso de um remédio. De simpatias. Da altura do rio. De quando estia. Se fulano casa ou não casa. Uma coisa engatada na outra. Das apostas desviradas em barganhas. Os tratos, os acertos, as voltas. Uma espécie de comércio. O negócio em espécies. De leitão por cabrita. De boi por quadra de cana. De serviço pago em galinhas. De carro de milho em troca de esterco. Da paga de empréstimos. De encerado, de sacas de arroz, de vaca de leite, de pastos, de espingardas, de animais de carga. Das apostas de emparelhar: dois porcos na engorda, duas juntas de boi pra arar, dois homens pra capinar, dois cães na lida do gado, dois cavalos pra marchar, dois porcos pra comer, duas galinhas pra botar, duas roças pra produzir, dois canários pra cantar, dois galos pra brigar, dois papagaios pra arremedar, dois tiros pra acertar, dois jipes pra enfrentar barro, dois patos pra comer milhos, dois touros pra entestar, dois cães pra caçar, duas mulas pra estradear, duas vacas pra aleitar, dois capins na engorda do gado.

Ditim Piraquara

De modos que com tanta aposta eu fosse varando o mato. Em ânsias de pressas. Em tempo de encostar no rio, faltando horinha pra hora do almoço. Catasse o Ditim de cuia na mão. Acordado. A cachorrinha de lado. Uma ninhada arrodeando. De frangotes querendo empenar. Caísse um cisco de farinha. Um grão de feijão e amontoavam de três, de quatro, em disputa da migalha. Fome não. Hora marcada. Pro trato. Duas cuias de milho. Na mesma cuia da bóia. Tiradas de um saco de juta encostado na sala. Pilhassem a portinhola aberta. Aproveitavam. Catavam. No chão da cozinha, debaixo da mesa, no vão da porta, atrás do armário, na prateleira, no fogão. De dentro mesmo das panelas. Espaventadas a chapéu não demoravam cinco minutos. Com fingimentos de ressabiagem. Pescoço erguido, um passo ou outro pra dentro. Trepassem pela janela. Nas ripas da portinhola. Em roda de uma agüinha que escapava da cozinha. Se amontoavam no encalço do que voasse pela janela. Uma cata de arroz, uma sobra de prato, um sujo da pia. Do Ditim disputavam até as cusparadas. Na hora do trato a corrida dos bichos de pena. Frango, pintainho, galinha, capão, d'angola, carijó, pardinha, mestiça da índia, peva, nanica, garnisé. Faltando somente a que tivesse choca. Em ninhos na moita de gurupiá*. Não andasse arrodeando alguma raposa. Ou outro qualquer chupador de ovos. Ou em horas de folga. O arremedo de briga. Dois frangotes de palmo. O encaramento perfilado. A dança dos pescoços. A vesguice do esforço. O arrepio parco de penas. Até um corresse. Atrás de mosca ou mariposa. E o outro, no disfarce do sem jeito, dobrasse o pescoço, a cabeça debaixo da asa. Não para esconder cara. Mas na cata dos piolhos.

— Muito peixe, Ditim?

— Remediando...

— Então boa tarde.

— 'Tarde, uai!

— Nhô Quim encareceu que você fosse lá. Buscar o capão. Ajudar na sangra de uma egüinha.

— Não seja garrotilho... que ano passado lavrou solto.

— Não leva jeito. Perdeu parceria, aguou.

— Nhô Quim dispôs do tordilho?

— Emprestado.

— Em antes**. Desfazer daquele animal só mesmo tivesse variando.

— Ditim, tá armando pra baixo ou pras cabeceira?

---

* Gurupiá: um arbusto.

** Em antes: ainda bem.

— De lá e de cá. Mas ouvi dizer de uma cabeceira de corimba arribando. Manhã recolho pra cima e espalho pra baixo. Desço pro meio e subo beradeando. Intero a conta que pra semana dou pra cidade.

— Pra ponte você não ia hoje...

— E vou? Só mesmo em caso. Qual foi?

— Está sendo. Que se você me levar eu vou de encontro marcado.

— Rabo de saia? Tá me cheirando...

— Perfume Ditim. Que sufoco de tanta boniteza.

— Largueza de anca. Beleza de crina. Tem dono essa potranca?

— No sério, Ditim. Me desconheço.

— E no caso, que mal lhe pergunte, o que é que faz num perdido, aqui?

— Dei tempo de assunto. Desmanche de evento. Beber coragem da água do rio. Buscar conselho de Nhô Quim. Te pôr a par. Que se não for, não vai ser mais.

— E lavrou o quê?

— Lavrei dois tento. Em prosa de Nhô Quim. Falou de Ventura. Lembrou de Luzia. Em boi brabo só falou por instância. Dele mesmo só veio de bom. Que você sabe. Do que ele fala, se colhe o da gente.

— Confirmo. Quando tou com preguiça de errar, ponho tento na fala dele. Não vou em fiúsa. Só armo rede em pau que ele assoprou. Que de bosta de capivara, tou cheio, por baixo da capituva. No meio de tranqueira às vezes tem peixe. Não é todo dia que besouro azul pousa em pau de flor amarela. Pois um dia, em prosa de Nhô Quim, ele me falou dos dois. Eu lhe contando de uma vontade que eu tinha. De apanhar uma viola. Aprender a tocar. E fazer caso na rede. Duma saudade que eu tenho. De moça que não vi mais. Pois. Peixe andava arisco. Nem mesmo pra isca. O tempo sendo da minguante. Eu não via cara de peixe desde em antes da lua nova. Assim que eu tinha ido passar dois dias com Nhô Quim. Eu falando da viola ao que ele me interrompeu. Que eu fosse buscar. E engatou em caso de um besouro azul atravessado ligeiro por cima da orelha da mula. Ele seguiu com a vista direto p'rum pé de ipê. Que era o rumo do besouro. Que nesse dia ele avistou. Moça que pudesse ser a única mulher dele. Que ele, na pressa de um negócio, deixou passar. Moça de passagem. Que ele em lombo de mula procurou por muitos anos. Tristeza braba. Destas que não dá as costas. Morro de subir a passo. De varar a noite e correr o mundo. Não nego. Saí de perto. Em lugar desses, naquela hora eu não podia. Eu avistando o que ele me contava. Como de fato. Deixa ver. Isto foi três anos depois da enchente. Daquela braba que levou a ponte. Está com doze anos que não vejo a moça. Manhã cedinho, no dia seguinte, encarei o rio. O sol despontando por cima de um capão de mato. Um tanto de frio que a água chegava a pelar. A fumaça do rio pegava na minha cintura. E me escondia a ponta da canoa. Eu descia o rio emprumado num ingazeiro da banda de lá. Árvore debruçada. Com galhos dançando a força da água. Que ali sossegava. Arrodilhava numa volta de barranco. E vinha trazer os peixinhos brincar. Chapinhavam, ciscavam, riscavam o espelho d'água atrás dos insetos. Já viu dessas ponta de galho que parece braço de gente? Agradando a água pra lá e pra cá? Que a água serpenteia devagarinho? E sai enrodilhando feito trança de moça? Feito gato esfregando? Em época de fruta também é lugar de muito peixe. Mas naquele dia não encostei lá. E foi que, quando a neblina levantou, no bico da canoa, tava pousada uma borboleta. Dessas de quase palmo. Azul de um tanto que eu nunca vi. E prateada de lua em noite fria. Pois. Ali ficou minutos. Quando saiu, entestou direto pr'um pé de ipê. Florido feito pipoca estourada. Espanei o remo e embiquei atrás. Amarrei a rede certa numa raiz de pau. Como se fosse no pé de ipê. Naquele dia tirei peixe que deixei pra trás. Pra carregar em duas viagens. Com três dias o tanto de peixe vendido, me sobrou dinheiro pra uma viagem. Que eu fiz em busca da moça. Que eu não achei. Mas comprei minha viola que você conhece.

— Conheço e não arrenego.

– Num instante estamos a caminho. Vou caçar minha capa.

O que era que eu não sabia. Mas na prosa do Ditim tinha um escuro. Me desceu pelas costas. De atravessado. Ou fosse um curiango que eu avistei. Pousado no cupim. Ou será que o mundo tem duas portas? Que eu estivesse ali. Pra descida do rio. E com medo de borboleta azul. Que nenhuma me atravessasse a vista em busca de um pau de ipê. Disso de ficar caçando na fala dos outros, o que fosse me acontecer. Eu não gostava mesmo é da saudade do Ditim. Saudade entrevada. Sem quentura nenhuma. Ralada no seco de uma idéia. Agourenta. Que no fundo da raspa ele rezingava. Eu com faro de desconfiança. Dum nada. Duma dorzinha de friagem. Que me apontava o rim. Roendo justo quando ele falou na cerração do rio. Feito fosse garimpeiro que só dá em água. Feito cacimbeiro que só dá em pedra. Mateiro que só dá em brejo. Homem de enxada que só dá em formiga. Estrupício de praga. De broca roendo no cerne. Carcomendo na seiva de uma pessoa. Cesteiro que só dá em caruncho. Feito rato em tulha. Cupim na cumeeira. Umidade em parede. Água demais ou de menos. Sem acerto de hora. Chuva na colheita. Seca na brota ou na florada. Um descompasso de tempo. Passo fora da toada. Destoante. Voz que não faz coro. Repique no contrapé. Feito parelha de boi desencontrada. Em jogo de puxa-empurra, em saída de atoleiro. Pescador que só fala de enrosco. Carretilha destravante em hora de fisgar. Encabelado de linha com peixe fisgado. De linha puída no embarque do peixe. Feito fruta colhida de vez. Passante de verde a podre. Feito travo de banana. Espiga fanada. Azedume no leite. Ranço de manteiga. De medo grassar na coragem. Feito porcada em roça de mandioca.

Numa hora dessas eu tava precisando de uma guerra de bosta de vaca. Que acabasse em merda pra todo lado. Em dor de barriga de tanta risada. E no-último-que-chegar-é-um-bobo, na corrida pro banho de lago. Uma muda de roupa seca. Um gole de pinga.

Uma janta quente. Uma prosa de caso antigo. E um resto de papo no escuro da cama.

O porém daquele instante era outro. Faltava agosto pra virar setembro. Do meio-dia pra tarde, quatro horas de remo. Pra encostar na estrada. Cavar carona no relance do polegar. Bater na cidade na hora da missa dos outros. Daí sim. O banho, uma sopa, a bênção da tia. O cabelo penteado na rua. O rumo da praça. A moçada pra lá e pra cá. O café no bar. O cigarro de depois da janta. Um pedido especial pra dois amigos. Moleques da garotada. Que sem que o guarda visse, apanhassem uma rosa do canteiro. Guardassem um banco de frente pra fonte. Caçar você com os olhos. No meio daquele mar de moças.

Carreiro do Ditim

Carreiro de paca. Carreiro de vaca. Carreiro de formiga. E aquele era o carreiro do Ditim. Da casa pro rio. Principiante na borda do terreiro. Passante por pé de abóbora. Uma rocinha de mandioca. E uns par de pé de café. Descendo um ameaço de morro pra beira do rio. Passei por um bandinho ciscando. Por galo em arrasto de asa. Por frango espreguiçando. Por galinha em banho de poeira. Em beira de bambuzal. Uma gaiola armada com dois alçapão. Com um pardinho da terra. Começando a amarelar.

– Ditim, me diga uma coisa: O que é que você acha? Se eu fosse só com o botinho. Remando eu mesmo. Eu chegava?

– Uai! Refugando a companhia? Desfazendo de um amigo?

– Desfeita nenhuma! É que roça de rabo-de-saia se deve tocar sozinho. Eu cá comigo tou querendo engrossar uns calos. Chegar no claro de uma idéia.

– No certo. Se ventar vá bordejando. Que o bote é raso. Na corredeira, pra cá da ponte, cace a banda da direita. Leve a capa. Que ocê não chega antes da chuva.

E virou as costas, rumando em direção à figueira. Um arvrão soberano. Na força da idade. Um braço estendido pra cima do rio com coisa de cinco braças. Grudada no chão feito caranguejo. Raiz de quase metro de altura. Encosto de enxada. De remos. Banco de assuntar o rio. Três ninhos de joão-de-barro. Punhado de pé de orquídeas. Bandeirinha da padroeira, bem no alto, enfiada num pau de taquara. Ditim voltou de lá.

– Leve esse remo que é mais leviano.

– Eu vou, caboclo. Na força do braço. Na serventia de uma amizade. Com bote, remo e capa de Ditim Piraquara. Caçar o rastro do meu destino. Por curvas desse rio abaixo. Coração alegre na gratidão. Até a volta, meu irmão!

A descida do rio: a pressa

Aquele caboclo no sério dele. De pé na barranca do rio. Me empurrando com os olhos. Me dava força de decisão. Pra quaisquer ventos. Por três voltas do rio naveguei no embalo da imagem dele. Só depois que dei do meu. Pra me perguntar como é que eu podia. Desfazer da saudade dele. De uma dor qualquer que ele carregasse. Que eu tivesse. Será? Era medo da dor dele? Uma dor assim no seco? Que um não pudesse lavar? Ou fosse que na minha pressa de volta me faltava largueza pra escutar. Ou fosse de assunto de aposta. Eu com Ditim querendo desafiar. Ou tivesse eu com ele alguma outra volta pra arrodear. Algum engasgo de assunto antigo? Ou fosse que eu não quisesse ter falado. Do que eu fazia no varjão. E o mais; do que eu sentia. Desgostei que ele adivinhasse? Que tivesse chamado vestido azul por nome de rabo-de-saia? Desconheço. Não tinha eu mesmo falado? De encontro marcado? Por conseguir que ele me levasse? Sendo uma errada de caminho? Que eu não queria. Mas pedi. Por fiapo de medo de rio grosso? Qual medo de borboleta azul qual nada. Ou medo de saudade do Ditim qual o quê! Eu tava com medo meu mesmo. Serviço de pressa, por certo. Que eu no sossego do remo principiava a desmanchar. Coragem do rio. Descansando no varjão. Carece mesmo é o pé saber onde pisa. Sem precisão de caçar co'a vista.

Em busca eu estava é de lugar limpo. Pra encostar e dar uma obrada. Que eu tava precisando. Desafogo pras tripas. Eu cantarolando: – "Não limpe co'a foia... Que tem segredo... Se a foia rasgá... Cê limpa co dedo..." Eu matutando: Que em filme de mocinho o máximo que pode acontecer, é ele tomando banho em pipa. Obrar nunca. Nem mesmo o cavalo. Mocinha não tem incômodo de regra. São tudo uns anjo de boniteza. Quem nunca agachou no mato não sabe o que é bão.

De volta no rio. Descansando no remo. Num princípio de chuva mansa, sem vento. O repinico baixinho da chuva na água. A quietude do resto. O silêncio da mata, no encorujar dos passarinhos. Revejo que a vida não tem enredo. Pra frente, não. Quem sabe, caminhos. Que a gente fareja. Pra trás. Talvez. Na rede se reinvente. Histórias. Que a gente gosta de escutar.

Que o mundo não é carreirinho de formiga. Certinho, findando num buraquinho. Nada contra, que em outras louvas hei de louvar. Por ora falo do escuro. Da gente. Do mundão que há pela frente. De cada instante. O impressionante das impressões. De você por trás de cada curva. O escondido. A revelar os horizontes do rio. O rio em voltas. Na brincadeira de não ter regras. A gingolar nos remelexos. De ensinar insinuando as nuances de um caminho. Os vislumbres de um carinho. Eu desejando o rio abaixo. A força de um depois. O antevejo de nós dois. Na cachoeira. O desmanchado de uma espera. Assim de repente. O rente de um precipício. O início. De um sem depois.

O dourado

Do meio pro fim da tarde. A chuva amainando. O tempo querendo estiar. O gado principiando a volta nos carreiros da invernada. Bando de anu, esvoaçando em costa de boi na cata dos carrapatos. A gemedeira em volta dos ninhos. Nas moitas do cipó. O bando de paturis atravessando no alto. Mais baixo, o casal de patos em busca do capão de mato. O grito da saracura. O cococó do socó-boi. O garra-pinhé* espiando de um galho. Com uma cobrinha caçada no vão da unha. Das cigarras, dos grilos. Da sapataria e da ranzada. A disputa nas vozes: – Foi, não foi, foi, não foi, foi, foi, foi, num foi... Moço, tá tudo querendo casá... No pretume de pássaro-preto anarquizando no bambuzal: – Casô?... Casei. Com quem? Co'a filha do rei... Então enfinca, enfinca duma veis... Juriti falando baixinho. Três sem-fim falando e respondendo. Um pra cima donde eu estava. Dois pra baixo, cada qual de uma banda do rio. Sem-fim...sem-fim...sem-fim. Sabiá-laranjeira, azulão, avinhado, canarinho-da-terra. Cada qual botando uma saudade no seu canto. Na despedida do dia. Na descida do rio. Eu remando depressa. E cantando de mansinho: – "Eu vim de longe pra te ver... morena do vestido azul... vim buscar minha saudade... depois eu volto pro sul..."

O que me salvou da saudade engrossar foi um catueiro. Iscado com sagüiru, tava ferrado num dourado. A linha zanzando pra banda de cima. Não demora, a nadadeira do lombo riscando a água. Com dois palmo na frente do rabo. Mal calculado, faltando uns quinze metros pra encostar o botinho, eu arrisquei: Com quase outro tanto pra cabeça, esse bicho passa dos sete; deve'tar beirando os oito quilos. Enxuto, na balança da venda, deu sete e meio. Que foi a conta que eu acertei depois co Ditim... Sem querer vexar ninguém co'a precisão do cálculo. Que de vez em quando eu erro. Mas não conto. Agora, posso ter errado é nos quinze metros que faltava pra encostar o botinho. Quiser se admirar tem com que: É com o sistema de catueiro. Um metro e meio de linha cem; um pau verde de dedo e meio de espessura; uma chumbadinha regulando co'a unha; encastoado em anzol número 10, segura peixe pra mais de vinte quilos. A explicação ficando por conta dele escorar bem antes do peixe botar força. Sem espaço pra corrida, peixe morre é de vergonha. Que o galho verga mas não arrebenta.

---

* Garra-pinhé: um gavião.

Depois da cacetada co'amansa-burro, deitado no fundo do bote, coberto com folhagem de guapé, o douradão representava no mínimo duas vantagens: um passaporte pra carona fácil; que o pessoal gosta de ouvir história da captura; e um presente pra tia. Douradão recheado na farinha de milho, assado no forno a lenha, pro almoço de domingo. Eh-eh! Saracura! O que arde cura, o que aperta segura! Chão preto, largado da velha! Mundão velho, sem porteira! A saudade desvirada em alegria. Com o tantinho só que faltava pr'eu te ver... Que daquele instante em diante eu principiava a correr pra te abraçar. No meu vestido azul. Eu levava dos teus cheiros no meu corpo. Feito enxame alvoroçado. Com aquele tanto de mel.

Corredeirinha cacei da banda da direita. Trabalho nenhum. Remo escorado do lado esquerdo. Que ela jogava é pro barranco. Bem por baixo de uma galhada de espinho. Arranha-gato. O sol baixinho na minha frente. Sangrando aquele tanto de céu. Pintando aquele tanto de rio. Igualado na cor do sangue da gente. Coração inteirado batendo por tudo.

Maninho Charreteiro

Bote do Ditim encostei na sombra. Com quatro dedos de água no fundo. Que é como a gente faz, pra evitar que rache com o sol. Subi depressa no barranco que ali vinha condução. Maninho Charreteiro. Fazia ponto na porta do mercado. Homem paciencioso. Entregava as compras na porta da cozinha. De confiança. Levava a criançada pro grupo. Não faltava um compromisso. Vinha com a charrete escorregante. No barro de chuva com três dias. Mas vinha com cavalo firme. Ferrado de novo. Com rompão de mais de dedo de altura. Um castanho parrudo. Na força dos sete anos. Animal de trote. Capaz de um passo viageiro fosse na sela.

– Esbarra, Maninho. Que já arrumei minha carona.

– A troco do dourado?

– É peixe encomendado. Da minha tia. Passe lá pro almoço de domingo.

— Não sou oferecido. Só tou cobiçando. Beleza de peixe! Lhe levo aonde?

— Segue teu rumo. Fico na esquina do armazém.

— Essa capa, que mal lhe pergunte, não é do Ditim Piraquara?

— Dele mesmo. De empréstimo. Emparelhada no remo e com o botinho.

— Você cumpriu com a simpatia?

— Desconheço qual seja...

— Não presta usar roupa dos outros. Mormente em dia de chuva. Cace três folhas de limão-bravo. E coloque no bolso esquerdo da capa.

— E desmancha o quê?

— Evita estorvo pra você e pra ele.

— Como assim?

— É uma história dos antigos. De um que foi visto em dois lugares ao mesmo tempo. Por ter emprestado a capa pr'um compadre.

Levei a mão ao bolso esquerdo da capa. Cocei. Bati com três folhas de limão-bravo. Ditim Piraquara quem pôs lá.

— E você já viu, Maninho, pescador dar ponto sem nó? Ditim inteirou o serviço. Emprestou a capa e desfez o malefício. Cepa de amigo! Valendo por junta de boi. De uma amizade assim é que todo mundo carecia. E não dessa ajuda que vem cheia de estorvo e palpite. Cheia de puxa-empurra. Me sinto de peito cheio. Da honra de amigo assim.

— Plantio em terra boa. Gado em pasto bom. Que o mundo numa hora dessas se enche de companheiro. É pura garapa. Bagaço nenhum.

— É a sorte tomando conta. Você já viu, Maninho, uma colheita? Eu sei que já. Mas já atentou? Por exemplo, um pé de mandioca. Um pauzinho que você soca na terra. Uma roçada, duas, uma poda. E com ano e pouco está lá. Aquele punhado de pão. Eu gosto mesmo é de escavar batata. Cada ninhada! Você procurando co'as mãos, aquele monte de presente escondido. Um terreiro cheio de feijão secando! Uma tulha cheia de milho. Um monte de arroz antes de ensacar. Em horas assim quem não agradece? Um homem da lavoura é isso, Maninho. O momento da colheita. A alegria pros olhos. O sustento da alma.

— E o bando de fio da puta do governo. A destratar com estas coisas. E a cambada de espertos. Que enche os bolsos antes de uma safra dessas bater na mesa de uma família. Me mostre um grande que preste. Que não seja safado. No governo ou fora dele. E o pior mesmo é o governo. Que fala que faz pra gente! Tudo acostumado em cocheira. É tudo bicho de cocho. E o povo que entre co'a bóia. Que essa gente só vive é em volta do cocho. Chamar de porco é ofensa pro bicho. Dinheiro demais é carniça. Com aquele tanto de urubu em cima. E o governo tá cheio de dinheiro. Da gente. E não há o que chegue. Cambada fedorenta! Se tinha uma coisa que eu fazia é botar essa corja pra trabalhar. Na colheita da batata. Pra ver se aprendia. Um pouco desse amor que você falou!

— Maninho, Maninho, que até o cavalo te escutou. Repara como ganhou forças. Acho que você dava pra política. Em defesa do coração da gente da lavoura.

— Me livre disso. Que é tudo água podre. Que um justo cuida é do seu. E tem claro como a água a diferença do seu e do nosso. Que o junto é nosso. No igualado. Igualmente o igual. Que a diferença no nosso é sujeira. É borra, tranqueira. E o nosso é todo mundo. É qualquer um. Sem primeiro nem último. Se você vê um homem com uma vaca atolada você pára pra ajudar. Agora, não fique caçando desgraça. Por dar uma de bonzinho. Ou em paga de pecado. Ou em fala de fazer pros outros. Se um brejo pede uma ponte, cada um faz seu pedaço. E a ponte é de quem? Se um tira um pedaço fica faltando. Pra todo mundo. Esse é o junto. O igualado. Que um, pra entrar pro governo, devia é lavar as mãos. Fazer voto de honestidade. Perder direito à propriedade. E que depois fosse sorteado um júri. Com ataque e defesa. Que em julgamento lhe desse uma nota. Pra ver a paga que ele merece. Em dinheiro limpo. E que fosse vigiado daí por diante. Que a política é traiçoeira e peçonhenta. Que quem mexe com política devia purgar de quando em quando. Que teve em doença. De querer fazer pelos outros. De querer falar pelos outros. E mandar. Quem se faz entender não precisa mandar. Confiança se colhe é na lida. No mano a mano.

– Maninho, mas não sobra ninguém?

– Santo que eu conheço é quem trabalha. Dinheiro, passou de um tanto, é carniça. No cocho da política tá cheio de urubu.

A chegada na cidade

A fileira raleada de casebres principiava o fim da estrada. Transformada em rua. Por janelas abertas, o lume das primeiras lamparinas. Mortiço, avermelhado devido à querosene. Mal aluminando uma beirada de mesa. Que pra janta fosse receber algum prato de ágata. De sopa fumegante de cará, inhame, mandioca, abóbora, batata. Ou de alguma outra raiz capaz de desfazer friagem. A restante, por dentro, mais chegada nos ossos. Que a de fora desfez por conta de chaleira de água quente. Pra temperar o banho de bacia no quarto. O dia varado no trabalho, apressada a fome. A janta quase não esperando o escurecer. A satisfação de um prato de comida. É paga que só conhece quem trabalha. E o conforto de uma cama pro descanso. O quente de uma beirada de fogão. O gole de café. Tanta gente perdida do simples. Desfeita na inveja. Na busca de quê? Que não esteja na fumaça de um paieiro de corda?

– Ai daquele a quem a ganância impede o salto: da satisfação pra generosidade. Infeliz banido do sossego e da amizade.

– Taí Maninho, mais um trecho pra discurso.

– É fala empolada. Que se tivesse gravada em placa, serventia era ferrar na bunda dos políticos. Pra marcação deste gado cerqueiro. Ladrão de roça dos outros.

– Maninho, Maninho, a política é um jogo, Maninho.

– Jogo não, que em mesa de baralho ninguém entra com dinheiro dos outros. Ou não merece a parceria.

– De acordo, Maninho. E me desculpe. Atiço mesmo por gosto. De te ver cuspindo fogo por cima de qualquer faísca. Que roça com esse tanto de praga só se limpa é na queimada!

– Mas o mundo rebrota é na amizade. No calor de uma proseada. Mais custa uma braça sozinha que uma légua acompanhada. Viemos escurecer já na cidade.

– Amanheci tá com três léguas, Maninho. No meio daquele mundão. Varei o dia na amizade. Pra cada légua um amigo. Nhô Quim na clareada do dia. Ditim na hora da bóia. Pra completar com Maninho. Vim bater cá na cidade por mão de trinca de amigos.

– Me sinto louvado. E em boa companhia. Três mãos inteirando uma queda, na lida de uma trucada... Só mesmo faltando marcar o dia.

– Então não falta nada, Maninho. Hoje sendo sexta, no domingo levamos as compras de Nhô Quim. Que hoje ele amanheceu referindo a parceirada.

– Tá feito. Devo uma coça pro Ditim. Que na passada me arrancou o couro.

Os limites da cidade. Nos limites do varjão. Que quando o rio botava água, vinha certinha no fundo dos últimos quintais. Brejo que na seca esturricava desenhando o chão de rachaduras, verdejava, alagava, pegava água até por cima dos chiqueiros. Pra aflição das galinhas e pro festejar da pataiada. De tal modo a água era calculada que quando a cheia era braba, na última casa, Nhô Chico pescava da janela da cozinha. Tralha miúda, lambarizada cevada na sobra de comida. Ou algum bagre perdido que encostasse durante a noite na vara de espera. Sem precisão de molhar os pés se saísse pela porta da sala. Virada mesmo de frente pro beco da ladeirinha.

Nhô Chico aparentado com o jacaré. Ao certo ninguém sabia. Mas consta que filho do mesmo pai com outra mulher. Afiado em respostas. Não se apertava caso alguém arreliasse na venda.

– Satisfeito hoje, Nhô Chico? Vai dormir co'a saparia?

— Depois de velho, Nhô Chico? Quem pesca de janela é moça bonita...

— Na janela me divirto co'as isca. Na cama eu prefiro tabaroa*. Nem tou tão velho que não aceite comadre pra ser madrinha.

Sendo peixe de corredeira, tabaroa me lembrou. Moça bonita a minha é vestida de azul. Desci correndo da charrete uma esquina pra cima da casa da tia. Na corrida não escapei da caçoada do Maninho:

— Se não se despede direito, ao menos me convide pros doce...

— Sou teu parceiro na trucada de domingo...

A caçoada sendo pros ouvidos somente. Que o coração do amigo pressentia meus desejos que eu não sabia.

Passando na casa da moça, coração sobressaltado, confirmei luz no quarto certo. E o quarto da sogra apagado. Fiapo de medo desfeito. Ido de viagem co'a sogra. Com mão de gato deixei prenda no beiral. Pelas frinchas da janela inda quis sentir seu cheiro. Um que passou assobiando na calçada me estorvou. Me salvou de minha pressa. Pulei o muro e desenfreei pra casa da tia. Dei co Maninho na porta. Só então me dei conta. Do dourado esquecido na charrete.

— Deus lhe pague, Maninho. Lhe devo um dourado.

— Não faça conta. Me convide pros doce...

— Assim que eu saiba...

Assim como eu nunca soube motivo que ele tivesse de naquele momento me chamar daquele jeito. Por meu antigo apelido.

— Boa sorte Lombadinha. E meu boa-noite.

Me encheu de medo e coragem. Sem que eu atentasse a serventia.

— Lhe aprecio, Maninho. Boa noite.

A tia

Em cima da pia, o dourado largava escamas pra todo lado. Que a tia escamava com faca pesada e cega. Pra não cortar o couro.

---

* Tabaroa: exemplar grande de fêmea de peixe muito apreciado.

– E isso é hora de chegar com peixe? Depois do meu banho?...

– Deixa que eu faço, tia...

– Não quero que você atrase. Por me trazer um presente. Deus te abençoe.

Estalei um beijo na bochecha risonha daquele tanto de tia.

Depois do banho, meio vestido, na cozinha, tomei sopa de caneca. Sem demora de colher. Duas fatias de banana frita com canela por sobremesa.

– Se vier de madrugada não esqueça de trazer pão fresco.

– Po'de'xá, boa novela...

O que eu não conto

Cinto e sapato amarrados no portão, o pente usado na calçada. O olho no relógio da matriz. Uma pressa de felicidade desenfreada. Aquilo já era o despencar da cachoeira. Ia rua acima como quem desce uma ladeira. Cumprimento de boa-noite pra todo mundo. Até com gato em cima de muro eu falei. Dando fé de tudo no mundo. Que aquela noite eu sabia; do momento que eu te encontrasse, a gente fosse pra onde fosse, nem o mundo mais existia.

– A raça sendo boa convém tirar ninhada. – Nhô Quim falou.

– Sendo boa criadeira pega cria no primeiro cio. – Ditim replicou:

– Me convide pros doce. – Retrucou Maninho, meu parceiro na trucada do domingo.

Confirmada a barriga, combinado o casamento.

A festa

No dia da festa do casamento todo mundo compareceu. Ditim Piraquara de gravata emprestada. Por cima de camisa listrada. Num canto da igreja, encostado numa pilastra, tirando prosa com Nhô Quim. Quinzão boiadeiro de casaco azul-marinho abotoado. Mãos nas costas segurando chapelão preto e chibatão. Atrapalhado no andar cheio de bulha das esporas riscando o chão. A tia da moça, vinda de viagem, sarada de mau-olhado, aliança no dedo da mão direita, com o noivo ao lado. No alto da igreja, de uma banda, tia Anastácia, lenço novo na cabeça, sorriso aberto, os olhos marejados na alegria. De braço dado, pendurada em quem? No Malasartes de terno novo, braços cruzados, sorriso sério, não parava de abanar a cabeça. Da outra banda, a velhinha do sebo, terço na mão por baixo do lenço, de braço dado não sei com quem.

Na casa da noiva, uma festança com comida pra três dias. Uma churrasqueira erguida em tijolo e barro, de fora a fora, de apar* com o muro. Carne temperada com três dias, dentro de pipas de duzentos litros, de dois garrotes beirando catorze arrobas, cedidos no presente do Zé Socó. O bolo da noiva, de cinco andares, pediu armação de taquara, feita por seu João Cesteiro, pro mimo da moça. Duzentos e cinqüenta litros de chope, escorados em dez engradados de cerveja pra varar a noite. Peãozada pra bebê, sô fulano! Tá apartada! O quartinho de passar roupa, entulhado de doce, com bandeja pra todo lado, chegou no gargalo.

O arrasta-pé foi com aquele sanfoneiro ceguinho. Acompanhado pelo neguinho que na verdade repicava um pandeiro. Desafio nenhum. Não teve. Agora, só de aposta perderam a conta. Do que se ficou sabendo, além das de praxe, sobre a noiva teve umas vinte. De quando é que paria. Se macho ou fêmea. Se na minguante de outubro. Se resolvia em mão de parteira. Se embelezava depois do parto. Se aleitava. Das comidas umas outras tantas. Com quantas horas acabava o chope. De um que agüentasse dar conta de dez espetos de carne. De qual vasilha a maionese acabava primeiro. Se bandeja de doce, saída da cozinha, chegava com quindim na sala. Se o Jacaré refugava algum salgadinho. Se o prefeito ia passar sem discurso. Se alguma coisa mudava na política. Se caía o preço do arroz. Até roda de baralho formou na calçada. Não em frente à casa da noiva que ficava feio. Pra lá um bocadinho. Coisa de duas casas. Triste aquele dia só ficou Dinorá, viúva peçonhenta, na falta

---

* Apar: ao pé do muro.

de com quem tesourar. Que quem não tava alegre tava cheio de esperança.

Os noivos esbanjaram esperteza. Entraram por uma porta e saíram pela outra. Quem quiser que conte outra. Que esta fieira já está inteirada. Saíram pela porta dos fundos. Onde o Maninho esperava co'a charrete. Com mula emprestada do Nhô Quim. Só não escaparam foi de arrastar latas. Que o próprio Maninho amarrou, arrumadas no posto de gasolina.

– Tchau, Maninho, obrigado por tudo. E a paga das latas fica pra próxima.

– Eu vim de longe pra te ver... Morena do vestido azul... No trotinho da minha mula...Vim buscar minha paixão...

A cantiga acompanhada no chiado chacoalhado de uma mola da charrete precisada de engraxar. – Nhec–nhec–nhec.

> ... a cantiga acompanhada
> no chiado chacoalhado
> de u'a mola de charrete
> precisada de engraxar:
> nhec–nhec–nhec...

Bastião Rosa

João Brasileiro
(com muita honra, amigo de Bastião)

Vizinho ali vivia Sebastião. Bastião Rosa. Filho da viúva Rosa. Mãe de dezasseis filhos, dos quais doze eram vivos. Bastião devia de ser o oitavo. Abaixo dele vindo o Alcides, tocando um curral com cinqüenta vacas leiteiras, Ditinho, moço negociante e esperto, uma moça cujo nome poucos souberam de tão recatada, e um falecido em criança, que tivera por nome Silvinho. Assim ficou sendo, Silvinho, por tão logo ter-se ido.

Bastião Prosa com muito merecimento devia de ser chamado. Admirável contador de casos. Acontecidos, acrescentados, inventados verossímeis, modo de explicar o que contado reto parece torto. Tudo em louvor de uma boa conversa que não devia de acabar nunca. Tal a quantidade de sumo que escorria de sua fala. Homem honrado, como honrada era sua junta de bois. Afamados na região, os bois e o homem por sua bravura quotidiana diante de qualquer trabalho. No puxar lenha, levar a sacaria de arroz para beneficiar, arar nas baixadas e na secura das terras altas. Não havia grama mineira para levantar o arado! Sem nunca refugar trabalho. Não importando o eito que tivessem pela frente. Nem prazo que não cumprissem. Sem pressa.

Igualmente o trabalho, no entanto, enfrentavam com a mesma paixão, qualquer oportunidade de prosa. Os bois gostavam. Ruminavam macios o falar cantado, cheio de histórias, com que Bastião atravessava as lonjuras da prosa. Senhor das paisagens todas de uma boa conversa. Conhecia a palmo, as cercanias e as distâncias, desde as beiradas do rio até os altos da Mantiqueira. Ali nascido, íntimo de tudo. Igualmente no falar. Nada de que não pudesse dar conta. Com que não pudesse produzir a mais fina iguaria ao paladar dos ouvidos.

Ah o pilhassem* então indignado. Logo ele. Homem de hábito ciente de sua dignidade, sério como o real, grave e apaixonado, de uma paixão curtida e amadurecida pelas coisas desta vida. Árdua e plena de trabalhos e significados. Indignado revestia com rude ou fina ironia, sua fala, usualmente quase maravilhada.

Ele mesmo, de um natural cogitativo, nas entranhas da vida sempre em contato com a concretude e o mistério. Vivia e refletia como um rio segue seu curso. Forte, remansoso e sempre murmurante. Pois um dia se colocou de atravessado com um. Um sujeitinho que lhe aparecera com ares de sapiência e grandes méritos por saber de umas questões com que aturdia sem resposta aos ouvintes. E lhe viera com a questão do ovo e da galinha. De quem nascera primeiro. Ora! Ora!

Uns dizem que foi a galinha. A mãe do ovo. Solitária chocadeira, que se senta por três luas por cima de uma ninhada e apenas aguarda. A galinha sempre espera pelos ovos. Até que comecem a picar. Nada teve com a maçã. E no entanto...Virou presa de raposa. Como toda bicharada. Padece junto. Saíram todos do paraíso. Por conta de uma maçã.

Já outros dizem que não. Que quem nasceu primeiro foi o ovo, com certeza. Foi trazido por Noé. Que, por falta de espaço, na arca trouxera apenas algumas aves. E de outras vieram apenas os ovos, por cima de um rancho, cobertura de sapé. Foi aí, por exemplo, que chupim aprendeu. A desfrutar de tico-tico. Faltando espaço, os ovos do chupim misturaram com tico-tico.

Bastião no entanto não engrossa fileira com besteira. Nem o ovo nem a galinha. Que um empurra o outro, sempre a ver quem

---

* Ah o pilhassem: se o pegassem em flagrante.

foi o primeiro da fila. Mesmo assim como a garotada na fila do grupo, pra merenda. No caso da galinha tá fácil. Nem o ovo nem a galinha. Antes mesmo veio mas foi o fiofó. A cloaca. Que espremeu, espremeu e de um salto soltou a galinha prum lado e o ovo pro outro. Por isso mesmo é que a galinha choca. Senta ali e fica. Quietinha, quietinha. Pois é. O fiofó tentando desfazer. E engolir de novo, o ovo e a galinha. O ovo é galinha. A galinha é ovo. É ovo mais vinte e um. Assim como indez é ovo esperando galinha. Mas o mundo não anda pra trás. Nem ovo nenhum jamais volta pra dentro. Bastião acredita assim.

De menino, de mocinho, eu ouvia Bastião. Sem aula, de férias, um de meus programas era esperar o Bastião passar e ir com ele e os bois pra algum serviço. Às vezes pra meio dia. Às vezes pro dia inteiro. Caso em que dividia comigo sua matula. E lá, no meio da mata, do serviço, ia escutando o seu falar. Meio comigo, meio c'os bois, pra ele mesmo, vinha de lá com sua fala cantada. Se se indignasse...

De hoje eu penso. Revejo Bastião. E acabo com o mesmo pro governo. Então é possível? Que governo arrume o governo? Político vá contra político? A briga ali é de assento. A ver quem pega a cadeira. Depois é ficar de cima dos ovos. Se algum político fosse contra e quisesse acabar com a roubalheira, desceria pelo ralo. Seria excretado. O problema da cloaca. Um cano só. Pros ovos e os excrementos. Titica de galinha. Ainda agora, ano passado. Deus do céu! Que vergonha que eu passei! Esse um que espremeram feito berne. Pôs a casa em polvorosa. Imaginem. Querer tudo pra ele. Nem bem da turma ele não era, nem partido não tinha. Ou principiante. Ou apressado. Um inspirado! Acaba sendo o retrato acabado. Da máfia toda, empurrada pelos índios, a gente do povo, a derrubar o bandido. As cambadas reunidas a desfazer as fantasias do mocinho. Espécime selecionado. De fina linhagem curtida durante três gerações, avô senador, uns sessenta anos, da salve, salve, ditadura salvadora. Impávido colosso. Cuidado moçada! Pra não acordar o gigante! Esse país tá purgando... Tá sendo espremido... E sempre do lado errado. Onde não tem mais o que espremer.

De modos que cada um que lá assenta, tenta ordem no galinheiro. A distribuir dinheiros e cargos. Naquele alvoroço de hora do trato. Tititi... E correm todos esbaforidos. Dos recantos mais longínquos. A catar sobras. Na falta, o povo que entre com mais bóia. Tasca imposto novo.

Ainda ouço Bastião. Que governo nenhum, nunca que veio lhe arrastar o arado. De sol a sol são os bois a puxar. Semente quem compra é ele, de seu bolso, no armazém. Ou na loja de ferragens. Derrubar mato, roçar, destocar, arar, destorroar, plantar, carpir, podar se for o caso, falar com Deus, pedir por chuva, colher, bater, limpar, ensacar, botar na tulha, tudo isso e muito mais, variando conforme o caso, quem faz é ele mesmo. Mas o governo resolveu que agora só se vende o arroz pagando um tanto pra beneficiar. Vira sócio de repente. Desses que só aparecem na hora do bembom. E somem na hora de pagar a conta. E nunca se viu benefício de volta em troca desses impostos. Se saem empréstimos é para a corriola dos grandes. Tanta gente que pega dinheiro barato pra comprar trator e compra carro, viaja ou faz o que bem entende com dinheiro que seria para a lavoura... Deu sumiço. Vá você precisar de assistência. Um filho seu doente. A mulher. Vá depender de posto de saúde. Ainda ter de pedir. Favor de vereador, de fulano, de sicrano. Olha bem na cara deles. E cavoca pra ver se encontra alguma bondade. Tá tudo orgulhoso. Da importância que se dão.

Bastião me inspira. Político? É bicho de bando. Na moita. Fazem uma algazarra danada! É tudo fingimento! Barulho pra despistar... No fundo, a classe mais organizada que tem. Sem professora. Uns com os outros eles aprendem. E tem mais. Há tempos descobriram. Nas comunas eles comem sozinhos. Na capital, que jeito? Precisam dos capitalistas. Não dá pra roubar sozinho. A capital é mais produtiva. Compensa então dividir. Corrupção é parceria. Na certa. Não dá pra roubar sozinho.

Bastião me contou. Me lembro. E passo adiante. Uma vez então resolveram que galinha não podia mais descer a serra em varal. Seria maltratar. Que de agora por diante, só mesmo em balaio. Que viesse na cangalha ou em carro de boi. Sabe o que aconteceu? Pois. Então. E o governo não conhece os seus agentes? E foi que não avisaram ninguém. Afixaram portaria. Posta em cartazes na delegacia. Que quem lê cartaz em delegacia é o delegado, os seus agentes, os malandros de passagem. Puseram também na coletoria, nos bancos, agências do governo. Ler de entender mesmo quem leu foi a turma de fiscal. Que se aprontaram pra caçada. Cada uma lei que sai é instrumento novo de caça pra essa gente. Às vezes sai portaria, de chumbo fino. Que nem fosse espingardinha pica-pau. Dessas de carregar pela boca. No médio sai aí umas garruchas. Escopetas. Mas de vez em quando eles arrumam umas Winchester. Quarenta e quatro. É lei de grosso calibre. Daquelas que os agentes lavam a égua. Se empanturram. Enchem o paiol. São leis que os poderosos aprovam. Modos lá deles, de se acertarem.

A gente mais humilde, que nem de burro, cangalha ou carro de boi dispõe, por isso mesmo traz galinha nas costas, em varal, teve toda sua carga apreendida por um fiscal na porta do mercado.

Essa gente mal mora em algum cantinho. Num tope de serra, beirando grotões, acorda no escuro, antes das quatro, pra descer a serra com meia dúzia de frango nas costas pra poder vender e comprar os mantimentos da semana. Açúcar não que eles adoçam com garapa. Arroz não que eles compram em casca de um vizinho e batem no pilão. Café de vez em quando, na falta do seu, colhido, secado, torrado, moído de pilão, tudo isso em casa mesmo. A compra é de sal, de algum doce pra variar da rapadura, toucinho, farinha de milho pro café, torrada, farinha de trigo pras frituras, macarrão, uma lata de sardinha lá uma vez por ano.

Pois foi que os frangos dessa gente foram tomados. Apreendidos por autoridade. Por modo de proteger os animais. De descer a serra de cabeça para baixo. Ora, ora. Só mesmo quem não entende. Haja visto sempre que eles, quando vêm dependurados, viram todos o pescoço e olham pra o que quiserem. Mas não, em proteção dos bichos, as famílias mais humildes tiveram todas de voltar sem as compras para casa. Os frangos acabaram na mesa dos fiscais, afora uns de presente ao delegado, afora outros de presente a funcionários graduados, vereadores, ao dono do cartório, ao pessoal da coletoria. Pensa então que faltou? Ah, mas não! São muitas as famílias humildes do município. Que traziam frangos nas costas pra vender no mercado de sábado, e levar as compras da semana, em sacos alvos de farinha, nas costas, até aquele alto de serra, fim de mundo, que funcionário nenhum, fiscal, vereador, coletor, impostor, jamais conheceu.

Lhe recomendo. Vá conhecer algum dia. Disposição precisa de deixar o carro talvez e atravessar ainda uns dois morros que a estrada não chega lá. Mas vale a pena. A escadinha de filhos a lhe receber no terreiro, sérios, encabulados, algum sorridente, surpresos todos com a visita, filhos todos de um pedro, antônio, joão, benedito, com dona maria, francisca, bastiana, benedita. Não demora algum foi chamar o pai na roça, no pasto, no mato. Se não tiver longe, vem vindo com a cachorrinha na frente, a lhe abanar o rabo, ou a fugir esbaforida, latindo por debaixo das árvores. – Queta, Branquinha!

Depende de que o senhor precise. Que ter mesmo eles não têm é nada. Ou quase. Mas boa vontade, disposição, um café adoçado com garapa, eles mesmo se dão, como o senhor nunca viu.

Ao contrário, também pode acontecer que mal lhe respondam. Por medo, timidez, vergonha, desconfiança de qualquer autoridade. Tão lhe confundindo. Com autoridade. Pode ser, de ouvir falar já souberam, de caso de gente que teve o casebre vasculhado, em busca de barbeiro. Foi lhes dito que criam os filhos por tudo errado. Que tem de dar leite e mais isso e mais aquilo. Que não pode isso nem aquilo outro. Que vieram a perguntar por papelada, de propriedade, de imposto, de licença pra isso pra aquil'outro e o que mais. Que daqui por diante não pode caçar tatu, paca, nem bicho de pena, nem cortar pau, nem fazer cerca.

Bem, seu moço, que aqui quem chega da cidade é sempre com ares de saber mais. De mandar, de colocar em prática regramentos escritos em papéis de ofício, decididos por deputados, vereadores, prefeitos, funcionários, gente importante. Não sei não. Mas dizem que lá na cidade é tanta regra inventada por essa gente, que pisou pra fora de casa já está devendo. Fazer isso e mais aquilo. Preencher conta e pagar no banco. E que o seu banheiro tem de ser assim, assado e cozido a sua casa. Que pra vender paga isso, pra comprar paga aquilo. Pra trabalhar desconta na folha. Pra empregar registra lá, acolá, e mais não sei onde. E ainda paga mais pro governo que pro empregado.

Bastião quem falou disso tudo. Ou quase. Me lembro e o vejo. Homem vivido. Curtido na vida. Em trabalho. Na frente dos bois. Ou atrás. De apar. Mas junto. Sempre junto. A cada palmo. De vida. De terra. No plano. Nos altos da Mantiqueira. Nas baixadas do vale. Do Paraíba.

Bastião não se rende. Me vingo por ele: a cloaca, o fiofó. O governo é a cloaca. A querer sempre os ovos e a galinha. E que vem sempre primeiro. A querer sempre engolir tudo.

O senhor não duvide. Tou me enfezando. Que fim de mundo não era lá, onde essa gente morava. No coração da serra. Na terra em que nasceu. Distanciados estão é esses importantes, a importar do estrangeiro regulamento que não acaba mais. Tão muito longe da mãe que os pariu. Tão do lado de lá da cloaca. A viver à tripa forra. Tão mais é de papo cheio. Pois saiba o senhor que cada um brasileiro que quer um cargo, um emprego que seja do governo, tá hoje se arriscando. Lá tem uma doença. Se do lado de cá tem miséria, que eles mesmo cria, lá não sei não. Deve de ser uma peste. Assim do cara se esquecer de tudo. E se pôr de importante. Assim um inchaço. O cara vai crescendo, crescendo. Vira tudo ratolefante. Abarrotado. O governo tá cheio de elefante. Tem ratolefante de todo tamanho. Desses de pesadelo de tão grande, até uns anões. E tá cheio de camundongo também. Desses amedrontados co'a vida, que vivem pelos cantos, das sobras, sem coragem de sair pro mundo. Mas é tudo malino. Possuído de doença. Só querem comer, comer. Tá tudo lá. Do lado de lá da cloaca.

Ande, vire, procure. Se o senhor achar me apresente. Um dos grandes que preste. Eu digo de qualquer tamanho. Grande mesmo. Grandão, grandinho, grandote, candidato, pretendente, aspirante, titular, reserva, chefe, chefinho, chefete, substituto, nomeado, direto, indireto... Que preste de verdade. Que não tenha entrado nos dez por cento. Porque hoje, só porque se rouba mais, na base dos quinze, vinte, trinta, cinqüenta, cem ou mesmo quinhentos por cento, a turma dos dez se acha digna e honesta. A turma que dá e a que recebe. Ora, ora, um tostão que seja, que não seja seu, é roubo, sim, senhor. É o que abre a porta pros grandes ladrões. Que apenas se julgam mais espertos. Os dez por cento, se bem somados, poderiam ser a saúde e a comida de muita gente. Não que só os grandes não prestem. Tem safado de todo tamanho. E rato pra todo lado. Mas um grande devia prestar. E não de se escolher às avessas. E encher o país de ratossauros. Esse pesadelo. Ratos gigantes por toda parte. Infectados todos com a peste. A espalhar a fome, a miséria, a doença, o roubo, a pilhagem, a violência. Latrocínio, assalto, trombadinha? Invasão de loja, supermercado, de terra, de terreno, arrastão, isso tudo?... Não passa de imitação pálida e malsucedida que a arraia-miúda e desvalida estertora. Desespero. O diabo tomando conta. O fantasma dos grandes possuindo, assombrando os pesadelos do povaréu. Esconjura! Por isso tudo, meu Deus! Um grande devia prestar. Um ao menos! O senhor me mostre. Terei humildade.

Aprendi com Bastião. Quem rouba um, rouba quinhentos. Cachorro que bebe ovo vira raposa. Cada uma lei, se não for cumprida desvira injustiça. Um que não cumpra desmancha com o trato. Lei que não vale pra um nem vale pra ninguém. Então que se veja. São pra lá de quinhentos deputados no federal, mais não sei quantos em cada estado, mais o que, uns dez mil vereadores?...

Vinte mil... Cinqüenta mil? Mais uma quimera de senadores...E todos o tempo todo a inventar lei pra isso e mais aquilo e não sei o quê mais... E portaria e decreto e circular e estrebaria e pocilga e latrina...Tudo isso só pode desaguar em brejo. Poluição na fala de hoje. O meio ambiente vira uma merda, como se diz. Ecologia seria outra coisa. Uma que acabasse com a legislatria. Co'a legislatrina. Cos legisladrão. Co'a legispertice, legismundice, legisdemência, legisdemia, cos legisrompantes, cos legisdefuntos, a legisfedência, cos legislegóicos, cos legisincultos. Arre!! Que não acaba!

...Portanto, senador, seu deputado, caríssimo vereador, ou qualquer outro escrevinhador, o senhor seja homem, não me venha com lei que o senhor mesmo não seja capaz de cumprir. E fazer valer. Sem dez por cento. Não sendo assim, o senhor não tem autoridade. Tem interesse. Demagogia. Egolatria. Desespero.

Bastião quem disse. Que me mostrou. Apenas reconto. Cada uma lei é instrumento de caça. Do bando de espertos. É uma regra nova na mesa do jogo. Que o povo desentende. Pro bando de espertos dos dois lados burlar, usar, deturpar, revirar pro seu lado. Caçar os otários. Esse país. Que será o fim disso tudo? Meu Deus. Carece de um juiz! Um só. Legisdecente. Outros viriam. Tornar prudentes. Os poderosos.

(texto escrito em 1994, após os governos Sarney e Collor)

Fartura

O mundo já espremeu todo caldo de bondade que eu tinha.
E olha que não era pouco. Minha mãe que me deu;
do tanto que eu bebi no carinho de meu pai.
Disto, em casa, sempre houve fartura.
Mais a gente cresce, mais o mundo se mostra.
Aqui nesta terra se vive. De ver o que não se carece.
Toda abastança a crescer da miséria.
Um povo a pagar a conta, de dinheiro que nunca viu.
A gente emagrecendo junto com o salário.
A meia dúzia de sempre a engordar com a inflação ou sem ela.
Governo, o que deve, gastou. Estufado de imposto que ele comeu.
Dinheiro na conta de uns tantos. Riqueza juntada de quem trabalha.
Perdida onde não devia. Em conta estrangeira, longe de qualquer alcance.
Aqui mesmo escondida, sem que ninguém ignore.
Dinheiro que não se acha. Em bolso de ninguém.
Dele só se sente a falta na hora de pagar as contas.
As grandes, as que nunca se fez.
As pequenas, que todos então precisamos fazer,
Cada vez mais apertados,
Cada vez mais cedo no decorrer do mês.
Ainda agora, tiraram um do governo... Mas sobraram tantos...
Estes mesmos que empurraram... Pra chegar junto ao cocho outra vez...
Carecia de um poder de justiça. Que nos livrasse uma vez, pelo menos.
De uns vinte de uma vez...
E que o medo da gente passasse pra eles um pouco...
Que a gente merecesse respeito

E um pouco a gente tivesse o prazer
De voltar pra casa satisfeito.
Co'as nossas contas miúdas acertadas...
E as grandes, co's graúdos, tinindo na cadeia.

Seria, não seria?
Um orgulho bonito, que a gente ia sentir...
De poder confiar na justiça...
Sair na rua confiante, cruzando com gente de bem
Deixar este amargo de lado
Assim até seria bom envelhecer...
Sabendo que os netos iam viver no direito.
Com pouco que fosse...
Alegres por serem honestos.

Seiva

O poeta

em linguagem

secreta

a seiva

das coisas.

Passarim

Passarinho nenhum não voa
se não tirar o pé do galho.
Atalho nenhum também não existe
para se ganhar os ares.
Este momento, sublime, requer desprendimento.
O de soltar as asas, e de entregar o corpo
aos anseios da alma, ao sabor dos ventos.
Nem há quem possa, também,
sozinho, voar no amor.
É tombo certeiro.
Isto de se erguer nos ares,
e abraçar o mundo,
é sempre, apenas por alguns segundos
e sempre, a busca de algum regaço.

Roda-gigante

Transbordante

banhado de musa

o mundo

se lambuza

exultante

nos delírios

do poeta.

Contigo

Confirmo. Estiveste a meu lado.
Nunca me senti. Tão Inteiramente.
Feliz. Nunca estiveste tão inteiramente.
A meu lado. A tua volta a meu lado.
Coloca a minha volta um modo meu de ser.
Feliz. Um modo de ser teu. Que eu gosto.
Um modo de teu ser que tece à minha volta.
Um casulo. Que tece a teu modo a minha volta.
A meu modo mais antigo de ser. Contigo.

Na ponta de um cigarro

Em meu cinzeiro, o rubro de teus lábios ficou na ponta de um cigarro. Em meio à fumaça, as lembranças sobem feito labaredas. Dançam ao som de um piano. Desejos recendem doçura. A loucura. Suave, aconchegada, a nudez se achega. A alma aquecida se despe. Brilhos tremulam em volta. A intensidade dança. Nos olhos o desejo de um abraço. A imantação dos corpos.

Tempo de sonhos. Vividos. A que têm acesso os sonhadores. Tempo de viver. Os sonhos. A que têm acesso os vivedores. A coragem da alma se move nos corpos. O eterno se insere nestas luzes. O peito se apodera das essências. E nada, nada se perde deste instante. O ser tornado absorção. Tudo se marca indelével. Distâncias azuis em que todo transporte é possível.

A vida nada deve. Os sonhos nada são. Apenas os momentos se sucedem. A tábua diurna das marés. A cada mês a lua cheia. De que é mesmo que se faz a vida? O verdadeiro lugar em que se habita? Quem é mesmo que se convida? A viver dentro da gente?

Estás aqui? Bem sei que sim. Pensei que não. Por instantes. Nem sempre a alma voa. Às vezes é necessário um pouco mais que a fumaça de um cigarro. O rubro de teus lábios ao menos. Quando pousam junto aos meus.

Laudo

DE QUE NOS ACUSO:
De impurezas. De tudo que não aconteceu.
Estamos fartos de incompletudes.
Pois o gesto que seria infinito,
Tornou-se apenas inacabado.

O PECADO ORIGINAL:
É comum, diga-se; popular e estatístico
De nosso amor além de ser místico,
Romântico e enquadrado,
Ter a força do mito
E conseqüentemente fragilidade divina.

DE QUE SUSPEITO:
Viajantes de vicissitudes e descrenças,
Não somos deste mundo.
Ou não desejamos sê-lo.
Práticos e contingentes
No fundo ousamos apenas as alegrias do possível.

O QUE NOS REDIME:
Apenas a carícia plena nos redime.
Fonte límpida de ternura
A brotar perene da quietude das relvas.

DE QUE ME RECORDO:
Da luminosidade dos olhos redobrada
No silêncio de lábios esquecidos
De palavras profanas.

Riqueza

A gente tinha.
Tinha e não economizava.
Dava em quantidades,
desses abraços apernados*, aconchegantes,
onde tudo se mistura, narizes e ouvidos, bocas e pêlos.
Tudo num roçar alarmante.
Tamanha a barulhice que os poros todos acordavam.
A pele em festival.
O culto universal das suavidades.
Presença do instante. Divagar em sutilezas.
A avalanche eterna e musicada.
As loucuras todas.
Sussurros gritam e atordoam.
A plena lucidez dos sentidos.
Sucumbir.
Alegria de viver.

---

* Apernados: licença poética; termo criado para insinuar abraço deitado em que as pernas
também se abraçam.

Você

Você foi.
A companheira da passagem.
O resgate da gratidão.
A volta dos horizontes
Nesta tarde de verão.
Você me envolveu
Na vastidão da gentileza
No espaço denso
De uma paz pulsante
Nas antiplanícies da exaltação na música.
Vivemos todas as proibições.
E desnudamos os labirintos da possibilidade.
Não é esta então,
A essência do viver?
Não é esta então,
A nossa cumplicidade com os deuses?
O que somos senão
O transitório em floração?
O que somos senão
Seres em revelação?
Você foi.
O seu nome. O meu.
O nome neste poema:
Plenitude.

Onda quântica

Ronaldo Barbosa (Myra)

Há no teu sorriso
um quê de onda
algo que me ronda
como mágica e feitiço.

Há no teu olhar
um quê de água
um não sei quê, que só deságua
quando lá já não está.

Há nas minhas mãos
um quê de tato
que só percebo em contato
com o espaço vazio entre mim e você.

Dizem que é a dança de Shiva
a irrequieta partícula
de existência dual,
ora aqui, ora acolá.

Como um Koan* fantástico
a provocar a razão
toda lógica e dedução
num átimo de iluminação paradoxal.

---

* Koan: termo zen-budista – questão proposta pelos mestres do treinamento oriental – propor um problema insolúvel.

Quântica II

Paulo Barros

Sorriso teu, bisturi anímico
com efeitos barbitúricos
em transportes siderais;
suavidade, penetração de raios.

Tátil teu olhar de seda
véu incandescente
milhares em labareda
ardor de sol urgente.

Este campo magnético,
adensando atmosferas
dissolve eventuais quimeras
em corpos de habitual terrenos.

Por órbitas celestes
gravitam seres aos pares
de existência inequívoca
em fusos milenares.

Prazer e dor em lavas
chamas dançando o apelo,
reflexos de luz nas montanhas,
onde o resto é escuridão.

Quântica III

A quatro mãos

Ronaldo (Myra)	Paulo Barros

Há no teu sorriso
   um quê de onda
      algo que me ronda
         como mágica e feitiço

Sorriso, teu bisturi anímico
   com efeitos barbitúricos
      em transportes siderais;
         suavidade, penetração de raios

Há no teu olhar
   um quê de água
      um não sei quê, que só deságua
         quando lá já não está.

Tátil teu olhar de seda
   véu incandescente
   milhares em labareda
   ardor de sol urgente.

Há nas minhas mãos
   um quê de tato
      que só percebo em contato
         com o espaço vazio entre mim e você.

Este campo magnético,
   adensando atmosferas
      dissolve eventuais Quimeras
   em corpos de habitual terrenos.

Dizem que é a dança de Shiva
   a irrequieta partícula
      de existência dual,
         ora aqui, ora acolá.

Por órbitas celestes
   gravitam seres aos pares
      de existência inequívoca
      em fusos milenares.

Como um Koan fantástico
   A provocar a razão
      toda lógica e dedução
         num átimo de iluminação paradoxal.

Prazer e dor em lavas
   chamas dançando o apelo,
      reflexos de luz nas montanhas,
   onde o resto é escuridão.

Quântica IV

A quatro mãos

Ronaldo (Myra)   Paulo Barros

Há no teu sorriso, (bisturi anímico)
um quê de onda com efeitos barbitúricos.
Algo que me ronda em transportes siderais;
mágico feitiço, suavidade, penetração de raios.
Há no teu olhar, tátil olhar de seda
um quê de água, um véu incandescente.
Um não sei quê, que só deságua em milhares
ou labareda, quando longe não está e se encontra rente.
Há nas minhas mãos, este campo magnético.
Um quê de tato adensando atmosferas.
Que só percebo em contato:
Alados dois corpos, de habitual terrenos.
Dizem que é a dança de Shiva por órbitas celestes.
Em irrequieta partícula gravitam seres aos pares.
Inequívoca existência dual.
Ora aqui, ora além, em fusos milenares.
Como um Koan fantástico, prazer e dor em lavas.
A provocar a razão chamas dançam palavras.
Lógica e dedução, apenas reflexos nas montanhas.
Num átimo, paradoxos de luz, onde o resto é escuridão.

Quântica V

Ronaldo Barros   Paulo Barbosa

A quantas mãos, olhos, sorrisos. Acaso existe *Homo ludens* que não
seja livre...?

Há em teu sorriso um quê de onda
   bisturi anímico com efeitos barbitúricos
      como mágico feitiço, algo que ronda:
         transportes siderais, suavidade, penetração de raios.

         Há em teu olhar um quê de água, um não sei quê...
   que só deságua se já não está.
      Tátil olhar de seda, véu incandescente,
   milhares em labareda, clamor de sol urgente.

Há nas minhas mãos um quê de tato
   espaço vivo entre dois corpos: contato.
      Campo magnético, adensando atmosferas,
         revolvendo quimeras em seres no habitual terrenos.

         Dizem que é dança de Shiva:
      A irrequieta partícula, substância dual
   tece existência em fusos milenares:
      em ondas nos corpos, em corpos nas ondas,
por órbitas celestes gravitam seres aos pares.

Como um Koan fantástico a provocar a razão:
Prazer e dor em lavas; chamas dançam montanhas
Lógica e dedução: enérgicos reflexos, diversas sanhas
Num átimo de luz, paradoxos: restos de escuridão.

Quântica VI

Myra Barros   Paulo Ronaldo

Há no teu sorriso, (bisturi anímico)   Há no teu sorriso um que de
                            onda
um quê de onda com efeitos barbitúricos.   Bisturi anímico
com efeitos barbitúricos
    Algo que ronda em transportes siderais;   Mágico feitiço, algo que ronda:
        Mágico feitiço, suavidade, penetração de raios.   Transportes... suavidade,
                            raios siderais,
    Há no teu olhar, tátil olhar de seda   Há em teu olhar um quê de água,
                        um não sei quê...
um quê de água, de véu incandescente.   Que só deságua se já
                            não está.
Um não sei quê, que só deságua em labaredas,   Tátil olhar de seda, véu
incandescente,
    se longe não está e se encontra rente.   Milhares em labareda, clamor
                        de sol urgente.
Há nas minhas mãos, este campo magnético,   Há nas minhas mãos um quê
                        de tato
um quê de tato adensando atmosferas.   Espaço vivo entre dois
                            corpos, contato.
Percebo em contato, dissolvidas quimeras,   Campo magnético,
adensando atmosferas,
    no espaço dois corpos, no habitual terrenos.   Dissolvendo quimeras em
                        seres no habitual terrenos
    Dizem que é a dança de Shiva por órbitas celestes.   Dizem que é dança
                        de Shiva:

Em irrequieta partícula gravitam seres aos pares.   Irrequieta partícula,
                  substância dual
Inequívoca existência dual.   Aqui e lá existência em fusos milenares: em
                  ondas nos corpos,
Aqui, além, em fusos milenares.   Em corpos nas ondas, gravitam
                  seres aos pares.
Como um Koan fantástico, prazer e dor em lavas.   Como um Koan
                  fantástico a provocar a razão:
A provocar a razão chamas dançam palavras.   Prazer e dor em lavas; chamas
                  dançam montanhas
Dedução: apenas reflexos nas montanhas.   Lógica: quiméricos reflexos,
                  diversas sanhas
Num átimo, paradoxos de luz,   Num átimo de luz, paradoxos:
    Onde o resto é escuridão.   Restos de escuridão.

Bilhete

Aguardo-te, *por supuesto...*
Con una sonrisa en los labios.

Vontade de te engolir!
Para que me nutra de ti.
E possuir-te inteira, dentro de mim.
Acompanhar teus vôos.
Como pano de fundo o céu.
As montanhas e um pequenino anel.
Das madrugadas as nossas gargalhadas.
Da única noite, leito compartilhado,
lembranças de teu corpo.
Ternura mansa como o brotar de um riacho.
Quase apenas um murmúrio.
E que barulho não faria,
em suas andanças de encontro ao mar...

Beijo acetinado.
Si estuvieras pierto... ahora...
o amor desaguaria em tempestade.

Amanhecer em ti

Saudades preenchem tua ausência
Lembranças de meu corpo
Alma talhada em sensações

Sobre mim debruçada
Tinturas da aurora
Em tua imagem iluminada

Ondas.
Um mar de desejos
Me inunda de ti

Espumas salpicantes
De teu corpo em meu corpo
Desmanchando na areia

Intensas marcas de viver
Na moldura de um dia
O que mal cabe no eterno

Amanheceres caminhantes
Mãos dadas pela praia
E a escultura indelével de um sorriso.

O guardador de águas de Manoel

(Poema a Manoel de Barros)

Seu silêncio se alonga;
se encontra em horizontes.
Com olhares vindos, de ermos espremidos
imprime seres com palavras.
Explode intimidades.
Copula com as coisas em puro recontar.
Desmancha vazios.
Caminha peregrino por terras de ninguém;
Seu nadifúndio compartilha.
Alua com sapos. Soleia com libélulas.
Chove com capins. Entardece com abris.
Aturde. As vozes todas lhe respondem.
Conterrâneo do tempo;
Contemporâneo dos mundéis.
Estranho.
Faz com a distância uma coisa íntima.
Aproxima.
Marcante da passagem,
Nos leva onde esteve.

Consulta a Vinicius

Consultado o Vinicius, bêbado e naquele momento presa de um cinismo feroz, ele ficou com aquele olhar parado e enigmático.

Eu fiquei esperando; ele nada... eu esperando... ele nada... eu esperando e ele nada.

(eu) – E aí poetinha, num dá pra emprestar alguma poesia nova, original? Prometo que faço a citação, embora aí sim possam me julgar pretensioso.

(ele, curioso, sacudido por um soluço). – Uai...?... Hiiig!

(eu) –...Vão me perguntar como tive acesso a você, assim, depois de morto, 'in expiritux'....

(ele) – Hiiig!...

(eu) –Você está precisando de um café...

(ele) – Que sau-hiiig-daaades...

(eu) – Mas parece que você tem acesso aí a uns uisquesinhossssss.... Café deve ser até mais fácil de arrumar....

(ele, pausadamente, entrecortado por soluços e com voz pastosa) – Essss....(hiiig!) é o problemmm.... (hiiig!) Por aqui....

(eu) – O quê?... Qual é o problema por aqui?...

(ele) – Acontesss...Hiiig!.... Que aqui... HIIIG!!! Você só pode.. Hig... escolher um...Tipo de bebid-hiiig............... e eu escolhi.... HIIIG!!!...O escocês...

(eu) –Você quer que eu peça um *Irish coffee?* Faz de conta que é para mim...

(ele, levantando um pouco a cabeça, tentando me fixar com o olhar) – Será que foonciona?

(eu, depois de pedir o Irish coffee*)* – Enquanto a gente espera, passa aí um poeminha emprestado...

(ele, bamboleando a cabeça, piscando várias vezes, tentando me manter no seu foco) – Qual é o caso... hiig?

(eu, contei o caso, resumido, torcendo para que se mantivesse acordado) – Então, o quê que você acha?

(ele, depois de um lapso em uma enorme gargalhada) – Quiaaa-quia-quia-quiaaaa.... hiiig...!!!

(eu, meio na bronca) – Qual é, meu? O caso é verdadeiro. Veríííídico...

(ele, tentando parecer sério) – Desculp-hig... mas parece uma pia-hiiig-da...

Neste ínterim trouxeram o café e ele não perdeu a chance:

(ele, depressinha) – E pra mim, mais um do meu... hiig!

(ele, depois de tomado o café, já mais firme) – Duas condições...

(eu) – Pra quê, Vinicius?

(ele) – Pra te emprestar o poema....

(eu, ansioso enquanto ele procurava na bolsa o tal poema) – Topado, manda. Quais são as condições?

(ele, me entregando um papel dobrado e meio amassado, tirado de uma bolsa de couro que estava assim meio de lado)

– Primeiro.... espera ela sair de trás da esfinge...

(eu) – E... a segunda?

(ele) – Certifique-se que ela não é surda.... Quiaaa-quia-quia-quiaaaa.... hiiig...!!! Desculp...

(Pano rápido)

No papel dobrado e amassado estava escrito:

Vou te contar um segredo... assustador! Às vezes o poeta é também um palhaço, um acrobata. Então, quando necessário, ele planta bananeiras porque a musa está de ponta-cabeça. Aí, então, ele enxerga ela como ele queria. Às vezes ela vira ele do avesso, e então ele vira ela do avesso pra poder fazer par e viver na confusão de sentimentos. Mas que ele precisa dela, precisa.

Já ela é que pode se inspirar nele e encontrar em si revelações a serem cultivadas. Dá uma trabalheira...

Ser poeta é uma brincadeira... Dá uma trabalheira...

Do contrário, tem muita gente que consome poesia como se fosse amendoim salgadinho, de aperitivo. E está mesmo interessada em devorar o poeta. Dizem que é prato finíssimo que traz muito prestígio.

Matutei cá comigo: ele deve estar cansado de receber esses pedidos malucos de poema emprestado.

Segunda Parte

Ensaios

Amor e ética

*Seria insensatez um mandato segundo o qual cada um
deve tratar de tornar-se feliz, porque nunca se ordena que
alguém faça o que por si mesmo indefectivelmente deseje.
Dever-se-ia ordenar-lhe, ou antes, facultar-lhe, as medidas
que tem de tomar, porque ele não pode tudo o que quer.*

Kant[1]

Introdução

*A todos interesa que también en las cuestiones sexuales
se llegue a observar entre los hombres como un deber, una
mayor sinceridad. Con ello ganaría mucho la moral sexual.
Actualmente, todos, enfermos y sanos, nos hacemos reos de
hipocresía en este orden de cosas. La general sinceridad habría
de traer consigo una mayor tolerancia a todos conveniente.*

Freud[2]

O diagnóstico de Freud, do amor como origem de sofrimento psíquico e etiologia das patologias da família, vale dizer como matriz de patologias sociais, continua atual. Necessitado de cuidados tão urgentes como há um século. Se utilizamos apenas dez por cento das possibilidades de nosso sistema nervoso, amor e sexo são capazes de nos orientar em direção à nossa totalidade. E estamos nos referindo a qualidade e a significados da vida. Fosse a felicidade matéria de saúde pública quanto deveríamos despender para a sua consecução? Não obstante, os custos sociais dos distúrbios amorosos são incalculáveis, levando em conta que de setenta a oitenta por cento das moléstias têm forte influência de fatores psicossomáticos. Possivelmente a mesma porcentagem de toda violência humana poderia ser reorientada se conseguíssemos transformar nossa consciência ética. A maior parte do sofrimento humano, para ser minorado, não depende de maiores desenvolvimentos tecnológicos, e sim de transformações no modo como nos relacionamos uns com os outros. Por outro lado, afirmar que estas coisas são assim desde que o mundo é mundo é ignorar que muita coisa mudou desde que o mundo é mundo. E que muitos outros sofrimentos tidos como naturais ou necessários, como castigos divinos, como intrínsecos à condição humana, puderam ser erradicados. E não se diga que o sofrimento humano melhora o homem. É possível reavaliar a necessidade do sofrimento como condição do desenvolvimento humano. Sofrimento não resolvido gera mais sofrimento. E excesso de sofrimento gera perversão e dinamismos da praga emocional descrita por Reich. A sanidade psíquica e social pode muito bem ser redefinida como a busca da diminuição dos sofrimentos desnecessários que ocasionamos aos outros e a nós mesmos, por inconsciência amorosa.

> *Pero es un auto-engaño y una insensatez pensar que se puede levar una vida disoluta y educar al mismo tiempo a los hijos para que sean buenos e felices; por lo general, resultarán o hipócritas o seres atormentados.*
>
> Buber[3]

Freud há cem anos

Em 1898, Freud escreve "A sexualidade na etiologia das neuroses". Dez anos depois, em 1908, nos dá um exemplo de sua grandeza moral e intelectual, confrontando sua época, diagnosticando os costumes sexuais vigentes como origem do aumento das patologias nervosas, em seu texto "La moral sexual cultural y la nerviosidad moderna". Desses dois artigos extraímos os fatores etiológicos para o diagnóstico que Freud faz das condições morais e dos costumes que regiam a sexualidade daquela época:

1. A extrema repressão pela moralidade que só tornava legítima a sexualidade dentro do matrimônio

Las características de la moral sexual cultural bajo cuyo régimen vivimos serían – según nuestro autor (Ehrenfels, 1907) – la transferencia de las reglas de la vida sexual femenina a la masculina y la prohibición de todo comercio sexual fuera de la monogamia conyugal.

Freud[4]

2. A dupla moral

Pero las diferencias naturales de los sexos habrían impuesto mayor tolerancia para las transgresiones sexuales del hombre, creándose así en favor de éste una segunda moral. Ahora bien: una sociedad que tolera esta doble moral no puede superar cierta medida, harto limitada, de amor a la verdad, honradez y humanidad y ha de impulsar a sus miembros a ocultar la verdad, a pintar las cosas con falsos colores, a engañarse a sí mismos y a engañar a los demás. [...] Correlativamente, en muchas familias son los hombres sanos, pero inmorales hasta un punto indeseable, y las mujeres, nobles y refinadas, pero gravemente nerviosas. [...] Bajo las actuales normas culturales, el matrimonio ha cesado de ser hace mucho tiempo el remedio general de todas las afecciones nerviosas de la mujer. Los médicos sabemos ya, por el contrario, que para soportar el matrimonio han de poseer las mujeres una gran salud, y tratamos de disuadir a nuestros clientes de contraerlo con jóvenes que ya de solteras han dado muestras de nerviosidad. Inversamente, el remedio de la nerviosidad originada por el matrimonio sería la infidelidad conyugal.

Freud[5]

3. A supervalorização da sexualidade nos meios culturais

La vida de las grandes ciudades es cada vez más refinada e intranquila. Los nervios agotados, buscan fuerzas en excitantes cada vez más fuertes, en placeres intensamente especiados, fatigándose aún más en ellos. La literatura moderna se ocupa preferentemente de problemas sospechosos, que hacen fermentar todas las pasiones y fomentar sensualidad, el ansia de placer y el desprecio de todos los principios éticos y todos los ideales, presentando a los lectores figuras patológicas y cuestiones psicopáticosexuales y fomentan sensualidad, el ansia sobreexcitado por una música ruidosa y violenta; los teatros captan todos los sentidos en sus representaciones excitantes, e incluso las artes plásticas se orientan con preferencia hacia lo feo, repugnante o excitante, sin espantarse de presentar a nuestros ojos, con un repugnante realismo, más horrible que la realidad puede ofrecernos.

Freud[6]

4. O retardamento da iniciação sexual

Retardar o desenvolvimento e as atividades sexuais tal como desejam nossa educação e nossa cultura, de início não traz nenhum problema e inclusive constitui uma necessidade se levarmos em conta quão tarde começam os jovens de nossas classes ilustradas a poder por si mesmos ganhar a vida, circunstância que nos mostra também a íntima relação de todas as nossas instituições culturais e a dificuldade de modificar um dos elementos sem atender aos outros. [...] Porém na imensa maioria dos casos a luta contra a sexualidade esgota as energias disponíveis do caráter, e isto em uma época em que o jovem precisa de todas as suas forças para conquistar sua participação e seu lugar na sociedade.

Freud[7]

5. O risco de gravidez

> *Al cabo de estos tres, cuatro o cinco años, el matrimonio*
> *falla por completo en cuanto ha prometido la satisfacción*
> *de las necesidades sexuales, pues todos los medios*
> *inventados hasta el día para evitar la concepción*
> *disminuyen el placer sexual, repugnan a la sensibilidad de*
> *los cónyuges o son directamente perjudiciales para la salud.*
>
> *El temor a las consecuencias del comercio sexual hace*
> *desaparecer primero la ternura física de los esposos y más*
> *tarde, casi siempre, también la mutua inclinación psíquica*
> *destinada a recoger la herencia de la intensa pasión inicial.*
>
> *Bajo la desilusión anímica y la privación corporal, que*
> *es así el destino de la mayor parte de los matrimonios, se*
> *encuentran de nuevo transferidos los cónyuges al estado*
> *anterior a su enlace, pero con una ilusión menos...*
>
> Freud[8]

Passados cem anos, três dos cinco fatores apontados por Freud como responsáveis pelas perturbações nervosas, pela infelicidade sexual e conjugal, apresentam mudanças significativas: as preocupações com a gravidez, a liberdade sexual e a iniciação sexual retardada culturalmente.

Em primeiro lugar, foram bastante atenuadas as preocupações com a gravidez, com o desenvolvimento dos métodos contraceptivos. Como descoberta, a pílula, como fator de mudanças culturais, tem a força do advento da imprensa com Gutemberg ou mesmo, mais recentemente, com a criação do *chip* que viabiliza toda informática atual. Contribuíram decisivamente para a modificação de dois outros fatores apontados por Freud: a ampliação da liberdade sexual e a antecipação da iniciação sexual.

Em segundo lugar, a liberdade sexual foi muito ampliada. Neste quesito, podemos dizer que houve grande avanço, muito tendo sido conquistado em favor da possibilidade de usufruto da sexualidade. Por outro lado, a liberdade sexual é uma conquista no interior da pele. No estabelecimento de intimidade com sensações, sentimentos e imagens. A exploração das riquezas inesgotáveis de Eros acontece na interioridade da relação amorosa. A sexualidade como origem da vida e matriz de todas as nossas possibilidades relacionais é manancial inesgotável de intimidade, de sensações compartilhadas, de exercício da sensibilidade, de conhecimento mútuo profundo, de compreensão da existência.

Para as diferenças individuais a liberdade sexual vem sanar o que Freud[9] considera "Una de las más evidentes injusticias sociales es la de que el standard cultural exija de todas las personas la misma conducta sexual, qué, fácil de observar para aquellas cuya constitución se lo permite, impone a otros los más graves sacrificios psíquicos".

Em terceiro, a iniciação sexual já não depende de casamento, não se encontrando culturalmente postergada como era um século atrás. Situação esta que era anômala, uma vez que durante os séculos anteriores o que se verificava era o casamento muito mais cedo, principalmente para as mulheres. Ao atingir a maturidade biológica, durante a adolescência, os jovens em alguma altura devem poder iniciar a vida sexual, sem a imposição de postergá-la porque hoje os padrões culturais exigem que o jovem conquiste muitos outros critérios para poder se casar ou constituir família. Necessita, sim, de informação e amadurecimento para exercer a sexualidade com os devidos cuidados contraceptivos e de higiene, bem como necessita poder exercê-la dentro de contextos emocionalmente significativos.

Já nos outros dois tópicos, o que se verificou não pode ser avaliado sequer como satisfatório.

Iniciemos este comentário apontando a grandeza de Freud ao colocar a busca da sexualidade, ainda que na infidelidade, como cura para a extrema penúria da vida sexual feminina nas elites culturais de sua época, como única solução informal para a grande privação vivida pelas mulheres. Freud denunciou a traição dos homens para com as mulheres ao estabelecer de modo radical uma dupla moral sexual.

Na questão do duplo padrão sexual aconteceram algumas conquistas. Existe um número significativo de relações onde a questão da igualdade de direitos é considerada um valor a ser cultivado. Em outros casos verificam-se distorções masculinas sendo transferidas para as mulheres. E, em conseqüência, a dupla moral tradicional cede lugar à ética igualitária, criando todavia outro tipo de dupla moral, acirrando o corporativismo sexual em que as mulheres justificam as mulheres e atacam os homens. E os homens perdoam os homens e condenam as mulheres.

A partir do momento em que se inaugura a cultura humana, a questão das "diferenças naturais" passa a estar sob a égide da ética. De outro modo, as instituições humanas não teriam a possibilidade de melhorar a convivência entre seres humanos e tudo se justificaria com a lei do mais forte. Não há possibilidade ética com um duplo padrão moral.

A dupla moral é utilitarista e apresenta racionalizações. Funda-se na "razão astuciosa" para nos valermos da expressão de Kierkegaard. Sempre se baseia "na compreensão perversa que sistematiza a opressão" – Kierkegaard[10]. Não apenas em questões amorosas. A ética envolve o exercício integrado da imaginação, dos sentimentos, do entendimento e da autodeterminação. A dupla moral se apóia na distorção ocasionada pelo predomínio intencional de logos sobre as demais instâncias psíquicas. Em questões amorosas, a lógica da dupla moral pressupõe que a sexualidade é mais forte ou mais importante no homem do que na mulher. E que a mulher é capaz de suportar maiores sofrimentos que o homem. A dupla moral sexual baseia-se na inconsciência masculina, que ignora necessidades sexuais e sofrimentos femininos. A ética baseia-se na consciência, no amor e na coragem; o moralismo se utiliza da dominação, do medo e da repressão.

Muito pouco se caminhou neste sentido, principalmente em países de origem latina. Em questões sexuais, como fenômeno cultural, no decorrer do século XX, com a ampliação da liberdade sexual impulsionada pelo fenômeno *hippie*, e, mais recentemente, com a inauguração da possibilidade lícita do ficar, os jovens vêm conseguindo mudanças de atitude em relação à igualdade sexual para o homem e a mulher. Isto, no contexto mais amplo das conquistas femininas nos vários movimentos emancipatórios da mulher durante o século. Essas conquistas em direção à igualdade são fundamentais e, por outro lado, apresentam distorções. Também se transferem para as mulheres os exageros e os erros masculinos. Como exemplo pontual, o costume da despedida de solteira, adotado por mulheres, de se reunir com amigas e contratar em casas especializadas o *show* de profissionais masculinos em exibição de nudez e sedução, onde se dispõe também de quartos para a relação sexual contratada. Na outra extremidade da escala, encontram-se as operações para reconstituição do hímen. A quem atribuir estes valores?

Essa amplitude de variação de comportamento, se por um lado expressa o exercício de liberdade, por outro é resultante de uma excessiva valorização das questões da sexualidade como meio de afirmação pessoal e de busca de identidade em signos externos.

> *[...] mas internamente o que realmente importa*
> *é o tipo do processo de desejar. Pois este pode ser*
> *instintivo, compulsivo, indomado, descontrolado,*
> *ávido, insensato, sensual etc.; ou sensato, ponderado,*
> *controlado, coordenado, harmonioso, ético, refletido*
> *etc. Para a avaliação psicológica este "como" é mais*
> *importante do que "o quê" [...].*
> Jung[11]

No ambiente cultural, com o desenvolvimento dos meios de comunicação, a mídia de modo hegemônico exacerbou a exposição a enredos "que hacen fermentar todas las pasiones y fomentar sensualidad, el ansia de placer y el desprecio de todos los principios éticos y todos los ideales...". Em seguida e em outros lugares deste texto, voltaremos a falar do ambiente cultural atual como fonte de questões ligadas à sexualidade e à ética amorosa.

A psicologia, seja como campo de investigação, seja como conjunto de conhecimentos e de crenças advindas destas investigações, gera mudanças no próprio objeto de investigação. É inegável a contribuição de Freud para as modificações ocorridas na cultura, nos modos de agir, de pensar e de sentir em relação à sexualidade em específico e em relação ao psicológico de modo geral. Em seu primeiro século, a psicologia moderna, como outras ciências humanas, produziu crenças e conhecimentos, mais ao modo do aprendiz de feiticeiro. O que caracteriza as ciências humanas é que tanto os conhecimentos como as crenças alteram o comportamento humano, diferentemente das ciências físicas, onde apenas o conhecimento gera a possibilidade de alterar a realidade física. A psicologia sofreu influências de outras tendências culturais do meio em que se desenvolveu. Juntamente com essas tendências a psicologia gerou uma abordagem extremamente centrada nos dinamismos psíquicos individuais, inadvertidamente colaborando para exacerbar o individualismo. Contribuiu, pois, para a criação do círculo paradoxal do sofrimento hedonista. Ao refletirmos sobre o amor estaremos indagando as razões pelas quais a traição e o ciúme se constituem em duas de suas feridas mais profundas. Ao determo-nos sobre a intensidade das vivências de amor estaremos tentando elucidar os contornos do desejo amoroso, as questões da entrega, da intimidade, das disputas amorosas, da lealdade, da insegurança afetiva, da relação amorosa em sua interioridade e sua dimensão externa. E também abordaremos o processo de cura e contrição em casos de traição. Material clínico como sonhos, seqüências de imagens e fragmentos de psicoterapia ilustrarão a compreensão à luz desses entendimentos.

A atualidade

A grande variedade de padrões culturais vigentes nas uniões temporárias ou duradouras nas questões de sexualidade e relacionamento amoroso possibilita o exercício pessoal da liberdade de escolha e mesmo a alternância entre as várias escolhas em diferentes fases de vida. Por outro lado, isso tem representado um aumento do número de pessoas que se problematizam, ficando estas então aprisionadas nas seqüelas do sofrimento ocasionado por envolvimento emocional seguido de fracasso amoroso. Elas se encontram impossibilitadas de dar continuidade à vida amorosa, evitando experiências novas que possam ter maiores significados afetivos.

A síndrome do medo de envolvimento e as disputas no interior da relação amorosa encontram-se igualmente disseminadas em ambos os sexos, em adolescentes e adultos desejosos de estabelecer uma relação amorosa. Os homens estão com medo das mulheres e as mulheres estão com medo dos homens, o que potencializa as hostilidades. Não obstante, o desejo amoroso e o preenchimento de necessidades afetivas continuam a ter importância no futuro que as pessoas concebem para si mesmas.

Todas essas coisas inspiram cuidados e preocupações referentes ao modo como as pessoas iniciam, desenvolvem e terminam as relações amorosas. Embora a revolução sexual, o aperfeiçoamento da contracepção, as transformações dos papéis sociais da mulher, o aparecimento e popularização dos motéis, e mesmo os clubes de trocas de casais tenham ampliado em muito a liberdade sexual e as possibilidades de outras formas de relacionamento, é relativamente pequeno o número de relações amorosas que admitem expressamente a possibilidade de outros parceiros sexuais. Passamos para o pós-moderno sem que a modernidade sexual tenha se estabelecido como padrão geral socialmente aceito e assumido. Não há a mesma condenação moral. Todavia, apenas um pequeno número de relações amorosas individuais admite o terceiro como viável para relações duráveis. O terceiro continua a ser clandestino e a fazer parte da economia sexual informal. Não há o mesmo grau de coerção e controle social; como resultado, as questões de ética, de honestidade e de responsabilidade afetivas se acirram como problemas críticos e se encontram mais do que nunca como uma questão de foro íntimo e intimidade compartilhada a sobrecarregar os indivíduos e as relações amorosas.

Enfrentemos então duas questões intrínsecas ao amor que ocasionam grande sofrimento. A *traição* encontra-se presente em um número significativo de separações, se não como causa, como presença que precipita e problematiza o fim de relacionamentos que se tornaram inviáveis. Os *ciúmes*, por sua vez, são a razão do maior número de homicídios em relações amorosas.

Uma palavra sobre os ciúmes: a biologia e a cultura

Assim como a sexualidade, os ciúmes têm raízes e condicionantes estruturais colocados pela biologia.

> *Estas considerações biológicas também se aplicam ao* Homo sapiens, *que permanece dentro dos parâmetros da biologia geral, a despeito de possuir consciência, vontade e razão.*
>
> Jung[12]

> *Entre as populações mais primitivas existe já uma regulamentação sexual extremamente severa, o que prova que a moral do sexo constitui especialmente, entre as funções psíquicas, um fator que se não deve ter em menos consideração.*
>
> Jung[13]

Ao nos perguntarmos sobre a razão desta "regulamentação sexual extremamente severa" já nos primórdios das civilizações, parece razoável supor que sua origem se encontre em tentativas culturais de lidar com a problemática dos ciúmes. Na história das espécies, durante o acasalamento as disputas e a agressividade predominam sobre os instintos gregários, de alimentação e mesmo de preservação individual. Nesta época o ciúme prevalece como interface da interação entre membros de uma mesma espécie. Na estação de acasalamento ocorre a eclosão simultânea destes dois padrões instintivos: a sexualidade e a agressividade. Ora, no ser humano a estação de acasalamento dura trezentos e sessenta e cinco dias por ano...

Pesquisas com animais indicam que a testoterona, um dos hormônios sexuais, associa-se a comportamentos de exclusividade sexual, de territorialidade, de disputas e de agressividade. A reposição deste mesmo hormônio vem sendo pesquisada com sucesso para aumentar a atividade sexual em mulheres e homens idosos.

Em outras espécies raramente presenciamos comportamentos semelhantes aos ciúmes no sentido de gerar agressividade entre macho e fêmea. Na maioria das vezes vai-se direto ao ponto. Disputa-se a dominância com o concorrente, mobilizando todas as forças vitais, que se dispõem em uma luta em que vale tudo ou em simples demonstrações de força altamente ritualizadas. Dessa se sai vitorioso ou perdedor, após o que se inicia a corte, que culmina com o acasalamento. Em animais que formam casais estáveis se estabelece a monogamia. O problema do terceiro é resolvido antes de se estabelecer a relação. Em animais territoriais, macho e fêmea expulsam terceiros que aí penetrem. Às vezes juntos. Em animais gregários, que vivem em grupos, os machos dominantes atacam eventuais terceiros que se aproximam, e nunca a fêmea. Fêmea que, por sua vez, não se oferece. Raramente se encontram disputas e competição dentro do casal, sendo as áreas de competência, dominância, e especializações muito claramente definidas e aceitas.

Em animais domésticos, o cão ou a cadela por exemplo, quando sentem ciúmes do dono, ataca o outro cão, e não o dono ou a dona. Toma-se posse do que é seu atacando o concorrente.

Na espécie humana, temos uma situação complicada. Raramente encontram-se casais sem disputas por competências e dominação. Na cultura atual, a mudança dos papéis sociais da mulher é um dos fatores não-tecnológicos de maior transformação cultural, dentro e fora da relação amorosa.

Na espécie humana, ainda, os ciúmes encontram-se tanto na fêmea como no macho. Diferentemente de outras espécies, nas quais – de modo geral – os ciúmes são mais intensos e prevalecem entre os machos. As fêmeas, uma vez estabelecida a hierarquia entre elas, tendem a ser mais cooperativas, seja em espécies "patriarcais", como a dos felinos, seja em espécies "matriarcais", como a dos elefantes.

Na espécie humana, por fim, o terceiro – enquanto questão da relação – obviamente só acontece depois de constituída a relação. Daí que o terceiro suscite ciúmes e seja vivido como ameaça à relação. Por isso os ciúmes mobilizam as mesmas forças vitais, gerando disputas, no caso humano, com poder devastador dentro da relação amorosa. Essas forças vitais explodem dentro da relação sob a forma de violência e/ou de extrema fragilização, uma vez que raramente os concorrentes se encontram e não raro se evitam. Parece que o ciúme, originalmente a serviço da disputa para transmissão da carga genética, passa a ser elemento constitutivo para a formação de vínculos a serviço da manutenção da relação. E, quando doentio, transmuda-se em tendências agressivas a serviço das disputas na relação. Provoco ciúmes para te dominar. Sinto ciúmes para te controlar.

É claro que a fauna apresenta uma gama infinita de soluções para as questões de acasalamento e reprodução. Mas, dentro de cada espécie, por maior variação que haja entre elas, os padrões são muito mais organizados, preestabelecidos e invariantes.

Muito mais amplas são as variações impostas por modelos das diversas culturas. As informações antropológicas nos expõem uma gama muito vasta de modelos culturais. Encontramos na cultura atual grande parte dos comportamentos adotados em diversos sistemas culturais distribuídos no espaço e no tempo. Mas o modelo de acasalamento prevalecente na história e na geografia, inclusive atual, é o da relação monogâmica duradoura, que constitui o núcleo familiar, modelo imposto pelo desejo amoroso, pelos ciúmes e pela longevidade do período de desenvolvimento da prole. A infância humana encontra-se entre as mais longas do mundo animal.

Em termos antropológicos, nos últimos doze mil anos, desde que se supõe ter tido início a agricultura, pelo menos durante onze mil e quinhentos anos as culturas viveram em isolamento intenso. A maioria dos contatos interculturais foi ocasionada por guerras predatórias, por invasões territoriais e por comércio incipiente. Poucos viajavam e conheciam costumes diversos dos seus. O etnocentrismo agia como força de manutenção cultural, ocasionava estranhamento e repelia costumes exógenos, o que redundou em mudanças ocasionadas por intercâmbios culturais muito mais lentas. E em padrões muito mais rígidos, homogêneos e estáveis, impostos com muito maior rigor aos indivíduos. Do manual do usuário, não escrito e muitas vezes falado sob a forma mitológica, assimilado por observação e imitação, constavam rituais altamente detalhados, fixos, com muito pouca variação, orientando e impondo normas de conduta e comportamento. Através de vigilância, proximidade, controle, coerção, sanções e punições aos desvios a estas normas sociais estabelecidas, eram criados e transmitidos modelos culturais de grande estabilidade e consistência interna. Restava muito menos espaço para variações, liberdades individuais e questões de foro íntimo.

Também neste caso nossa cultura atual é problemática: valoriza e exacerba o individualismo sem nenhuma preocupação com a duração ou a qualidade dos vínculos. O individualismo se impõe como compensação aos processos de massificação. O anonimato, a anomia, a despersonalização, a dissolução dos grupos primários de pertinência, o coletivo como substituto da comunidade, tudo isso impulsiona o individualismo. Consumir e estar na moda são condições para fazer parte e se sentir pertencendo. As estruturas de produção e consumo se apropriam de bens culturais de qualquer procedência, lançam modas, impõem costumes, forçam o culto do diferente e do novo. A cultura atual é extremamente aberta, sujeita a contatos e colonialismos culturais, apresentando uma velocidade de transformações inédita na história. Após ter neutralizado o etnocentrismo, fator de manutenção cultural, tal velocidade interfere na assimilação, fator de continuidade nas transformações culturais. Traços das culturas dominantes infectam como moda as culturais locais com a mesma virulência com que as gripes de europeus dizimaram tribos indígenas. No limite, as tentativas de preservação das culturas locais são feitas com metodologias importadas, e acabam como conservas culturais a serem consumidas no mercado cultural. Qualquer resquício de autenticidade é eliminado pela voracidade antropofágica da mídia, autenticando na verdade a profecia de McLuhan: "A mídia é a mensagem".

> *O espetáculo não é um conjunto de imagens, mas uma relação social entre pessoas, mediatizada por imagens. [...] Sob todas as suas formas particulares, informação ou propaganda, publicidade ou consumo direto de divertimentos, o espetáculo constitui o modelo presente da vida socialmente dominante.*
> *[...] O espetáculo é o discurso ininterrupto que a ordem presente faz sobre si própria, o seu monólogo elogioso. É o auto-retrato do poder na época da sua gestão totalitária das condições de existência.*
> Guy Debord (IV)

A cultura atual é baseada na sedução. A cultura da sedução é a cultura do eu, do exibicionismo e da solidão. Emula as disputas e a sedução como meios de obtenção de prestígio, auto-estima e benefícios pessoais. Enfatiza a novidade e estimula a mudança como substituta da falta de vínculos. A cultura atual expõe e impõe aos indivíduos e aos casais uma infinita gama de escolhas referentes ao desejo sexual e ao que seja vida de casal. Não é mais apenas o filósofo ou as crianças que têm dúvidas a respeito do que desejam ou do que é certo ou errado... Isto, sem dúvida, sobrecarrega os indivíduos e as relações amorosas. A relação necessita se constituir construindo gestos e práticas que viabilizem as escolhas de valores, códigos de ética afetiva, responsabilidades emocionais, padrões de honestidade na conduta amorosa, estabelecimento de áreas de competência, processos de resolução de disputas, posicionamento com relação aos ciúmes, à traição etc.

Não esperemos soluções culturais pois a mídia nos impõe o culto dos heróis sem face do sucesso, da competição, do ultrapassar compulsivo dos limites. Somos lançados na busca urgente dos mitos que acreditamos pessoais, mas que nos foram impostos pela mídia. O amor é profano e na sacralização sexual os heróis e heroínas são ícones sexuais. Perdemos a interioridade; vestimos fantasias potentes e portamos máscaras de desafio. Devemos ser todos campeões e campeãs. Devemos ser os vencedores até mesmo dentro da relação amorosa. Realizamos Nietzsche, nosso profeta maldito. Vivemos sob a égide do Super-Homem. Sem distinções de gênero. Somos a concretização da utopia nietzschiana, sem sequer termos a escusa de nos havermos inspirado nele.

O banquete cultural está servido com todas as alternativas do cardápio referentes à vida amorosa. E valoriza e nos seduz com as últimas novidades da culinária. Não nos inspira um modelo para a relação consistente com o atributo de duração. Mais do que nunca estaremos condicionados por nossa história pessoal, a que nos constituiu e a que construímos através de nossas escolhas. Do mesmo modo, as relações amorosas estarão sujeitas à historicidade que as constitui.

A própria durabilidade da relação impõe sua problematização. As escolhas, os gestos e as ações constituem sua existência. A qualidade de sua duração depende do modo como acompanhamos e como resolvemos suas transformações. Como em todo processo histórico, as mudanças são graduais na maior parte do tempo, e acumulam os ingredientes necessários para as grandes transformações. Estabilidade e mudança geram o movimento e a trajetória que constituem a historicidade da relação. A todo momento estaremos agindo e renovando ou modificando escolhas entre o que pertence ao foro íntimo e o que pertence à esfera da intimidade compartilhada. Estas são as fronteiras que definem os contornos da relação em sua interioridade.

Ao olharmos para as mitologias, podemos notar que do ciúme e das traições não escapam nem os deuses, o que pode significar que nenhuma cultura elimina as questões dos ciúmes e da traição. Também na mitologia estes temas desencadeiam forças poderosas e devastadoras. Se acreditarmos na hipótese de que os deuses representam as mais primitivas forças da psique, estaremos de volta à hipótese biológica levantada acima. Qual seja, a de que inevitavelmente deveremos lidar com as forças devastadoras da traição e dos ciúmes enquanto o desejo amoroso nos dirigir para a relação amorosa duradoura, com significados mais amplos do que sexualidade e procriação.

Diante disso poderemos descobrir justificativas para a traição e para os ciúmes. Talvez assim seja. Não nos esqueçamos, porém, de que estamos no jogo, e que a melhor definição de carma é ação. Sofremos a nossa ação. Uma única orientação ética resolveria a questão: Não faça ao outro o que não deseja para si. A esta orientação se contrapõem o duplo padrão moral imposto culturalmente para a mulher e para o homem, a orientação extremamente individualista da cultura atual e o duplo padrão existencial com relação à traição e aos ciúmes. Como complicador desta orientação encontra-se o fato de que o outro é outro, isto é, além das identidades existem as diferenças. Nem sempre o outro deseja o que desejo. É necessário reconhecê-lo em sua singularidade e acompanhar a sua historicidade. E acompanhar sua historicidade significa percebê-lo como processo vivo, mistura de estabilidade e mudança, com períodos de estagnação e seus períodos complementares de crise, problematizado, com limites e possibilidades de transcendência.

Ciúmes e traição: a psicologia

Permanência e mudança se imbricam de tal modo na constituição da vida humana e dos fenômenos em geral que apenas momentaneamente podemos fixar nosso olhar em um desses atributos sem considerar o outro.

É bom que se diga que a fidelidade não é um atributo natural da espécie humana, sequer um padrão que se desenvolve espontaneamente nas relações amorosas duradouras. Muito pelo contrário. Nossa natureza é dada à curiosidade, à variedade, à experimentação, à mudança. Talvez por isso mesmo o ciúme seja um dos elementos constitutivos do desejo amoroso. Assim como o medo é um dinamismo de alerta que funciona como fator de manutenção da vida, os ciúmes atuam como fator de alerta para ameaças à relação, gerando medo e agressividade.

> *Os ciúmes, no melhor sentido da palavra, parecem formar e formam geralmente uma só coisa com o amor. Isto pode ser lamentável, mas não pode ser alterado arbitrariamente, nem tampouco segundo a vontade de quem o sofre.*
> Malatesta[13a]

> *Los celos, como la tristeza, cuentan entre aquellos estados afectivos que hemos de considerar normales. De este modo, cuando parecen faltar en el carácter y en la conducta de un individuo, deducimos justificadamente que han sucumbido a una enérgica represión y desempeñan, por consecuencia, en su vida anímica inconsciente, un papel tanto más importante.*
> Freud[14]

Surpreende e chama a atenção o fato de não ser necessária a ocorrência da traição para que isto represente uma ameaça potencialmente devastadora para a relação amorosa gerada no vínculo afetivo. O ciúme engendra estas mesmas possibilidades. Vale a pena assistir ao filme de Stanley Kubrick, *De olhos bem fechados* (*Eyes wide shut*), como exemplo da devastação do imaginário ocasionada pela possibilidade de traição que não se verificou, contada apenas para agredir.

Não obstante, os ciúmes – como qualquer outro dinamismo – podem se problematizar e se tornar dominantes, impedindo a formação de vínculos amorosos sadios. Os ciúmes podem se tornar doentios na infância a partir de necessidades afetivas não atendidas, por jogos de sedução parentais, por disputa com irmãos ou irmãs, por sentimentos de exclusão, por sentir-se preterido, por sensações de abandono, por medo e por outras vivências afetivas de perda de entes queridos.

A maior parte das crianças, se recebe cuidados e amorosidade adequados, forma seu senso de identidade com base em sensações de bem-estar e segurança afetiva. Sentem que suas necessidades de interagir, de receber e expressar sentimentos são atendidas, acolhidas e correspondidas por adultos. Desenvolvem um senso de autoconfiança e segurança quanto a suas possibilidades de expressão e nutrição afetivas. Desenvolvem a possibilidade de não serem sempre o centro das atenções. Tendem a aceitar limites sem grandes problemas, pois estão basicamente atendidas e satisfeitas. Se não forem cerceadas por superproteção passam a explorar o mundo e a conquistar seus outros talentos.

Caso as necessidades afetivas não estejam adequadamente atendidas, seja por adultos complacentes, inseguros e dependentes da afeição da criança, seja por tirania, dominância e necessidades de auto-afirmação do adulto, a criança desenvolverá desvios em suas relações e em seu interagir com o mundo. Ela elaborará dinamismos de dependência exigente e tirânica ou de rebeldia e autosuficiência com tendências a manipulação e exercício de poder emocional em suas relações afetivas. Em ambos os casos terá dificuldades para se relacionar afetivamente e para lidar com limites.

A trajetória para a conquista de segurança afetiva, como fundamento para a segurança em si mesmo, é cheia de percalços e atalhos problemáticos. Poderá desembocar em dependência afetiva, necessidades de atenção excessiva, falta de autonomia, ciúmes e possessividade doentios, com sobrecarga para as relações amorosas por irrealização em outras áreas vitais. Ou na busca da auto-suficiência, também problemática, em direção ao isolamento, ao estabelecimento de outras formas de auto-afirmação sem realização e nutrição afetivas, com excessiva importância atribuída então ao poder pessoal e à dominação dentro das relações.

Ciúmes problemáticos podem também se originar em questões da adolescência, caso não sejam vividas as possibilidades de a pessoa se sentir atraente, necessárias para o estabelecimento de uma identidade masculina ou feminina satisfatórias. Isso gera insegurança afetiva que se manifesta especialmente na relação com o parceiro amoroso.

A tirania e a possessividade da pessoa ciumenta generalizam-se para qualquer coisa que possa ser considerada concorrente, como fonte de prazer e dedicação do parceiro amoroso. O que vale para o trabalho, as amigas, os filhos, os *hobbies*, a leitura, a televisão, a família, os parceiros de trabalho, os animais de estimação, a música, as preferências de qualquer espécie. São sobejamente conhecidos os dinamismos da pessoa ciumenta. Menos descritos estão os dinamismos de quem – por dificuldades de vínculos amorosos saudáveis e por dificuldades de entrega amorosa – inverte a direção dos dinamismos dos ciúmes pelas mesmas razões do ciumento. E, para evitar sentir ciúmes, passa a provocar ciúmes como fonte de segurança e dominação na relação amorosa.

Provocamos ciúmes por medo de sentir ciúmes, por raiva, por insegurança, por timidez afetiva e por manobra indireta de atração, para nos sentirmos amados, para dominar e controlar o outro.

Provocamos ciúmes por medo de entrega amorosa. E ao fazermos isso por vezes geramos no outro cobranças e controles que acabam nos sufocando. O ciúme como provocação trai antes de tudo o próprio desejo amoroso que não visa subterfúgios, poder ou controle, mas anseia por intimidade compartilhada e entrega amorosa.

Insólita segurança obtida pela fragilização do outro através de ameaças e chantagens à relação. Não é apenas o outro que ameaçamos ou fragilizamos. É a qualidade da relação amorosa que entra em risco. Isso impede a relação de crescer em direção à intimidade, mantendo-a na fase da posse, do domínio e da disputa. Se domino o outro, como posso confiar nele? Posso confiar apenas em minha capacidade de dominação, desatendendo aos meus anseios de entrega. A manipulação do ciúme, quer seja fazer o outro sentir ciúmes e seu complemento, esconder ciúmes, quer seja controlar o outro por possessividade, avilta a entrega amorosa em seu caráter livre e espontâneo. A manipulação dos ciúmes é a instrumentalização do sexo como arma de dominação dentro da guerra amorosa.

O ciúme provoca? Provoca. Sexualidade desconectada da entrega afetiva. Quando muito, gera insegurança e dependência afetiva no outro. Impossível avançar em direção à construção da intimidade sem cuidar sincera e francamente das questões dos ciúmes.

> *Pessoalmente não considero de forma alguma que a maturidade coincida com a ausência do ciúme porque o crescimento da relação de amor não consiste em não experimentar possessividade. [...] Creio que um indivíduo que não seja ciumento de seu parceiro não é autêntico. [...] Sou, então, do parecer de que nós paradoxalmente devemos conservar nossa capacidade de ser ciumentos.*
> Carotenuto[15]

Confundimos amor e ciúmes porque – como função amorosa – os ciúmes indicam necessidades de expansão, consolidação ou resgate da interioridade da relação amorosa. Se o vínculo está doente os ciúmes são doentios. Toda relação, ao constituir sua interioridade, passa necessariamente pela questão dos ciúmes como condição de entrega afetiva. Medo da perda a que o vínculo afetivo nos expõe. Daí que a instrumentalização dos ciúmes trabalhe a serviço da dominação e não da entrega amorosa. E se coloque como defesa egóica em vez de energia erótica.

A qualidade da interioridade da relação amorosa depende justamente da entrega que formos capazes de viver ao equacionarmos de modo sincero e leal as questões dos ciúmes e de outros sentimentos amorosos. Esta amálgama confere solidez e autenticidade aos limites que configuram a interioridade da relação amorosa. As questões de insegurança afetiva de cada parceiro amoroso impõem cuidados especiais para a constituição dessa amálgama. Não se resolve a própria insegurança afetiva provocando ou escondendo ciúmes, impondo controles excessivos ao outro, escondendo ou fingindo sentimentos através da sedução.

Mas a alquimia da segurança afetiva da relação é uma entidade com vida própria, que aponta necessidades e momentos próprios da relação, que solicita cuidados, reciprocidade e mutualidade. As questões dos ciúmes surgem ou de inseguranças pessoais anteriores não resolvidas ou como um indicativo de que a relação encontra-se desejosa de expansão, de consolidação ou de resgate de sua interioridade. Em crise de crescimento ou estagnação. É nestes momentos que o terceiro surge projetado como ciúmes e medo ou desejo de traição. Como desejo amoroso livre e fecundo, poderia ser transformado em seiva afetiva, para atender necessidades de renovação da própria relação amorosa. São estas as necessidades da relação que a traição trai.

> *O terceiro é de tal forma necessário à nossa*
> *imaginação que, quando não existe na realidade, ele*
> *é inventado em nível de fantasia.*
>
> Hillman[16]

A traição muitas vezes é a transposição para o real de uma presença simbólica, que tem como função o desenvolvimento da capacidade amorosa dos indivíduos enquanto permanece como presença simbólica.

A carne é fraca. É mesmo. E isto bastaria para explicar metade das traições. Os tais dos "motivos banais". No entanto a vida afetiva se passa dentro da carne e é mais frágil e requer mais cuidados do que a carne. Outras traições têm origem não propriamente na fraqueza da carne mas em nossas limitações afetivas e, conseqüentemente, nas relações amorosas que somos capazes de constituir. As tais das "razões sérias".

Sentimo-nos perdidos, inseguros, ameaçados e com medo não apenas de que o outro não nos ame mais. Temos medo de deixarmos de amar e de desejar o outro. De que não sintamos mais pelo outro o mesmo encantamento. Que a relação perca valores, significados e a intensidade com que se constituiu. Isto nos ameaça. E nos expõe ao risco da perda da importância da relação, nos expõe ao desejo de trair.

> *Quem trai é realmente o ambivalente por excelência, e o seu drama é o de quem não pode viver até o fundo um só relacionamento, provavelmente porque, naquele momento histórico psíquico, "não está à altura" [...].*
> Carotenuto[17]

Se escolhemos e resgatamos o parceiro amoroso como possível e, em seguida, como real, a traição não se consuma. Caso em que o terceiro, de possível, retorna à posição de simbólico. E o desejo amoroso livre se transforma em seiva afetiva. Nossa multiplicidade recoloca o desconhecido como deslumbramento e riqueza na interioridade da relação amorosa. Com a exuberância insuspeita de todos os fenômenos naturais a superar a complexidade absurda das relações.

Nem sempre teremos discernimento e deliberação afetiva para cuidarmos de tais momentos. Nem sempre teremos escolhas.

> *O que pode ser fascinante, o que no fundo mantém as relações e lhes confere densidade, é o fato de que nada é dado, nada é escrito por qualquer outra parte, mas tudo está diante dessas duas subjetividades que podem dar vida a algo completamente novo. E então se dizemos que esse momento é um fato criativo, dizemos também que compete aos dois protagonistas a responsabilidade da dimensão da forma e da evolução que assumirá a sua relação.*
>
> Carotenuto[18]

Sedução, ciúmes e narcisismo: a sedução problemática como substituta do amor

Originariamente a sedução é um dinamismo para chamar a atenção. Cumpre a função de atração e dá início ao ritual do cortejar. Em sua forma primordial, anda em busca do desejo amoroso, e desperta anseios de proximidade e interação que criam oportunidades para a formação de vínculos.

Simultaneamente a sedução carrega energias agressivas e representa disputas e demonstração de poder. Como dinamismo humano problemático, a sedução estará a serviço da vaidade e da auto-afirmação. A sedução a serviço do poder pessoal é a traição das possibilidades eróticas do desejo amoroso.

A sedução pode ser dirigida para qualquer um que queiramos atrair. A sedução é o investimento provisório de energias narcísicas na direção da pessoa a ser seduzida. É antes egótica do que erótica. É antes exercício de poder do que vivência amorosa. Ao seduzir podemos obter a segurança de guerreiros e conquistadores sexuais. Mas na maior parte dos casos isso se dá às expensas das possibilidades de entrega amorosa. Quanto mais especialistas nesta modalidade de relação, menos entendemos de amor. A sedução não estabelece vínculos. Na melhor das hipóteses em nenhum dos lados, quando o jogo termina empatado. Em termos afetivos a sedução é solitária. Porque a sedução não demanda sentimentos. Supõe mesmo a suspensão dos sentimentos para a conquista do objeto a ser possuído. A sedução desafia e confronta macho e fêmea. Baseia-se em *performance* e desempenho. Promete sexo ou sentimentos. Afastando-se da entrega, visa a conquista e o domínio. Estas tonalidades da experiência baseiam-se mais no poder do que na delicada vulnerabilidade dos vínculos amorosos. A sedução pode gerar prazer sexual e satisfação egóica. Mas é estéril do ponto de vista emocional.

A essência desses dinamismos nos é apresentada por um cliente de quarenta e cinco anos, separado, homem de sucesso profissional, muito atraente, assediado constantemente em todos os lugares que freqüenta. Vive profundamente insatisfeito e em desencontro permanente com figuras femininas. Em seu mundo as mulheres que aprenderam dança do ventre, "na hora de trepar são como soldados, marcham todas de modo idêntico, com o sabor de um McDonald's indiano". Sente-se ludibriado, na esfera do clichê e da *performance*. Ao comentário de que está generalizando, responde que já perdeu a conta, mas que já viveu isto com mais de vinte mulheres de diversas idades. Embora entenda racionalmente que se encontra aprisionado no jogo da sedução mútua, é incapaz de desfazer a projeção e de assimilar sua participação na criação desse tipo de enredo. Como terapeuta sou o único em que se espelha sua tristeza. Ainda não se conectou com ela, pois apenas enxerga a superfície do lago. Seus sentimentos se encontram mais ao fundo. Há indícios de que esteja a caminho, pois fica muito impressionado com a intensidade da tristeza de uma mulher madura que vez por outra aparece em seus sonhos. Impressionado, mas ainda incapaz de se comover.

A reciprocidade dessas vivências aparece na observação espirituosa de uma amiga, mulher de trinta e oito anos, ao dizer como se sente quanto a "homens sexo-performáticos: quanto mais apurada a técnica, maior a sensação de devassa e aviltamento, de intimidade despersonalizada. Sinto-me como se fosse seu aparelho de malhação numa academia. O cara conhece os fundamentos do esporte, usa camisinha, mas esquece o fundamental: o amor à camisa".

Encontros baseados na sedução podem gerar paixões unilaterais com grande sofrimento amoroso para quem for seduzido. Mais ao modo do feitiço do que do encantamento. Por sua vez aquele que seduz encontra-se enredado em destino igualmente complicado. A sedução seduz o sedutor com a promessa de viver prazer sexual e de auto-estima sem riscos afetivos. E quando prevalecente tende a se tornar incapacitante da vida afetiva. Se continuo seduzindo vou me tornando incapaz de sentir amor. Ou mesmo de acreditar no amor. Acreditando piamente que os outros é que são incapazes de qualquer coisa diferente deste jogo de competências. Cada conquista há de se tornar mais efêmera. Porque insatisfatória. E porque é maçante ou mesmo desagradável permanecer perto de quem enfeitiçamos e por quem não sentimos muita coisa. A receber anseios que apenas com fingimento podemos atender. E cada vez nos encontramos mais distanciados da possibilidade de entrega amorosa. Marilyn Monroe e Don Juan são exemplos clássicos do destino dessa problemática. Exemplos extremos de solidão.

> *Don Juan só conheceu máscaras. As mulheres só lhe mentiram, e foi ele próprio quem quis essas mentiras, uma vez que a mulher se mostra ao homem como ele a deseja... Foram as mulheres que o conquistaram, e se ele o permitiu foi por causa de seu medo inconfesso de dever ser fiel a uma só.*
>
> Rank[19]

O interessante desta observação de Rank é a inversão dos papéis de sedutor e seduzido, pois no jogo da sedução existe de fato a cumplicidade de quem engana quem no auto-engano. E pontua também como no jogo da sedução se escondem as dificuldades de entrega amorosa. O sedutor está em busca daquilo que não consegue alcançar. E promete aquilo que não pode dar. Claro que o mesmo se aplica a todos os Don Juan atuais de ambos os sexos. E muito teríamos de aprender com a versão cinematográfica de *Don Juan De Marco* sobre a sedução a serviço do amor.

Em termos junguianos podemos dizer que a sedução se torna problemática e perversa na medida em que seus dinamismos prevalecem e se incorporam à *persona* ou ao ego constelando energias cegas na sombra e no inconsciente. E a pessoa se identifica com os resultados de sua atuação narcísica, cada vez possibilitando menos a percepção do outro. Sabemos que muitos dinamismos da sombra são resultado de formações da *persona*. Exemplo literário de desenvolvimento paroxístico destes processos está descrito no clássico de Oscar Wilde, *O retrato de Dorian Gray*. Wilde viveu esse processo na própria carne, tornando esse romance autobiográfico e premonitório, tal como se constata em sua carta escrita na prisão que leva o título de *De Profundis*, um verdadeiro tratado dos ressentimentos moralistas constelados na sombra. A impressionante destruição de sua vida resultante da identificação anterior com o hedonismo amoralista e com a arrogância dos dinamismos narcísicos da sedução.

> *E assim fiz. Meu único erro foi ter me limitado às árvores do que me parecia ser o lado ensolarado do jardim, desprezando o outro lado por ser triste e sombrio. O fracasso, a desgraça, a pobreza, o desespero, o sofrimento, a dor e até mesmo as lágrimas; as palavras que saem dos lábios daqueles que sofrem, o remorso que faz caminhar sobre espinhos, a consciência que condena, a humilhação que castiga, a tristeza que joga cinzas sobre a própria cabeça, a angústia que escolhe vestes de aniagem e derrama fel na água que bebe, todas essas*

eram coisas que eu temia e, como havia determinado jamais conhecê-las, fui obrigado a provar de cada uma delas, alimentar-me delas e na verdade não conheci outro alimento durante muito tempo.

Wilde[20]

Seja como for, posso apenas seguir trilhando o caminho do meu próprio desenvolvimento e, ao aceitar todas as experiências vividas, tornar-me digno de tê-las vivido.

Wilde[21]

Wilde entendeu parte do que havia ocorrido, vislumbrou o caminho para libertar-se, mas foi incapaz de percorrê-lo.

Mas o cultivo do sentimento na personalidade quase sempre se inicia onde se supõe que ele não exista: fora do relacionamento com outras pessoas. Para sermos mais exatos ele se inicia na sombra, na autocompaixão e no sentimento consigo mesmo. Da necessidade de sentir-se acariciado e tratado com ternura, de ser considerado, ouvido e cuidado é que surge a verdadeira capacidade de cuidar de si mesmo. A autopiedade é o começo desse cuidado em nível profundo. Através dela posso ser levado a redescobrir dentro de mim uma multidão de valores desprezados que estão esperando por um mergulho em anseios de redenção, em aspirações perdidas e em arrependimentos por escolhas erradas. Pois a autocomiseração é uma forma de autodescoberta, de auto-revelação: ela desvenda meu anseio por mim mesmo. E é o que realmente importa para a minha parte mais vulnerável e hipersensível. É assim que começa a se estender a conexão vertical em direção à minha interioridade.

Hillman[22]

Ao refletirmos sobre a citação, verificamos as relações entre as questões éticas e os sentimentos que se constelam na sombra. Na sombra constelam-se sentimentos reprimidos por moralismos ou por excessos amorais. Por moralismos nos aviltamos e nos ressentimos; na amoralidade aviltamos aos outros e nos corrompemos. Se tivermos em mente que a repressão é um dinamismo ocasionado pelo medo, entenderemos a necessidade de ativação da coragem para o enfrentamento com os conflitos éticos.

O processo bem-sucedido de resgate ético de um personagem devasso encontra-se descrito no conto *A hora e a vez de Augusto Matraga*, de Guimarães Rosa. Na clínica psicológica encontramos um número significativo de pessoas com grandes sofrimentos relacionados ao colapso psíquico derivado desse processo. Também Herman Hesse trata do tema em pequeno conto intitulado *Augusto*. A pedido da mãe, um mago concede ao personagem que todas as pessoas que o conhecerem serão obrigadas a gostar dele. Torna-se perverso e o que era para ser uma dádiva converte-se em maldição. Uma personagem feminina ética inicia sua libertação. Histórias dos anos sombrios "sete anos de vacas magras" que necessariamente se constelam nos dinamismos de inflação psíquica dos "sete anos de vacas gordas" baseados no fascínio do narcisismo.

> *Há ainda o caso daquele que, mais ou menos inconscientemente, assume em todas as circunstâncias uma atitude sedutora para provocar ciúmes, como se fosse esse seu único modo de existir [...] O desejo de trair esconde a sede insaciável de confirmações, como se a estima pessoal nunca tivesse se consolidado e como se se manifestasse sempre a necessidade de garantias quotidianas no plano da própria dimensão afetiva e erótica. Nessas situações é difícil falar de amor; em todo caso, os indivíduos com esse tipo de equilíbrio existencial provocam grande sofrimento em quem cai em sua rede.*
>
> Carotenuto[23]

A citação esclarece o que estamos afirmando a respeito da sedução a serviço da segurança e do poder pessoal. Muitas vezes como dinamismo de compensação para sentimentos de inferioridade, dificuldades relacionais ou irrealização em outras áreas da vida. A sedução como exercício de auto-afirmação e combate a sentimentos de baixa auto-estima. Esses dinamismos, embora possam ter origem em fases anteriores da vida, normalmente se manifestam e se cristalizam como problemáticos na adolescência, onde a sexualidade e as relações com o sexo oposto têm lugar fundamental na formação da identidade e da auto-imagem.

A não resolução destas questões narcísicas impede o amadurecimento emocional e as possibilidades de formação de vínculos amorosos nutritivos e duradouros. O desejo amoroso fixa-se na fase da conquista. A fantasia, a imaginação e a criatividade amorosas não são capazes de desenvolvimentos posteriores. Apenas a conquista ou ser conquistado tem o sabor de desafio, de aventura, de estar vivo, de exercício de potência sexual, de capacidade de se relacionar. A fragilidade da auto-estima impondo a dieta de lisonja subjacente à sedução ativa ou passiva.

Por necessidades de atenção e de auto-afirmação, o homem torna-se conquistador; a mulher sedutora, o que acoberta as inseguranças afetivas e as dificuldades de estabelecimento de vínculos amorosos sadios, com muitos sentimentos de infelicidade e desamparo de fundo. O homem vive enredos de sapos transformados em baronetes arrogantes que se sentem miseráveis, espoliados, infelizes e, no fundo, muito sozinhos. De sapo a príncipe, de príncipe a mendigo. A mulher, de gata borralheira torna-se candidata a rainha, conforma-se em ser cortesã de sucesso, pragmática como consolo, invejada pelas mulheres e, no fundo, decepcionada com os homens que não a enxergam um palmo abaixo da superfície. Para essas pessoas a traição tende a ser vivida como banal. Tendem a culpabilizar as pessoas e o ambiente por suas infelicidades.

Quando adultos, em caso de relacionamentos duradouros, essas pessoas mantêm o comportamento de rebeldia e auto-afirmação adolescentes ou sucumbem na simbiose, regredindo a formas mais infantis de relacionar-se.

Em caso de fracasso como adolescente, onde não se experimentam as possibilidades de se sentir atraente, de estabelecer uma identidade masculina ou feminina satisfatórias, de se sentir valorizado como homem ou como mulher, não se consolida a segurança afetiva. Como adultos tais pessoas tornam-se autoritárias afetivamente, necessitando constantes provas de amor, tendem a se tornar possessivas e controladoras. Tendem a estar sujeitas a mau humor, sentimentos de culpa e a desenvolver perfeccionismo em uma ou mais áreas de vida. Se forem traídas tornam-se vingativas. Se em alguma altura da vida traírem, apegam-se a isto como o mais valioso de seus segredos, como desforra de seus sentimentos de injustiçados pela vida.

Se, ao contrário, em alguma altura da vida se descobrem atraentes tornam-se sedutores e dependentes químico-anímicos deste tipo de confirmação, incapazes de viver sem essa auto-afirmação. Tal como afirma Carotenuto: "[...] a sede insaciável de confirmações, como se a estima pessoal nunca tivesse se consolidado e como se se manifestasse sempre a necessidade de garantias quotidianas no plano da própria dimensão afetiva e erótica [...]".

Nos últimos parágrafos, estamos apresentando apenas alguns enredos problemáticos possíveis. O desenvolvimento emocional, tal como a vida, é caleidoscópico. Somos múltiplos e multifacetados, e masculino e feminino cruzam-se de muitas maneiras que não o desejo amoroso.

Ciúmes e narcisimo

Em última instância a pessoa problematizada na sedução é vítima da própria sedução. Não pode estabelecer vínculos sem incorrer em altos riscos de simbiose. Nem sentir-se verdadeiramente amada uma vez que provoca aquilo que desejaria viesse do outro amorosamente. Do que na realidade tem muito medo, por impossibilidade de entrega e de corresponder. Se não consegue amar, simula, seduzindo. Se não consegue amar, deseja ser seduzido como se assim conseguisse amar.

É de se supor que a pessoa sedutora nunca se sentiu verdadeiramente amada. Talvez tenha amado e se sentido abandonada. Talvez tenha sido seduzida, como objeto de satisfação de necessidades narcísicas de figuras parentais. É esta a origem do narcisismo problematizado na sedução que acarreta dificuldades de entrega amorosa.

> *La mujer no satisfecha por su marido y, a consecuencia de ello neurótica,* hace objeto a sus hijos de una exagerada ternura, *atormentada por constantes zozobras, pues concentra en ellos su necesidad de amor y despierta en ellos una prematura madurez sexual. Por otro lado, el desacuerdo reinante entre los padres* excita la vida sentimental del niño y le hace experimentar, ya en la más tierna edad, amor, odio y celos. *Luego, la severa educación que no tolera actividad alguna a esta vida sexual tan tempranamente despertada, interviene como poder represor, y el conflicto surgido así en edad tan tierna del sujeto integra todos los factores precisos para la causación de una nerviosidad que ya no le abandonará en toda su vida.*
>
> Freud[24]

Esta citação esclarece a origem compensatória e transferencial da sedução. Esclarece também de que modo a sedução parental pode estar na origem dos ciúmes problemáticos calcados em vivências de abandono e traição. Sabemos que o mesmo se aplica à sedução paterna. Também o pai colocado na geladeira afetiva e/ou sexual pode tentar provocar o cônjuge seduzindo o filho ou a filha para uma situação de aliança emocional forjada cujo único objetivo é atingir a mãe. Ou estará mais vulnerável aos dinamismos de sedução das filhas.

Nas situações de disputas parentais ambos podem seduzir os filhos como modo de gerar duplos ciúmes no cônjuge. O caráter insólito da sedução, como expressão enganosa de amor que não se dirige para o filho, na verdade visa atingir e provocar o cônjuge. Aí também se origina a natureza espúria de seus componentes agressivos e sexuais.

A depender da continuidade do enredo e das tendências à introversão ou extroversão da criança inauguram-se suas dificuldades afetivas. Se a criança introvertida continua como objeto da disputa, ao ser puxada para ambos os lados, ela tende a se recolher de modo esquizóide, ao vivenciar questões de dupla lealdade e o amor como exigências conflitivas impossíveis de atender, uma vez que os pais não estão interessados sequer nas possibilidades conciliatórias que a criança possa oferecer. A criança extrovertida se envolverá nas brigas e de modo confuso acabará se encontrando brigada com ambos os pais. Caso as disputas se orientem para outros aspectos da relação parental, a criança se sente abandonada, traída, contagiada pelo ódio e pelos ciúmes, sentimentos estes na realidade pertinentes à relação entre os pais. Solitária, intoxicada por questões que não lhe pertencem, necessitada de atenção, atenção esta de que era alvo na sedução do início da cena, em ebulição emocional, inaugura de modo problemático os dinamismos compensatórios do narcisismo. Ao procurar em si mesma a resolução dos conflitos e a satisfação das necessidades criadas, exacerbadas, emuladas até o limite. Tendo de quebra e por ironia, sobejamente ignoradas suas necessidades legítimas.

Mesmo quando esses conflitos parentais são vividos de modos menos explícitos, mais interiorizados, a sensibilidade da criança os capta e ela pode se enredar em dificuldades emocionais. É o que se verifica quando o adulto com carências emocionais não seduz a criança ativamente, mas ao contrário deixa-se seduzir pelas exigências e caprichos infantis, criando uma dependência mútua e aprisionadora. Na variante oposta, temos a criança que tenta suprir as carências parentais, invertendo os papéis e passando a cuidar emocionalmente do adulto. Ela se encontra não raro na situação de sofrer chantagens emocionais, num beco sem saída, pois apenas momentaneamente é capaz de aplacar as tendências depressivas do adulto. Tarefa de Sísifo, pois por mais que venha a se doar, o adulto é incapaz de receber de outro modo que não seja compensatório. Tomada pelo sentimento de impotência emocional, a criança se rende às tendências depressivas, incorporando os dinamismos do adulto. Ou inversamente, na impossibilidade de lidar com sentimentos mais profundos, que de fato não lhe dizem respeito, reativamente a criança pode se tornar frívola e manipuladora. Passa a atuar os dinamismos da sedução, desconectada de suas necessidades emocionais mais profundas.

> *Na realidade, fantasias deste tipo pertencem ao mundo da infância e dão origem a distúrbios apenas quando forçadas prematuramente por condições anormais da vida consciente. Isto se torna mais provável quando influências desfavoráveis emanam dos pais, envenenando a atmosfera e produzindo conflitos que destroem o equilíbrio da criança.*
>
> Jung[25]

Se a gestação biológica se dá no corpo da mãe, com duração de nove meses, podemos dizer que a gestação psicológica dura por volta de nove anos (até a puberdade) e se passa no bojo da relação parental. A criança vive e respira a interioridade da relação dos pais. Quanto mais saudável a relação amorosa dos pais, mais sadia se constitui sua identidade amorosa. A relação dos pais constitui uma espécie de bolsa marsupial onde a criança vive seus três primeiros anos e para onde volta até os nove para se alimentar afetivamente. É este o principal componente do ecossistema para o desenvolvimento emocional, complementado por outras relações familiares e sociais. Quanto mais saudável a relação amorosa dos pais, mais a criança tem possibilidade de se relacionar individualmente com cada um deles e de sair da bolsa marsupial para explorar o mundo e suas possibilidades.

No entanto a criança não é tábula rasa na qual se inscrevem as circunstâncias. Traz consigo características e determinantes que lhe são próprios, tais como inclinações, sensibilidade, tendências, fragilidades, recursos, intensidades, vitalidade, do mesmo modo como atributos anatômicos, tais como cor dos olhos, formato da boca, a função hepática etc. E na criação destes enredos toma parte ativa com seus próprios dinamismos. São os mistérios da alma infantil – mesmo na presença desta problemática, algumas crianças são menos atingidas por estes conflitos parentais, e de algum modo acham brechas para a nutrição e o desenvolvimento emocional.

> *Todos sabemos que pais criam filhas; mas filhas*
> *também criam pais. A atuação da filha-donzela,*
> *com todo o seu charme receptivo, sua tímida*
> *disponibilidade e sua manha masoquista faz com que*
> *apareça um espírito paternal. Mas esta aparição e a*
> *vitimização da filha são criações da própria filha.*
> Hillman[26]

Como presença na psicoterapia, a sedução representa o dinamismo ativo da própria transferência. O cliente sedutor impede o acesso a toda sua autenticidade uma vez que se encontra totalmente identificado com dinamismos egóicos; toma tudo como excessivamente pessoal. Tende a receber tudo com referências à auto-imagem, como lisonja ou ofensa. Encontra-se enredado no jogo dos espelhos do narcisismo. E inviabiliza toda entrega em direção ao encontro consigo mesmo, a seus verdadeiros sentimentos, a vivências emocionais e a possibilidades amorosas.

É de se supor que muito da estratégia adotada pela psicanálise clássica, de não exposição do terapeuta, desenvolvida nos conceitos de transferência e resistência, tenha sido criada ao se defrontar com a sedução e sua problemática narcísica. Esses conceitos vieram a ocupar o lugar central anteriormente ocupado pela noção de trauma. Se Freud estava interessado na doença, suas pacientes a inventavam. De modo que se o analista não se revela, o cliente se revelaria ao projetar sobre o analista seus próprios espelhos. O que certamente não funciona quando as dificuldades são do tipo esquizóide.

Do mesmo modo, o que se chama de "falso amor" na transferência, pode se referir ao caráter inautêntico do dinamismo da sedução. Em termos psicanalíticos, poderíamos dizer que a sedução tem caráter eminentemente transferencial e denota a presença de dificuldades ou mesmo histeria emocionais. Em alguns casos ela apresenta elementos sadomasoquistas provenientes da frustração oriunda da incapacidade de formação de vínculos e de verdadeira nutrição afetiva. Sentimentos transferenciais são por natureza fadados à frustração pela própria impossibilidade de alcançarem seu objeto. Daí advém seu caráter ambíguo de amor e ódio. A aproximação da possibilidade afetiva gera ódio que, por sua vez, se origina no medo e na dor que se experimentou nos vínculos originais.

De qualquer maneira, sabemos que a sedução como exercício do poder pessoal desenvolve dinamismos incompatíveis com a entrega amorosa, seja por parte de quem seduz, seja por parte de quem é seduzido.

Como dinamismo social e cultural, a sedução quase que hegemonicamente estará a serviço do poder. Como propaganda política, ou de economia consumista, ela gerará anseios que não resultarão em preenchimento. Garantida sempre a parte do leão, *ça va sans dire*.

Nos fenômenos de sedução artística, a relação de idolatria muitas vezes expressa necessidades afetivas não atendidas e dificuldades de entrega amorosa para parceiros reais. Então a figura do ídolo é alvo da projeção coletiva de anseios, desejos, fantasias, sentimentalismo, idealização, vivências narcísicas de sedução, conquista, e posse do amor inatingível. Entre milhares de fãs imagino-me a preferida. E vivo sem as dificuldades e restrições da minha relação afetiva real ou inexistente.

Fenomenologia do sentir-se traidor e traído

Escrever sobre traição é quase uma traição. É desagradável, deselegante, atenta contra o pudor, é falar de desamor e freqüentemente suscita defesas contra culpa ou vergonha. É quase uma interdição como a que cerca os tabus. É romper com o pudor de falar de um crime amoroso simbólico, possível ou real, que todos cometemos e de que somos vítimas. É cometer a indiscrição de falar de segredos, de intimidades, de devassar a realidade óbvia a que se impõe o silêncio. Falar de traição chega a ser politicamente incorreto. A traição é antiestética. A traição confunde, desorganiza. É dotada de um potencial afetivo explosivo e devastador. Obviamente existem maneiras mais leves de viver a traição. Nem sempre, porém, teremos escolhas. E então nos sentiremos traindo ou traídos em sua dimensão dramática.

Ao percorrer o texto o leitor perceberá a intimidade que o autor tem com o tema. Convém esclarecer que essa intimidade decorre de ter tido vivências pessoais em que se sentiu traído e em que se sentiu traindo. E, em episódio trágico, onde sequer houve traição, viveu como terceiro, enredo em que o ex-namorado matou a ex-namorada. Todas essas vivências vêm imprimindo há mais de trinta anos um modo de perceber e acompanhar essa problemática humana.

Seja porque o tema é universal, seja porque ao desenvolvermos uma determinada sensibilidade tendemos a aguçar e enviesar nosso olhar, seja ainda porque, por sincronicidade, em determinados momentos acabamos atraindo clientes com determinada problemática, o fato é que, no decorrer dos anos, acompanhamos inúmeros clientes vivendo agudamente essas questões. Ou com seqüelas importantes que condicionam sua vida amorosa. Do mesmo modo, em muitas ocasiões, pesquisamos as dificuldades amorosas de clientes baseados na história amorosa vivida desde a adolescência em questões de ciúmes, de sedução e de segurança afetiva. E essa pesquisa foi esclarecedora e transformadora.

A traição da traição

> *Sabido es que la fidelidad, sobre todo la exigida en el matrimonio, lucha siempre con incesantes tentaciones.* [...] *Las costumbres sociales han tenido en cuenta prudentemente estos hechos y han dado cierto margen al deseo de gustar de la mujer casada y al deseo de conquistar del hombre casado, esperando derivar así fácilmente la indudable inclinación a la infidelidad y hacerla inofensiva. Determinan que ambas partes deben tolerarse mutuamente esos pequeños avances hacia la infidelidad y consiguen, por lo general, que el deseo encendido por un objeto ajeno sea satisfecho en el objeto propio, lo que equivale a un cierto retorno a la fidelidad.*
>
> Freud[27]

Os casais amorosos variam quanto ao que consideram lícito e permitido ao lidar com a presença de uma terceira pessoa na relação amorosa. As questões dos ciúmes normalmente condicionam o que o casal assume como a ética e as responsabilidades afetivas que orientam a relação amorosa. Sente-se como traição um dos dois viver escondido a quebra de um acordo mútuo em torno dos cuidados a serem tomados para a preservação da relação amorosa.

Os casais amorosos também variam muito quanto à sensibilidade e à intuição para sentir e perceber a presença do terceiro, possível ou real. Sonhos, fantasias, sentimentos, intuição, extra-sensorialidade, sensações corporais, percepção do outro, tudo pode servir de canal para a captação da presença da terceira pessoa. A acuidade desses canais parecem depender de fatores pessoais, do grau de intimidade psicológica do casal, da intensidade do vínculo, de não haver distorções ocasionadas por excesso de desconfiança, por distanciamento afetivo ou por outros fatores de obstrução. Esses canais também variam em fases diferentes das pessoas e das relações. Em muitas circunstâncias não há como esconder. Em outras não há como perceber.

O escondido da traição esconde todavia alguns segredos. Por paradoxal que se julgue, a traição se origina em sua antítese: o desejo amoroso. Vivido como busca de completude, de preenchimento, de satisfação plena, de encantamento, de contínua atração mútua e de encontro sem separação. O desejo amoroso anseia por lealdade, pelo amor que nos proteja da traição, que nos proteja de sermos traídos e de sentirmos a necessidade de trair.

> *Não queremos trair nem ser traídos, porque a traição é uma das dimensões humanas em que o indivíduo é constrangido a confrontar-se com os aspectos menos controlados de sua consciência: as zonas na sombra, as partes irracionais, os elementos de qualquer maneira inferiores da existência.*
>
> Carotenuto[28]

Mas a inadvertência da traição é surpreendente. E nos coloca como traidores ou traídos. Por menos que assim nos imaginemos. Não nos vemos como traidores. E sermos traídos é visão insuportável. Não nos reconhecemos e nos dois casos o eu assume uma espécie de invisibilidade. E se nos detivermos em como nos tornamos traídos ou traidores, tendemos a responsabilizar o parceiro amoroso ou o terceiro. É difícil enxergarmos o que aconteceu com a relação amorosa. Na maior parte das vezes com total inconsciência dos componentes pessoais de cada um e de como estes dois dinamismos resultaram nas dificuldades da relação amorosa. Nos dois casos há muitos dinamismos da sombra a serem compreendidos e assimilados.

Como a realização do desejo amoroso é incompleta, insatisfatória, impossível mesmo em sua concepção original, ela induz à problematização da relação amorosa. O desejo de traição é gerado na própria interioridade da relação de amor que não se realiza em sua concepção original. O que no mínimo nos desaponta. E no limite é vivido como traição. A própria relação amorosa nos trai. Sentimo-nos traídos porque a relação amorosa nos surpreende. Viveremos como traidores por não podermos receber ou atender a tudo, o que dá início à desconstrução da relação.

O amor é uma planta da família das opiáceas. E, como o ópio, gera dependência química. Quanto mais somos amados, mais dependentes químicos nos tornamos. E quão melhor a qualidade do amor que recebemos, mais exigentes e autoritários nos tornamos. Por fim não há quantidade ou qualidade que nos satisfaça. Nós nos entorpecemos, perdemos a sensibilidade muitas vezes até o grotesco. Dificuldades de tolerar frustrações e de lidar com limites, os dinamismos da pessoa mimada. Eventualmente desenvolvida como desequilíbrio nesta relação, em que o outro é incapaz de receber, de entrega, e é adicto de se doar.

A relação continua, mas o outro como parceiro amoroso se torna primeiro apenas possível e no limite unicamente virtual. Sem cor, sem brilho, sem atração, sem desejo intenso, sem urgência, sem falta, sem romantismo, sem nuanças afetivas, sem atualidade. E a relação real continua burocrática, maçante, onerosa, cheia de compromissos, com queixas não atendidas, com tentativas malsucedidas de resgate da magia, com disputas, trabalhosa, exigente, sobrecarregada por rotinas estafantes; com desapontamentos, atritos, pendências, raivas e mágoas que essa mesma relação não conseguiu superar.

No sentido forte, a traição sexual se consuma como ação voluntária com ou sem o propósito de trair. Muitas vezes ela ocorre quando existe esvaziamento da interioridade da relação amorosa e conseqüente sobrecarga de sua dimensão externa. A traição é uma escolha unilateral que modifica os limites interiores da relação amorosa em seu elemento essencial: a sexualidade vivida no âmbito do desejo amoroso.

O canal de comunicação se entorpece; a interlocução deixa de ser nutritiva, as coisas mal passam pela garganta, caem mal no estômago, são indigestas, provocam náuseas e golfadas de raiva, quando não dores emocionais, cólicas e diarréia afetiva. Tudo se transforma em qualquer coisa, menos em sangue novo que revitaliza, revigora, traz alegria afetiva, vontade de viver a relação, energias que pedem expressão amorosa, gestos. Desejos em movimento, músculos e vísceras não mais a serviço do amor.

Quem foi mesmo que estragou a brincadeira? Quem é mesmo que não sabe mais brincar? Quem é mesmo o responsável pela magia ou pela sua ausência?

> *A amargura que podemos experimentar em estar*
> *ao lado de alguém que não nos dá mais nada pode*
> *ser também um ato de acusação dirigido contra nós*
> *mesmos, porque não somos capazes de recorrer à*
> *nossa fantasia para incutir no outro um elemento*
> *psicológico que o ative, ou seja, para encarnar a*
> *nossa interioridade e os nossos desejos.*
> Carotenuto[29]

> *Menos delimitados por uma precisa e rígida definição de*
> *papéis, os cônjuges parecem perder-se entre*
> *exigências de difícil ajustamento: por um lado, a*

> *exigência de total completação e conhecimento um do outro e, por outro, exigências de liberdade de ser, de desenvolvimento pessoal, de individualidade. [...] Aponta Badinter, quando fala da prioridade dada a essa complementaridade perfeita, como alvo do casamento, em detrimento de sua indissolubilidade ou longevidade. "É a política do tudo ou nada que conduz o casal; antes multiplicar os ensaios, na esperança de realizar a perfeita unidade, do que aceitar os compromissos da longevidade" [...] E é na segunda metade do século, em particular, que o casamento, sem imperativos outros para salvaguardá-lo – indissolubilidade, interação emocional e sexual delimitada por papéis –, tem o seu destino, mais do que nunca, presidido pelas neuroses infantis dos cônjuges.*
>
> Porchat[30]

Muitas vezes a traição representa a saída imatura, infantil, uma impossibilidade de ficar sozinho, aguardar, conter, esperar, guardar dentro de si este outro amoroso a quem nos vinculamos e de quem sentimos falta, de quem estamos distanciados, a quem não conseguimos mais ter acesso.

E a existência do parceiro amoroso deixa de ser real para ser apenas virtual. Então o terceiro de simbólico torna-se possível. Não se considera traição a busca do amor. Não me vejo como traidor. Não existe terceiro possível se não existe um segundo envolvido. Quando traímos muitas vezes buscamos a reedição de um segundo que perdemos. De quem virtualmente nos perdemos. A traição nos possibilita a acomodação ou viabiliza a separação.

Perdemos a interioridade da relação amorosa por falta de cuidados e de dieta afetiva adequada; por excessos, por gula, por voracidade; por anorexia amorosa. A relação fica obesa, pesada, viscosa e pegajenta, sofre de pressão alta, se cansa à toa, gorduras recobrem os músculos. Torna-se indolente, preguiçosa, sem gestos, acomodada, voraz e insaciável. A sensibilidade afetiva se torna embrutecida. Ou por outra, a relação se torna débil, raquítica, sem expressão, desvitalizada, sem apetite amoroso, sem energia, ansiosa, perde sais, se desidrata; a pele, órgão de contato, resseca, perde o brilho, a cor; e a sensibilidade afetiva se torna dolorosa. Não ter onde desaguar ternuras. A perda da imersão. O ressecamento do leito e da seiva amorosa. A secura das palavras, a ausência do sorriso. Distante da umidade doce do olhar terno e do mel da sensualidade líquida e receptiva. Dos intumescimentos do desejo mútuo. A relação sufoca. Por falta de ar livre de controles, a atmosfera se torna densa e poluída pela toxina das disputas, pelos germes da provocação, pela insalubridade das acusações mútuas, pela poeira atômica das perseguições; por toda parte pequenas partículas invisíveis. A relação resfria-se com riscos de pneumonia, as secreções tentam lavar as impurezas que se depositam nos pulmões do alento, da confiança nos sentimentos, da crença amorosa, da vontade e deliberação afetivas. As altas temperaturas da raiva, da agressão. Os calafrios do isolamento, do medo. A quebradeira dolorida das perdas. O ar rarefeito do silêncio, da censura muda.

Mulheres ou homens de Atenas

Existe a afirmação de que as mulheres estejam mais perto do amor, pela sua maior proximidade com o sofrimento. E que inclusive tenham maior capacidade de suportar o sofrimento. E que por isso tenham maior capacidade de doação, de empatia, de dedicação e de cuidados com relação ao outro. Em seguida, várias explicações são aventadas para a afirmação. Essa maior proximidade seria derivada de sua relação com o próprio corpo, com o fato de que o ciclo menstrual a coloca mais em contato com as variações de suas próprias disposições e indisposições internas. Que esta maior proximidade com o sofrimento derivaria dos papéis sociais que ocupa na sociedade. Talvez estas coisas sejam verdadeiras. E talvez todas essas coisas a aproximem da possibilidade de empatia e da compaixão.

Mas, ao contrário do que se acredita, a proximidade com o sofrimento não garante a empatia ou a capacidade de amadurecimento emocional, seja no homem, seja na mulher. Pelo contrário, sofrimento não elaborado gera mais sofrimento. E o excesso de sofrimento costuma redundar em rancor, ressentimento e perversidades. O sofrimento pode ser auto-impingido para gerar culpa e chantagear o ser amado. Ou posso infligir sofrimento ao outro para depois exercer a conciliação e afirmar minha capacidade de atingi-lo e fazê-lo sentir-se bem ou mal emocionalmente. Deste modo posso imaginar que o outro se importa comigo e, portanto, me ama. Ou ao menos me sobra o sabor amargo de impor sentimentos. Esses são dinamismos muito freqüentes em relações onde existem ressentimentos encobertos ocasionados pelas frustrações não elaboradas quando o outro não preenche minhas expectativas emocionais.

Muitas vezes o que se entende por tolerância é o exercício cotidiano da conciliação mútua nestas situações. Brigamos para podermos sofrer juntos e nos reconciliar, e com isso atribuirmos valor ao relacionamento. Exagerar e minimizar impede que os sentimentos sejam vividos de modo autêntico e que possam exercer suas funções de nutrição e de orientação quanto a necessidades emocionais. A complementaridade no cultivo dessas perversões torna-se muito mais visível nos casos mais graves, a que nomeamos de sadomasoquismo. A personalidade dominante impõe o papel complementar de sadismo ou masoquismo ao parceiro amoroso. E a pessoa dominada, vitimizada, acaba buscando na traição o socorro para o rompimento deste enredo do qual não consegue se livrar por outros meios. Um dos destinos da personalidade autoritária é ser traída.

Rompimento interno:
quanto mais minto mais sozinho me sinto

O que se consuma no ato da traição é a transposição do terceiro simbólico para o real. Um muro virtual permeia a relação. Ao pularmos o muro, ele se materializa. Em dupla transmutação o muro se torna primeiro possível e ato contínuo real. E se impõe a quem trai antes mesmo que a traição seja descoberta.

O estatuto do silêncio e da divisão. A eterna vigilância dos momentos de intimidade. A invasão da tríade que se impõe perante a nudez e obriga a divisão e omissão. O ocultamento de uma presença. O medo da descoberta. A ameaça representada pela confissão. Como posso confiar em quem traí? Como restabelecer a intimidade sem me trair? Sem sentir culpa, vergonha? Se o outro me busca, me deseja, expressa ternura, como conter o meu incômodo? Acaso desejo ou tenho direito de receber? Sem que isto seja injusto? Se me enterneço, não me assolam culpa e vergonha? Acaso sou irresponsável afetivamente? Não me comprometo com sentimentos? Estou a caminho do cinismo emocional? Como desfazer essa vigilância que se impõe quando se aproxima a proximidade? Intimido-me diante do convite à intimidade. Como me entregar sem me entregar? Que alívio o outro não descobrir. E, no entanto... uma pontinha de tristeza... um desapontamento que o outro não me perceba... Quanto mais minto mais sozinho me sinto. A traição se impõe como solidão antes a quem trai e a seguir a quem foi traído. O jogo das projeções... Se não me percebe... será que ainda me ama? Percebe e não liga... será que ainda me ama? Estará inteiramente aqui ou somos quatro na cama? Se descobrir e me perdoar é porque já me traiu... Se eu perdoar não voltará a trair...?

A partir da confissão ou da descoberta somos necessariamente quatro na cama. O quarto vindo a ser o terceiro na cabeça do segundo. Muito, mas muito diferente do terceiro na cabeça do primeiro.

A rachadura da Terra

Se a relação é importante e se mantém... a impossibilidade do sono, a alteração dos horários, do apetite, as intermináveis horas de tentativas de resgate sem sucesso. A angústia de querer e não poder reparar. Sentir-se responsável pelo sofrimento do outro. Impotente e paralisado. Qualquer movimento gerando dor. Afastar-se é trair de novo, gerando sensação de abandonar; aproximar-se afetivamente é viver a impossibilidade de ser correspondido. Sem poder dar ou receber. É ver o outro se ferir no carinho dado. Necessidades afetivas perdidas num labirinto doloroso. A intimidade imolada ao sofrimento. Presenciar a implosão da confiança. A angústia, o medo e o risco da confissão. A falta de confiança de que a relação sobreviva. A inutilidade da declaração amorosa. A rejeição dos cuidados. O lugar do amor, queimado a ácido, em pura sintonia dolorosa; incapaz de vibrar em qualquer outra tonalidade sensível. Assistir à reedição amarga do passado. O terno e o doce transubstanciados em amargura, a impossibilidade de tornar feliz a quem magoamos.

O metabolismo amoroso se altera. O cálcio fixando-se onde não deve. Os tecidos amorosos mudam de consistência. Fibrose nas partes moles de expressão e fragilidade na partes sólidas de sustentação. Impossibilidade de circulação e de nutrição afetivas no cotidiano. Exposição a fraturas ósseas e imobilização quanto ao futuro e a projetos amorosos.

Em meio à avalanche os esforços de sobrevivência das coisas boas. Na enchente lutar e agarrar-se aos troncos já desenraizados da admiração e respeito mútuos. A dissolução da terra firme a turvar a limpidez e a transparência. A correnteza a levar de roldão quase tudo o que se cultivou. O desaparecimento da estufa onde se cultivavam as plantas raras e delicadas. As árvores mais sólidas, de crescimento lento, desfolhadas pela tempestade. Calcinadas pelo raio, partidas, as melhores fibras expostas em rachaduras. A seiva de tudo nem mais tendo onde correr. Transformada em jorros de lava vulcânica. A rachadura de camadas mais profundas da terra. O estarrecimento diante do poder devastador dos elementos da Natureza. O fantasmagórico pântano do imaginário destroçado. A topografia amorosa corre sérios riscos de se tornar inabitável. A turbulência e a instabilidade nas fronteiras entre questões de foro íntimo e a intimidade compartilhada. A alternância entre as atitudes gélidas das nevascas e o calor tórrido dos diálogos desérticos. A secura e o silêncio das altitudes e das paisagens sem vida. Os ventos gelados ou calcinantes que embalsamam por ausência de umidade vivificante. Se tudo passar como ficará a cicatriz? Contemplar as cinzas de um sorriso que se apagou. O que restará depois do incêndio?

A confissão

O perdão, como a humildade, é apenas um termo até que a pessoa tenha sido realmente humilhada ou realmente enganada. Perdão só tem sentido quando não se pode perdoar nem esquecer. [...] Pode bem ser que a traição não tenha nenhum outro produto positivo além do perdão, e que a experiência do perdão seja possível apenas se alguém tiver sido traído. [...]
Se só o traído percebe o crime, enquanto o outro o contorna com racionalizações, então a traição prossegue; e é até mesmo aumentada. Esta ilusão com respeito ao que realmente aconteceu é, para o traído, a mais aberta de todas as chagas [...].
Para carregar os próprios pecados é preciso primeiro reconhecê-los e reconhecer sua brutalidade [...]
Porque se sou incapaz de admitir que traí alguém, ou se tento esquecê-lo, permaneço enclausurado numa brutalidade inconsciente. [...] Não somente continuo enganando o outro, como engano a mim mesmo, pois cortei a possibilidade de me autoperdoar.
Todas as emoções ligadas à experiência da traição em ambas as partes – remorso e arrependimento no traidor, ressentimento e rancor no traído – insistem no mesmo ponto: a lembrança. [...] Estas emoções poderiam parecer ter como objetivo evitar que uma experiência se dissolvesse no inconsciente. São o sal que preserva o evento da decomposição.
Hillman[31]

Muitas vezes a confissão se impõe a partir da descoberta acidental ou quando a desconfiança se torna crítica e fator de inviabilização da relação. A confissão encerra a gravidade ou a leviandade envolvida na traição. E, com raríssimas exceções, somos incapazes de lidar adequadamente no sentido de restabelecimento da integridade da relação amorosa. Do mesmo modo como fomos incapazes de lidar adequadamente com as questões que a antecederam e a possibilitaram. As dificuldades e frustrações amorosas se impõem como complicadores para a resolução de uma das questões essenciais da relação amorosa: a questão dos ciúmes e da confiança. Tais complicadores constituíram o muro que se materializou na traição. A confissão é o ácido de dissolução desse muro. E como dissolver o muro sem dissolver a relação; ou sem se deparar com os próprios ciúmes? Caso contrário, permanece como de foro íntimo o que pertenceria à intimidade compartilhada. E a intimidade compartilhada é buscada em outro lugar.

A confissão é um antiparto sem anestésicos. Sem útero para ser gestada, pois é justamente a intimidade que está devassada. A rara confissão espontânea como um jorro abrupto contíguo à traição, por necessidade absoluta de integridade. A não tão rara, igualmente abrupta, explosão de ódio profundo. Como dinamite que explode a ponte. Na total desesperança de reconstrução.

Extraída a fórceps na maioria das vezes. O que perguntar, o que revelar? O excesso de detalhes ou a omissão do essencial? A dificuldade da entrega e do acolhimento. Como entregar ou acolher o ácido anímico? A conta-gotas? Por acaso é tortura chinesa? É, nas entranhas anímicas de todo modo.

A obsessão em saber o que aconteceu que muitas vezes produz sessões de autoflagelo e tortura mútua se verifica como necessidade de desfazer a exclusão, de desfazer a mentira e como tentativa deslocada de entender o que aconteceu. No desespero de resgatar a intimidade.

É cirurgia de alto risco sem anestésicos em que os próprios cuidados necessários machucam. É extirpar tecidos vivos requerendo a precisão de um cirurgião, a pureza de um diamante e a delicada suavidade de todas as plumas. É ritual litúrgico de contrição e perdão, oficiado pela dor, sem sacerdote ou tradição. Que solicita dos dois lados a forma mais sublime da empatia: a compaixão. Que se entranha igualmente nas vísceras, como bálsamo a serviço da cura. De duas e de uma mesma dor.

Ao considerar verdadeiramente as citações de Hillman, duas observações se impõem. Talvez seja mais difícil saber pedir perdão do que perdoar. Assumir e despojarmo-nos de nossos muros. E de novo nos tornarmos íntegros. E que talvez perdoar e pedir perdão sejam uma única e a mesma coisa. O exercício da contrição. Quando os motivos não são banais, a traição denuncia o término da relação ou dificuldades e distorções sérias no vínculo, em que os dois parceiros contribuíram para as questões que antecederam e possibilitaram a traição. Acrescente-se à primeira citação de Hillman uma segunda função para a traição: a de rompimento de uma relação amorosa importante e inviável de que nos sentimos incapazes de nos separar. Via de regra, por dificuldades de contato com a própria solidão. Na maior parte dos casos a traição restará como torção e distorção para o futuro da relação. Baseadas em culpa e recriminações, necessidades de reparação e chantagens, inseguranças, desejo e medo de vingança, impossibilidade mútua de entrega, vitimização, cobranças, retaliação, como brecha, como tapa-buracos etc. E baseada na vida amorosa de cada um dos envolvidos, caso não se incorpore como *"o sal que preserva o evento da decomposição"*. Em outros termos, que não se retire do vivido o que existe para ser assimilado.

Trai quem trai primeiro: o segundo se vinga

Sentir-se traído é sentir-se diante do que não se esperava. A inadvertência, o inesperado, a sensação de ruptura, de quebra da intimidade compartilhada. A humilhação de ter sido enganada, de ter sido preterido. A perda de algo inestimável, a sensação de aviltamento e de perda de contato com o valor e respeito próprios. A nudez, o desamparo e abandono em que se transformam a entrega e a intimidade. A sensação de ter deixado de existir. O desapreço e menosprezo à confiança que se tinha e que se tornou indigna. O sentimento de traição se impõe como fato consumado e insuportável. Imposto à força é vivido como invasão violenta da intimidade e como estupro emocional. A intimidade se torna exposta. A vergonha de ter sido virado no avesso por essa inversão do *topos* amoroso. Ser exposta e atingida nas vísceras da relação emocional. A sensação de ser atingido no lugar onde se vivia proteção. A traição estabelece um marco intransponível que se crava e racha o tempo em um antes sem volta e um depois definitivo. A inversão abrupta e absurda dos sinais. Sentir-se amando, antes vivido como preenchimento prazeroso e inspirador, transmuda-se em dor e ameaça. Sentir-se amada, antes vivido como algo que nos confere valor e dignifica, transmite confiança e amor-próprio, desvira-se em algo que fragiliza, que não se consegue aceitar e se rejeita como sem graça ou desgraça. A alteridade imposta e impostora, a desgraçada que me traiu e desgraçou, me tornou infeliz. Não mais serás a minha alegria. E à tua responderei com o silêncio do meu luto. Terei medo de tua alegria. Por não saber a quem pertence. O sem-vergonha que por não ter vergonha me faz sentir vergonha. Que me faz sentir vergonha das coisas que sinto. Do nosso amor, da dor, dos ciúmes, da extrema fragilidade, da minha raiva. De tudo que não queria sentir e sinto. Vergonha perante os outros, desta relação que eu prezava e de que tinha orgulho. Esse outro que tenta minimizar o que fez, o que eu sinto e o tamanho do desastre. Que me ultraja com suas mentiras e desculpas. Quantas vezes eu perguntei. Há quanto tempo eu sabia e vivi sozinho com minha dor, por conta de teu medo ou cinismo. Que foi incapaz de me proteger e me expõe à crueldade e indiferença da vida aos meus sentimentos. Não importa mais. Trair ou ser traído e destruir o que já foi destruído. Quem viver verá.

Razões sérias ou motivos banais

A dialética da traição nos impõe trairmos ou sermos traídos, num jogo de forças invertido de atração ou repulsão. A morfologia revelando a semântica, a forma impondo o conteúdo: trair como negação de a-trair. Se trai não atrai. A traição nos causa repulsa. Trair nos atrai como interdito. Em contraposição a esse duplo padrão vivencial existe a busca de um padrão ético amoroso íntegro. Inspirado quem sabe nos adolescentes atuais e em suas conquistas saudáveis?

Trair nos atrai como promessa de volta a um paraíso que perdemos. De vivermos plena e impunemente. Acima do bem e do mal. Como desejo de ter aquilo que já não temos. Como posse. Possuir e ser possuído pelo que soterramos no conhecido. Traímos por paralisia do encantamento. Traímos por brincadeira e curiosidade, por tédio, por coceira ou indolência amorosa, por abandono, por impossibilidade de nos sentirmos sozinhos. Traímos por sermos múltiplos e divididos. Por sentirmos falta e não nos sentirmos inteiros e preenchidos. Traímos por dívida amorosa. Traímos por luxúria ou cobiça, por desejo de nos sentirmos poderosos. Traímos por falta de coragem, por medo de perder a relação ou por sentirmos ciúmes. Traímos por arrogância ou por sentimentos de inferioridade. Traímos para exercer o poder da sedução. Para sentirmos que somos capazes de atrair. Traímos por vaidade ou auto-afirmação. Traímos porque faz bem ao ego ou por motivos esotéricos. Traímos porque faz bem para a pele e por recomendação estética. Traímos porque faz bem aos músculos e porque me sinto macho. A traição como cosmético ou anabolizante muscular. Traímos porque é gostoso. Traímos porque encontrei alguém irresistível. Traímos por euforia. Traímos por medo da depressão ou porque o outro deprimiu. Traímos por vingança a uma tirania. Por medo de sermos traídos. Traímos por estar na moda em nossa roda de amigos. Traímos porque antes nunca traímos e chegou a minha vez. Por resistência à entrega amorosa, por desistência e descrença na relação atual. Traímos por sermos colocados na geladeira afetiva; por estarmos submetidos a um regime de privação ou humilhação sexual. Traímos porque as disputas e os conflitos penetraram no leito amoroso e o transformaram em ringue. Na arena do vingar e do magoar. Traímos porque o leito amoroso se transformou em caixa de acertos e cobranças; a sexualidade como moeda de dívidas. Traímos por desamparo. Traímos por necessidade de socorro de um terceiro, na total incapacidade de corrigir desequilíbrios ou desvios graves em outras áreas da relação. Traímos por ressentimento, humilhação ou desencanto. Traímos para descarregar raivas e frustrações amorosas. Traímos por impossibilidade de renovação. Traímos em busca do desejo, ou prêmio de consolação. Traímos por apetite e atração sexual. Traímos por acomodação ou por nos sentirmos incapazes de separarmo-nos. Traímos por miséria ou ganância emocional. Por não sabermos enfrentar os períodos afetivos de vacas magras. Traímos por inanição amorosa. Traímos por impotência, pela impossibilidade de livrarmo-nos da submissão. Traímos por rebeldia. Por competição e disputa. Por esperteza e malícia. Por atração à intensa cumplicidade que se atribui ao proibido. A traição, tantas vezes gerada e a serviço da dominação e do poder. Para suplantar o outro e exercer a supremacia do enganar.

Finalmente traímos quando se constelam as precondições e a vida conspira e nos coloca diante da pessoa que de todo modo amaríamos e por quem seríamos correspondidos profundamente. É de se supor que embora também aqui nem sempre tenhamos escolha, se esta nos fosse dada, escolheríamos esta experiência amorosa como razão para trair. O que esclarece a natureza do desejo amoroso.

> *Mas quem pode ter certeza da presença do amor? E quem pode dizer que a traição foi uma necessidade, foi o destino, foi um chamamento do self?* [...] *Se a traição é perpetrada principalmente para se obter vantagem pessoal (sair de uma situação difícil, ferir ou usar, salvar a própria pele, aplacar um desejo, ou satisfazer uma necessidade, defender os próprios interesses) então pode-se estar seguro de que o predomínio não é tanto do amor, e sim da brutalidade, do poder.*
>
> Hillman[32]

Muitas vezes a traição se manifesta como expressão de necessidades de auto-afirmação juvenil de rebeldia e cinismo, como gesto de tirania infantil travestida e mimetizada em alegada inocência. Inconsciente de si e inconseqüente. A isto se refere Hillman como brutalidade e poder. Modo imaturo de busca de renovação, de resgate, de reencontro com a jovialidade e com o caráter gratuito do brincar amoroso.

Pela sua própria natureza, no entanto, a maioria das traições têm uma motivação forte em comum. Viver a sexualidade com o terceiro, evitando a questão dos ciúmes. Trair é viver sem comunicar ao segundo o que se passa com o terceiro. Com medo dos ciúmes do segundo ou com medo de vir a viver ciúmes de o outro procurar um quarto, com medo da solidão, do abandono, da violência. Medos esses absolutamente pertinentes. Trair é correr riscos tentando evitar riscos. Para não trair e comunicar a possibilidade do terceiro é necessário o enfrentamento destes medos. Daí a associação entre traição e covardia, aí incluída a traição carregada de agressão e vingativa que se comete para ser declarada, com a finalidade precípua de ferir. Trair é tentar iludir os ciúmes ou é uma declaração aberta de guerra.

Quem trai mais, o homem ou a mulher? Quando o homem trai, a mulher também foi traída por outra mulher. Quando a mulher trai, o homem também foi traído por outro homem. De modo que o jogo continua empatado. Não nos iludamos, porém. Traímos por razões sérias ou por motivos banais. Traímos por um enredo mesclado de razões sérias e motivos banais. E constantemente nos enganamos: imaginamos motivos banais onde existem razões sérias; alegamos razões sérias onde os motivos são banais. O que pouco muda para quem foi traído. A menos que haja traição seguida de abandono e troca de parceiro amoroso.

O terceiro

Também sabemos que freqüentemente a posição de terceiro é igualmente problemática, caso ele venha a desejar ocupar o lugar do segundo e nisso não seja correspondido. Poderá passar a viver sentimentos muito semelhantes aos do segundo, de sentir-se enganado, preterido, abandonado, traído, excluído, experimentar falta de amor-próprio e baixa auto-estima; insegurança, ciúmes, enredado em mentiras, desculpas, ultrajado em seus sentimentos e ainda por cima ouvir que nada lhe foi prometido e que a nada tem direito. Mesmo que não aspire ocupar o lugar do segundo. Se primeiro e segundo têm uma relação que continua importante, poderá se sentir co-responsável por mentiras, problemas e sofrimentos vividos entre o primeiro e o segundo. Receio de virem a ser descobertos. E compartilhar de todos os conflitos vividos pelo segundo. Nem sempre o pacto "cada um cuida do seu pedaço" é seguido e tranqüilizador.

A fenomenologia da relação amorosa: a interioridade e a dimensão externa

Observemos no entanto outros aspectos do desejo amoroso. Não dependo do outro para sentir desejo amoroso pelo outro. Dependo do outro para me sentir desejado. E dependo do outro para viver o desejo amoroso. O desejo amoroso deseja a consti tuição de um vínculo. O desejo amoroso tem como componente essencial o desejo sexual. O que especifica a relação amorosa cotejada com outros tipos de amor. O desejo sexual deseja o desejo do outro mas é inespecífico quanto ao seu objeto, podendo ser despertado por qualquer pessoa que achemos atraente. O tesão deseja apenas satisfação.

Entre duas pessoas, a relação amorosa nasce e cresce de dentro para fora. Normalmente elas se conhecem, se olham, sentem atração mútua e se aproximam. Se a dança do cortejar for bemsucedida, e a linguagem dos corpos não apresentar resistências ou desencontros importantes, o ritual tem continuidade. Da conversa passam a fazer parte perguntas e respostas pessoais... Ao se tocar, se a química bater a gente acaba transando. Se a alquimia chegar a gente acaba se amando... O despertar anímico inaugura a interioridade da relação.

No brilho do sorriso, toda luz da ternura intumescida. As pupilas a dilatar os poros, o acordar dos pirilampos nos vastos campos da epiderme. Alma e pele nas mãos dadas; sentimentos e a magia do imaginário a percorrer a distância inexistente que se alcança na intimidade. Enredos se enlaçam. A terra da entrega e das raízes. A seiva afetiva a fortalecer vínculos na interioridade da carne. Na interioridade do corpo a morada da alma encarnada.

> *Through the rhythms of life, human experience, or contacting, concerns itself with meeting and being met, influencing and being influenced, reaching and being reached. In the joining of one and another, the individual becomes part of some larger experience flowing into and with the greater field. From the I, a we appears. Separating from the larger, sensing difference once more, the reach completes itself. From the we, an I emerges. Reaching, we realize our selves.*
>
> Ruella Frank[33]

A interioridade

O desejo amoroso particulariza e torna único o outro a quem se dirige. O desejo amoroso anseia o desejo de um outro que se tornou especial e com quem queremos nos vincular. Sermos desejados amorosamente nos torna únicos, nos confere identidade. Desde a concepção somos filhos do desejo. Ao nascermos, nossa existência, como historicidade (existência para si), é gestada na amorosidade com que somos desejados. O tabu do incesto transmuda o desejo em amorosidade e nos concede existência humana. Nossas contingências psíquicas são frutos da amorosidade em que somos acolhidos. É esta a identidade que possuímos para estabelecer vínculos amorosos.

Como filhos da vida somos gerados na sexualidade. Como existência singular somos filhos do amor. É esta a singularidade que resgatamos quando somos desejados amorosamente e formamos vínculos amorosos. A entrega amorosa nos *ex*põe como *ex*istência ao reunir amor e sexo separados pela proibição do incesto. É esta magia que nos deixa *ex*postos ao sentirmos alguém como o outro singular do desejo amoroso. É a sexualidade vivida em conexão com o *self*.

Por sua vez, a sedução parental, como interdição ambígua e problematizada do incesto, inaugura a problemática da traição e do narcisismo, gerando a vivência de sedução e de abandono, de traição e de exclusão. Nestas circunstâncias somos lançados no mundo órfãos e, sem individualidade, sucumbimos ao coletivo e à simbiose na relação com a alteridade.

Caso nos falte essa amorosidade, por distanciamento emocional ou frigidez parental, podemos apresentar sérias restrições em nossa possibilidade de formação de vínculos amorosos na direção das dificuldades esquizóides. Com ameaças não de simbiose mas de perda no isolamento e recolhimento na própria subjetividade.

São essas as contingências em que vivemos qualquer realização ou sofrimento amoroso. Daí a importância de desejarmos e sermos desejados amorosamente. O que significa que são da própria natureza do desejo amoroso as questões da singularidade, do vínculo, da alteridade e da reciprocidade. O desejo amoroso anseia por maiores significados, por envolvimento e vinculação emocional, pela criação de uma intimidade compartilhada e pela entrega amorosa.

> *Eis porque uma profunda e violenta emoção sexual só pode ser vivida no conhecimento prolongado, o único que permite deslocar os limites que a cultura nos impõe. O conhecimento prolongado permite, no afeto entre duas pessoas, criar novos horizontes que nenhuma relação fugaz consegue jamais oferecer.*
> Carotenuto[34]

Criar novos horizontes e deslocar os limites da cultura, em termos de violenta emoção sexual, significa desfrutar da intimidade e da entrega que permitem a criação e realização lúdica de fantasias amorosas. Na fusão alquímica de elementos selvagens e sublimes. Aquém e além dos limites da cultura, explorando a riqueza das possibilidades eróticas que existem na multiplicidade do encontro entre duas pessoas. Emprestando corpo e alma à dança perene que nos transporta para dimensões divinas, muito diversas dos clichês performáticos que hoje se vendem como sexualidade em vídeos pornográficos ou como sensualidade em danças auto-eróticas e sedutoras de várias espécies.

> *Em seus muitos exemplos a História nos ensina como facilmente o mistério descamba em orgia sexual, e o inverso; como o mistério se originou da oposição à orgia.*
> Jung[35]

Como nos diz o poeta Drummond em seu poema "Almas perfumadas": "Ao lado delas, a gente percebe que a sensualidade é um perfume que vem de dentro e que a atração que realmente nos move não passa só pelo corpo. Corre em outras veias. Pulsa em outro lugar".

O desejo amoroso inaugura os limiares da paisagem anímica, a interioridade da relação amorosa. Vamos escolher a palavra *gestos* para nomear a interação e as trocas da relação amorosa em sua interioridade. O desejo amoroso anseia por gestos amorosos. Quer sejam gentilezas, carícias, expressão e acolhimento de sentimentos, atenções, palavras amorosas ou gestos mediados por objetos concretos. A interioridade amorosa necessita de nutrição afetiva. E se nutre de gestos amorosos. O gesto amoroso é o ato simbólico que concretiza os significados da relação. A interioridade da relação amorosa é o lugar da magia, da entrega, da intimidade, da cumplicidade, fora do tempo, do espaço, do mundo. Por isso o desejo amoroso se deseja eterno.

> *Pertencer a alguém de forma duradoura não é uma coisa dada; pode ser uma conquista contínua. [...] Eros cria as conexões, as ligações entre as diversas dimensões psicológicas, dando vida a uma essência nova, conferindo significado, interioridade e sacralidade à experiência erótica.*
>
> Carotenuto[36]

O sagrado e o eterno só existem enquanto dimensões anímicas. Como busca e conquista contínuas. Como eixo e bússola de nossa existência singular em torno dos quais tecemos nossa historicidade. Eros, como fator de integração psíquica através do encontro com a alteridade, atinge suas dimensões sagradas na relação amorosa. Transcende a facticidade desprovida de significados a que nos reduzimos como indivíduos isolados e finitos.

> *Podemos, pois, concluir que no sistema do Tantra Yoga o coração é o lugar de união entre o masculino e o feminino e, portanto, o lugar de criação da força amorosa. O despertar deste centro sensibiliza o discípulo para o seu sofrimento, assim como para o sofrimento dos outros. Aumenta sua sensibilidade artística e sincroniza-o com os ritmos da natureza. [...] Mais adiante, em citação de Santo Agostinho, "Em outra passagem, define o coração como o lugar da experiência religiosa e da individualidade".*
>
> Ramos[37]

Em termos anatômicos a amorosidade humana talvez tenha suas origens no fato de que o coração encontre-se situado internamente aos seios. Salvo engano, apenas em espécies com gestação de apenas um feto de cada vez e cujo desenvolvimento da prole e a amamentação sejam prolongados se encontram estas condições. Assim se verifica nos primatas e nos elefantes.

Sendo o coração ao mesmo tempo o lugar da união entre masculino e feminino e o lugar da individualidade e da experiência religiosa, é possível compreender a intensidade das alegrias e dos sofrimentos amorosos.

A dimensão externa

Mas a relação amorosa anseia também o mundo; igualmente anseia desfrutar, conquistar e compartilhar o mundo. Necessita relacionar-se com outras pessoas, formando outras redes sociais de pertinência e comunhão. Ela se enriquece através de atividades que criam outros significados, que envolvem projetos, futuro e duração, que ampliam a intimidade compartilhada e que implicam escolhas e ações que constituem a relação amorosa em sua dimensão externa. Desenvolve a possibilidade de cooperação para projetos comuns e o exercício no mundo de duas vocações. Gestos amorosos originários da interioridade da relação amorosa têm a possibilidade de se tornarem cuidados para com todos os outros seres.

Estas dimensões, embora apresentem características essencialmente diferentes, não são estanques. Superposição, simultaneidade, contágio e trocas de posição são possíveis entre as duas dimensões. Exemplo de superposição encontra-se no dar presentes ou na magia do sonho compartilhado de comprar uma casa. Exemplo de simultaneidade é a troca de olhares e sorrisos cúmplices no exercício cooperativo de tarefas cotidianas. Exemplo de contágio é a disposição alegre de cooperação em tarefas ou obrigações que dizem respeito exclusivamente a um dos parceiros após uma noite amorosa. Ou na comemoração íntima da conquista de um sonho pertencente a um dos parceiros. E em exemplo negativo de contágio, a privação de gestos amorosos após uma discussão sobre o salário da empregada. Ou, inversamente, a crítica e o boicote a qualquer atuação do parceiro por insatisfações afetivas ou sexuais. Finalmente, a troca de topos amoroso de elementos que se encontram na dimensão exterior da relação para a interioridade ou vice-versa.

O que caracteriza a relação amorosa é justamente a complementaridade dessas duas dimensões. O desejo de viver a relação em si, em sua interioridade, e o desejo de compartilhar o mundo externo e de desenvolver companheirismo com relação a projetos comuns e de cada um dos parceiros. A relação amorosa destituída de interioridade se perde na selva urbana do cotidiano. Não satisfaz as necessidades emocionais. Sem a dimensão externa é imersão no pântano da irrealidade. Mágica e fantasmagórica. Desenvolvendo formas de dependência e sensações de aprisionamento.

História pessoal e momento coletivo

Se com o olhar da biologia, cotejando com o comportamento de outras espécies, parece correto afirmarmos que a questão do terceiro só emerge depois de constituída a relação, do ponto de vista psicológico, o terceiro ocupa o imaginário desde o núcleo familiar. O bebê, a mãe e o pai constituem a tríade original. A criança, o irmão e a mãe, a criança, a irmã e o pai, a criança, o irmão e a irmã; todos os arranjos possíveis dos elementos três a três. Esta a matriz histórica que nos constituiu. Mas neste texto estamos olhando a partir da puberdade, quando começamos a constituir relações horizontais, diferentemente da verticalidade da relação entre pais e filhos. Olhamos para fora do núcleo familiar original como fonte de relações, de significados, de valores, de buscas de realização pessoal e amorosa. E essa busca nos impõe uma ampla gama de escolhas, estejamos ou não preparados para exercê-las e cuidar para que se realizem. Essas escolhas e nossas ações passam a constituir nossa existência.

Anda por aí... no ar... em qualquer lugar... a traição tão banalizada quanto a violência

> [...] *Heidegger expõe a auto-idolatria do homem moderno, que se erige em fonte humana de todo valor e medida da realidade e da verdade. Esta auto-idolatria humana nos leva a transgredir os nossos limites, e a desrespeitar os limites dos outros. Para Heidegger, o orgulho — enquanto recusa de nossa dependência essencial dos outros seres, e a exaltação — no sentido grego da palavra* hybris *enquanto transgressão e desobediência — são os motores desta força de destruição. A destrutividade provém da desobediência e do desrespeito aos limites — exaltação que se consome em sua própria revolta e é, portanto, uma força negativa em ação... a revolta de um terror queimando em cega ilusão, que lança todas as coisas em uma fragmentação profana e ameaça reduzir às cinzas o calmo desabrochar da bondade* [...].
>
> Unger[38]

> *Os gregos tinham um medo tremendo do que eles chamavam* hybris. *No seu uso original este termo significava violência e paixão advindas do orgulho. É sinônimo de um dos aspectos do que estou chamando de inflação.* [...] *A mesma idéia de inflação está implícita na noção budista de* avidya, *"não conhecimento, inconsciência".*
>
> Edinger[39]

> *Somos, no que a vida tem de mais privado e de mais subjetivo, não somente as vítimas mas também os obreiros do nosso tempo. O nosso tempo somos nós.*
>
> Jung[40]

Independentemente da história pessoal que nos constituiu, no momento atual a cultura impõe a mídia ao imaginário coletivo, num grau inimaginável há apenas quarenta anos. Como veículos de massa, de propaganda e de entretenimento baseiam-se na sedução e raramente se voltam para a formação ética da convivência social ou amorosa. A traição e a sedução ocupam um espaço não desprezível de sua programação, visto a importância do tema no imaginário atual. Como temas talvez só percam para a agressividade a competição e a violência. E apenas por fazer parte dos dois grupos simultaneamente. Ao constituir forma específica de disputa, agressividade e violência. Em possivelmente noventa por cento do tempo, os enredos apenas "agitam o balde", sem considerações éticas. Ao retratar e/ou contribuir para a constituição do mundo em que vivemos, o imaginário da mídia se encontra sob a lei da selva. Tal como a violência, banaliza-se a traição. Vale tudo e o interessante são as disputas, o exercício do poder, a dominação, as guerras amorosas, as traições, os triângulos e demais polígonos possíveis. Como não existe polígono com apenas dois lados... No entanto, cenas de amor intenso continuam dando ibope com mobilização intensa do sangue e do imaginário, muito maior do que cenas intensas de sexo.

No que tange à sexualidade propriamente dita, a maioria dos modelos visuais da cultura induzem uma aproximação totalmente inadequada da sexualidade. Salientam seus aspectos vorazes, desafiantes, paroxísticos, frenéticos, e encobrem a sensibilidade, a sutileza, a delicadeza, a ternura e o encantamento.

> *O que está sendo construído e a mídia reproduz é o individualismo: o amor é bobagem, só o meu prazer interessa. E prazer é sinônimo de consumir. Todos anseiam por coisas novas para ter e usar. E o que interessa para esse tipo de capitalismo? Uma família reunida na sala vendo televisão? Claro que não. Quer pessoas separadas, criando o máximo de necessidades individuais de consumo possível num pseudoprazer. O amor das novelas é quase cem por cento das vezes o amor paixão, isto é, o amor sofrimento, que se apresenta sob a forma de triângulo amoroso.*
>
> Leite[41]

> *O "desejo de individualidade", que parece ser o gatilho do atual estado de coisas, deve ser pensado. Será ele mera ilusão narcísica na qual nos fundimos, cada um de nós, o que nos possibilita acreditar, onipotentemente, que podemos abrir mão das instituições e, portanto, negar a instituição social do ser? Em parte, cremos ser esta a função da febre de individualismo que se apossou de nós nos últimos tempos, isto é, criar um estado alucinado de auto-suficiência. O subproduto social — sem que nos déssemos conta foi o aumento da produtividade dos indivíduos —, a antiga esposa dona de casa,*

> que agora também tem um emprego regular, passa
> a produzir mais e a consumir mais. É útil portanto
> para a sociedade de consumo estimular os ideais
> narcísicos; [...] Acreditamos porém que esta é apenas
> uma visão parcial dos fatos. O fenômeno do cultivo
> da individualidade pode representar o núcleo, a gema
> de precipitação de uma ruptura histórica futura.
>
> Gomes[42]

É possível entender a exacerbação do individualismo na segunda metade do século XX como uma reação à extrema destinação coletiva imposta pelas duas grandes guerras mundiais na primeira metade do mesmo século. E, com certeza, pela predominância do consumismo sobre os demais valores culturais através do avanço hegemônico das "razões econômicas".

> Na atualidade há uma espécie de franquia universal
> para a prática sexual, que atinge quase o status de
> direito privado do homem, da mulher, do adolescente
> e da criança, como assunto de foro exclusivamente
> individual, situado fora e além da vida social e da
> ingerência coletiva. Trata-se de uma falsidade, já porque
> normalmente essa prática envolve e tem repercussões
> sobre a vida de parceiros e terceiros, já porque a
> inexistência de parâmetros relativos ao normal e ao
> patológico afeta, antes de outros, ao próprio indivíduo.
> E isto volta a colocar a questão no quadro geral de
> anomia e indefinição de valores que hoje alcança toda
> a cultura e vida humanas. [...] Há uma evidente
> conotação sadomasoquista nessas "produções culturais",
> que associam o sexo à violência e o dissociam do amor, o
> amor cortesão, cavalheiresco e romântico que, na cultura
> ocidental, imprimiu o mais alto sentido espiritual ao

> *relacionamento entre o homem e a mulher. Pensemos em Dante e Beatriz, em Romeu e Julieta, em Paulo e Virgínia... Eles simbolizavam um arquétipo de comportamento que, embora dificilmente praticável e atingível, cumpria seu propósito de estabelecer parâmetros mais conformes às exigências biopsíquicas naturais do relacionamento sexual humano.*
>
> Barros[43]

É de supor que a tendência ao individualismo e à competição, que se encontram em estado paroxístico na atualidade, venha a ceder. Não apenas no campo amoroso. E que a família monogâmica duradoura continue a prevalecer como modelo cultural dominante na história e na geografia. Ainda que sua duração não seja o para sempre concebido pelo desejo amoroso e pelo casamento tradicional. Estudiosos da instituição familiar apontam tendências para o que denominam relações monogâmicas consecutivas ou seqüenciais.

> *Dizendo de outra maneira, somos responsáveis pelos modos como construímos o mundo (e esse é o nosso empreendimento), e também pelas formas como construímos a nós mesmos como seres humanos. É nossa tarefa tornarmo-nos humanos-com-preocupação-total, em vez de continuar sendo humanos-com-consciência utilitária. Não temos nenhuma "natureza": temos apenas a natureza que geramos em nossas relações sociais. [...] O "self individual" é uma ficção ocidental conveniente. Não existe fora das tradições do Ocidente.*
>
> *No mundo ocidental, os homens são vistos como entidades inteiramente separadas. Mas cada pessoa sabe, depois de refletir um pouco, que esse simplesmente não é o caso: para existir, todos dependem de redes específicas*

de relações. [...] Um corolário da atitude de ver uma pessoa como se ela fosse uma entidade separada é ver a si próprio e aos outros como "coisas", em vez de processos envolvidos em relacionamentos contínuos. Para Kelly, uma pessoa é uma forma de processo. Ver a própria corporeidade como um "objeto" facilita a manipulação do corpo e dos outros como corpos. Os corpos se tornam então coisas para mover, possuir, desfrutar, ajustar, descartar, permutar, abusar, ignorar, explorar, controlar e assim por diante. Tudo isso leva com freqüência à automanipulação, bem como à manipulação dos outros.

Kenny[44]

Ética: necessidades e possibilidades – Raízes e condicionantes estruturais biológicos

A Natureza não cria necessidades que não possam ser atendidas. Do mesmo modo que impõe necessidades, ela impõe limites e dificuldades para a conquista e preenchimento dessas necessidades. Assim como os ciúmes, a questão da ética tem raízes e condicionantes estruturais colocados pela biologia.

A serviço da autoconservação somos dotados de agressividade e de competitividade. O que nos leva a disputas e dominação. Essas possibilidades se apresentam em qualquer relação, amorosa ou não. Fôssemos apenas isso e vigorariam com exclusividade a lei do mais forte e a lei do talião: olho por olho e dente por dente. Possuir, apoderar-se, tomar posse. O ego a serviço do poder, colocando a relação como disputa e domínio. Não necessitaríamos de ética. Nem teríamos produzido cultura.

No entanto a conservação da espécie nos acrescentou necessidades gregárias e associativas para além do grupo familiar e da criação da prole. O que cria as possibilidades de cooperação, de cultura e nos impõe a ética como possibilidade de mediação entre a agressividade e necessidades gregárias.

Para dar suporte às necessidades gregárias a biologia nos dotou com uma psicologia capaz de empatia. Brevemente, ela pode ser definida como necessidade e possibilidade de se colocar no lugar do outro, de entender e compartilhar sentimentos positivos ou sofrimentos. O que por sua vez gera necessidades e possibilidades de mutualidade, de constituição de intimidade e de cooperação nas dimensões interiores da relação amorosa, onde existem as possibilidades da entrega, do pertencer e da duração, como opostos à agressividade, à competição e às disputas. Estas mesmas qualidades passam a fazer parte de nosso estar em sociedade e colocam a questão da responsabilidade social. É a necessidade e possibilidade da empatia que funda a máxima, chamemo-la empática, de não fazer ao outro aquilo que não desejamos para nós. Se é verdade que a família se funda no desejo e na relação amorosa; se a família é o núcleo original que maior influência exerce na constituição emocional e, conseqüentemente, nas possibilidades empáticas dos indivíduos; se a empatia é um dos fundamentos das necessidades e das possibilidades éticas humanas; se os padrões emocionais e éticos originados na família tendem a se repetir e a influenciar todas as relações sociais da vida adulta, torna-se evidente que o desenvolvimento da ética amorosa é de grande importância não só para a relação amorosa como também para a melhoria dos padrões éticos de todas as relações sociais.

Curiosamente a ética amorosa será profilática. Ao visar o amadurecimento e a sanidade emocional. Ao inadvertidamente trabalhar a favor da qualidade e da duração da relação amorosa. Ao propiciar maneiras menos sofridas e menos complicadas de terminar uma relação amorosa que chegou ao fim. Ainda poderiam restar dúvidas de que ética é cura para tantos males amorosos e sociais?

A ética e as emoções. Nisto tudo somos iguais: impossibilidade ética do duplo padrão

> *Lo que constituye la consciencia o la falta de ella lo*
> *formuló ya Cristo con estas palabras: "Si sabes lo que*

haces eres feliz; pero si no lo sabes, eres maldito e violas la ley". Ante el tribunal de la naturaleza y del destino la inconsciencia no es una disculpa, al contrario, están reservados grandes castigos para la inconsciencia.

Jung[45]

Nesta amoralidade residia o motivo da neurose, que explicava ainda a ineficácia da compreensão científica. [...] A atitude moral é um fator real que o psicólogo tem de considerar, se não quiser arriscar-se aos mais tremendos equívocos.

Jung[46]

Como se se tivesse pregado uma grande peça ao Diabo, por agora o apelidarmos de neurose.

Jung[47]

Quem compreende que o objeto de seu amor é afetado prazerosa ou dolorosamente, será igualmente afetado dolorosa ou prazerosamente e estas emoções serão maiores ou menores naquele que ama quanto maior seja o sofrimento ou o prazer daquele é amado.

Spinoza[1]

O que torna difícil o exercício cotidiano da ética amorosa é o fato de que ela dependa da possibilidade de empatia. Como a empatia é uma disposição emocional, e a relação amorosa em sua interioridade é o lugar por excelência da vida emocional, todas as emoções concorrem com a empatia. Até mesmo as positivas. Atropelamos o outro com nossa alegria, com nosso entusiasmo, com nosso desejo. Perdemos a capacidade de enxergar o outro. E, conseqüentemente, de colocarmo-nos em seu lugar.

O outro, por sua vez, pode dificultar que sejamos empáticos. Pode dissimular, esconder, alterar, exagerar, distorcer, misturar, inverter, fingir, mentir, negar, não aceitar, enganar-se, iludir-se, sentir uma coisa, dizer outra e fazer uma terceira. Tudo enfim que fazemos mais ou menos deliberadamente e com graus de consciência, variando de zero a cem, para nos defendermos de nossas emoções e/ou para manipular o outro. Além do que, "é claro, meus sentimentos tem precedência sobre os seus; você é que tem de ser empático comigo". E as disputas se tornam emocionais.

Para complicar, no topos amoroso as emoções são personagens hegemônicas, rebeldes, autoritárias, enigmáticas, envergonhadas, concorrentes entre si, egoístas, dependentes, roubam as cenas umas das outras, diluem-se, misturam-se, dissolvem-se, mesclam-se, escondem-se, desaparecem. Enfim, são absolutamente irresponsáveis, e neste mesmo tribunal são vítimas, réus, juízes, censores e executores das penas alheias e das próprias. Minhas emoções sentem-se vítimas, acusam o outro ou a mim mesmo, julgam a mim mesmo ou ao outro, justa ou injustamente, severa ou condescendentemente. E ao fim e ao cabo são as executoras das próprias sentenças. Em caso de crime emocional a penalização é emocional.

E para punir o outro acabo sendo injusto comigo próprio. Para punir a mim mesmo acabo sendo injusto com o outro. A intensidade e o cronos emocional é vegetativo, daí que cada um tenha seu próprio reloginho. E torna-se difícil descobrir o que veio antes ou quem fez o quê primeiro. O flagrante emocional apresenta a mesma dificuldade, pois o tempo de percepção, elaboração, simbolização e expressão emocional se orienta por outra divindade hermética: Káiros, o tempo próprio, telúrico, crítico, atmosférico, cíclico, das estações do ano e das conjunções cósmicas. Daí que as penas sejam muito longas ou muito curtas e seja muito complicado acertar as contas, as pontas e os ponteiros.

A empatia pode acontecer com maior facilidade quando não estamos tomados por emoções intensas. Ou então quando conseguimos sintonizar a mesma emoção. O que possibilita intensa identidade, reciprocidade, sensação de proximidade afetiva e de acolhimento mútuo. Estas vivências constituem a própria essência do desejo amoroso. A empatia é o receptáculo da entrega.

Desejo que o outro sinta o que eu sinto. Desejo que o outro corresponda ao que eu sinto. Desejo contagiar o outro com meu desejo. Desejo que o outro se contagie com meu desejo ou com o que estou sentindo. Com minha alegria, com minha tristeza, com minha raiva. Desejo que o outro me complemente e seja forte quando estou frágil. Que o outro acredite em mim quando já não acredito. Desejo que o outro saiba o que eu sinto sem que eu precise falar. Desejo que o outro me ouça em todos os detalhes, o que vivi e o que senti. Desejo que o outro me conte o que sentiu, o que viveu. Desejo ser a fonte, o centro e o ápice dos desejos e dos sentimentos do outro. Desejo que o outro adivinhe o que eu desejo. Que saiba melhor do que eu o que eu preciso. E, inversamente, que seja meu cúmplice até em comportamentos autodestrutivos como o alcoolismo. Que me aceite como eu sou. Até no que me nego a crescer. Que me reconheça. Que me acompanhe em minhas mudanças e instabilidades. Que o outro receba os meus cuidados. Valorize meus gestos amorosos. Desejo que o outro me acolha. Cuide de mim quando estou perdido, livre-me dos males que estou sentindo, sejam eles referentes à relação ou não. E acabo responsabilizando o outro pelo que sinto. Desejo produzir sentimentos no outro. Pouco importa se positivos ou negativos. Depende do eu que esteja sentindo. Qual é mesmo o tamanho desta lista...? O desejo amoroso deseja a empatia. Mas o desejo amoroso como impulso primordial não possui habilitação ética. Possui apenas possibilidades empáticas.

As únicas emoções que têm algum senso e possibilidade de compreensão e aceitação emocionais, e, portanto, de ética amorosa, são as de afinação empática. O vaso duplo da empatia, capaz de me compreender e de acolher o outro.

A empatia é necessária justamente naqueles momentos em que se torna mais difícil. Nas oposições, nas disputas, na agressão, na frustração de qualquer desejo amoroso, na competição, na dominação, na briga e especialmente nos ciúmes. Ah! A força do patos! Que nos impede de perceber que mesmo neste avesso vigora a reciprocidade. E que o outro está sentindo coisas muito parecidas ou complementares. Como, aliás, as emoções desejam. Tudo, qualquer coisa, menos a indiferença! Ameaço quando estou ameaçado. Agrido quando me sinto agredido. Machuco quando estou me sentindo machucado. Humilho para não me sentir humilhado. Provoco ciúmes para não sentir ciúmes. O já famoso olho por olho. O avesso da empatia. Aliás, na impossibilidade da empatia, este é um bom caminho para descobrir o que está acontecendo. Se sintonizarmos o que estamos sentindo e isto for pertinente à relação, podemos descobrir como o outro deseja que nos sintamos. Por que está sentindo isso ou porque está evitando sentir isso. Até mesmo na vingança desejo que o outro se sinta como me sinto ou pior, por questões de disputa ou porque é sempre pior o que estou sentindo. A vingança também como violência emocional. De imposição absurda de sentimentos. Em caso de crime emocional a penalização é emocional. Na tentativa de que o outro se sinta como nos sentimos.

Exatamente pela dificuldade de lidar adequadamente com nossas emoções e porque estas ocupam o mesmo topos da empatia, temos necessidade de extrair da experiência amorosa princípios éticos que nos orientem o caminhar. Consumando o desejo amoroso em sua plenitude atingível, baseado em sua problematicidade.

Hermenêutica do gesto: o cultivo da ética amorosa

Numa época em que grande parte da humanidade começa a abandonar o cristianismo vale a pena verificar por que afinal ele foi adotado. Adotou-se o cristianismo para escapar da brutalidade e da inconsciência dos

*antigos. Se o abandonarmos, estará à nossa espera a
antiga brutalidade da qual a história de nossa época
deu um exemplo dificilmente suplantável.*

Jung[48]

*O símbolo cristão está vivo e carrega em si a
semente de desenvolvimentos futuros. Pode continuar
a se desenvolver; dependendo apenas de nos
decidirmos a meditar novamente e de modo mais
profundo sobre as premissas cristãs.*

Jung[49]

*For mankind has discovered that reason does
not lead to sanity. [...] It is humility, and not
duty, which preserves the stars from wrong, from
the unpardonable wrong of casual resignation;
it is through humility that the most ancient
heavens for us are fresh and strong. [...]
Humility is perpetually putting us back in the
primal darkness. [...] But it is equally clear that
humility is a permanent necessity as a condition
of effort and self-examination. [...] The ultimate
psychological truth is not that no man is a hero
to his valet. The ultimate psychological truth,
the foundation of Christianity, is that no man is
a hero to himself.*

Chesterton[50]

*O Amor é alimentado pela imaginação, através
da qual nos tornamos mais sábios do que somos,
melhores do que nos sentimos, mais nobres do que
somos, capazes de ver a vida como um todo.*

Wilde[51]

> *Não há dúvida de que o lugar de Cristo é mesmo junto aos poetas. Toda sua concepção de humanidade brota diretamente da imaginação e só pode ser realizada através da imaginação.*
>
> Wilde[52]

> *Com aquela imaginação ampla e prodigiosa que nos enche de espanto, ele tomou o mundo daqueles que não sabiam expressar-se – o mundo sem voz do sofrimento – como seu reino e tornou-se seu porta-voz.*
>
> Wilde[53]

> *[...] Cristo nos fez entender que não há a menor diferença entre a vida do outro e a nossa vida. Sua ética é toda compaixão, como deveria ser toda ética. [...] Sua justiça é uma justiça poética, como deveria ser toda justiça.*
>
> Wilde[54]

> *Todos merecem ser amados, exceto aqueles que julgam merecê-lo. O amor é um sacramento que deveria ser recebido de joelhos, e* Domine, nom sum dignus *(Senhor, não sou digno) deveria estar nos lábios daqueles que o recebem.*
>
> Wilde[55]

O fogo como símbolo do amor (cambalhota amorosa inspirada em Vinicius de Morais: que seja finito enquanto dure mas imortal posto que chama)

Nos lábios de quem o sente também, poderíamos acrescentar. Não sou digno, ainda não... porque ser digno depende do que se faça com esta centelha. Que seja finito enquanto dure porque perecível, frágil, imperfeito, justamente enquanto dure. Imortal posto que chama porque passível de ser alimentada e reavivada, cultivada, desenvolvendo a luz e o calor responsáveis pela fotossíntese amorosa: o querer bem e a sexualidade vivida no âmbito do desejo amoroso.

A alquimia da relação amorosa é a alquimia do fogo. A centelha divina, o sopro volátil do espírito humano e a alimentação e constância da madeira, filha da terra. Como todo ato de criação humana compõe-se de um dom que nos é dado, um grama de inspiração e o resto de discernimento e dedicação.

Uma das formas esclarecedoras de pesquisar um símbolo é tentar traçar seu eixo origem-destinação. É buscar sua dimensão de herança coletiva. Em analogia genética, é a tentativa de estabelecer seu genótipo, anterior às histórias individuais que constituem seus fenótipos. É a busca do substrato filogenético em que assentam seus significados. É ao mesmo tempo a tentativa de trazer à tona o sentido intrínseco que suas qualidades guardam. "Uma rosa é uma rosa, é uma rosa." O esclarecimento de sua fenomenologia possibilita zelar por sua destinação autêntica. Extrair o significado de um símbolo é reorientar-se com base em seu significado. É isto que estaremos tentando fazer a seguir com o símbolo do fogo e de um mito a ele relacionado. Através de um esforço de imaginação e de reflexão.

Prometeu, o mito

Suponhamos que Prometeu apenas tenha cometido o mais cotidiano dos enganos humanos: tenha se identificado com seu feito e atribuído a si a façanha de roubar o fogo dos deuses, tendo então sofrido com isso a sua condenação. No entendimento de Nietzsche[56]: "Prometeu apieda-se dos homens e sacrifica-se por eles, é feliz e grande por si mesmo, mas assim que se torna ciumento de Zeus e das homenagens que os mortais prestam a ele, é então que sofre".

Curiosamente este entendimento de Nietzsche encontra paralelo na vivência de um paciente de Freud[57] que sofria de intensos ciúmes: "La sensación de abandono que experimentaba entonces y las imágenes con las que describía su estado, diciendo sentirse como Prometeo, encadenado y entregado a la voracidad de los buitres o arrojado en un nido de serpientes...".

Em uma das versões do mito, é Zeus que sente ciúmes do sucesso de Prometeu junto aos homens e então o condena ao sofrimento. O mito, o entendimento de Nietzsche, e a metáfora do paciente de Freud, associam os ciúmes ao que se sente quando nosso fogo é roubado. Vale dizer, quando nosso amor é roubado, sejamos deuses, titãs ou humanos.

> *Eros apresentado como um garoto loiro,*
> *normalmente de asas, está sempre pronto para*
> *transpassar, com suas flechas envenenadas de amor e*
> *paixão, o figado e o coração de suas vítimas.*
> Ramos[58]

A propósito do aprisionamento na condenação de ter o figado roído por abutres todos os dias: no conhecimento popular o figado associa-se ao sabor amargo da bile, vale dizer, à amargura, ao mau humor, à irritação, à raiva e ao pesadelo. A seguir os princípios da homeopatia, da cura por semelhança, e de dosagens mínimas como tempero amoroso, os ciúmes devem entrar com o toque sutil da alcachofra, remédio hepático natural, que acentua a doçura e todos os outros sabores. A outra metáfora do paciente de Freud também pode ser esclarecedora. Sentia-se lançado num ninho de serpentes. O ninho amoroso transformado em lugar cheio de ameaças destes animais traiçoeiros, frios e peçonhentos. Existem espécies domesticáveis, mas, de qualquer modo, com as serpentes devemos lidar com prudência. Apenas são perigosas se não as vemos. Com os ciúmes devemos tratar às claras.

Como dinamismo Prometeu é demasiado humano. Arvora-se em semideus; com arroubos narcísicos orgulha-se de seus feitos, após o que sente ciúmes dos deuses.

O fogo

As informações possibilitadas por conhecimentos antropológicos podem nos contar outra versão para a origem do fogo no desenvolvimento da civilização.

As grandes queimadas na vegetação são fenômenos naturais que existiam nos primórdios da espécie humana. Não é difícil imaginar que o homem tenha encontrado pequenos animais, de que se alimentava, vitimados pelo incêndio. Ou mesmo tubérculos também cozidos pelo fogo. E que na escassez que se segue imediatamente às queimadas, tenha se alimentado destes tubérculos e animais semicozidos, com as vantagens de amolecimento dos alimentos e do enriquecimento e da intensificação dos odores que exalavam. Deste modo é possível entender o início dos hábitos de comer alimentos cozidos. Também não é difícil imaginar que nos dias seguintes ainda houvesse alguns troncos em brasa, que serviram como os primeiros fogões naturais. Podemos imaginar o homem presenciando o reavivar das chamas a partir de brasas, com o auxílio do vento, alimentando outros pedaços não queimados de madeira. Para revivá-las bastaria colocar novos pedaços de madeira seca. Não é difícil transportar para o abrigo madeiras com uma das pontas em brasa, obtendo-se assim o aconchego das fogueiras dentro de cavernas.

Na verdade o fogo nos é dado. Não precisa ser roubado. E desde os primórdios ele se associa à nutrição, ao calor e ao aconchego, à proteção e à segurança oferecidas pela luz que afasta a escuridão, as feras e suas ameaças. Todas essas vivências, associadas a características de elementos parentais, inspiram aproximação, intimidade, atração, fascínio, conforto, proteção, alegria, vivacidade, espírito lúdico. As crianças são fascinadas pelo fogo. Tal como só se pode ser pela mais íntima e antiga familiaridade. A atração exercida pela vida. Com seu jogo de luzes, cores e movimentos, não seria a chama a própria vida? Não é difícil imaginar que uma criança, ou o espírito lúdico de um adulto, na realidade, tenha sido o autor da façanha atribuída a Prometeu. E tenha descoberto um meio de transportar o fogo ao esgaravatar com um graveto as chamas de uns restos de madeira e que, inadvertidamente, tenha visto a ponta do graveto se acender. Em seu entusiasmo com a descoberta talvez tenha começado a dançar com a labareda do graveto a desenhar curvas em torno de si. Quem sabe aí não se encontrem os primórdios da pirotecnia, da dança ou do desenho?! A própria chama não é um bailado de cores em movimento? Utilizados para transportar o fogo, teriam sido os gravetos os primeiros instrumentos? É possível que a produção de faísca tenha acontecido na idade da pedra lascada, ao se bater uma pedra na outra para criar objetos pontiagudos ou afiados. Hoje se sabe que os símios pararam sua evolução na idade dos gravetos. Será então verdadeiro que a conquista do fogo tenha sido a faísca que gerou a civilização? Sendo o fogo a própria vida, mantê-lo aceso no interior da caverna não alude ao feminino em processo de gestação?

H. Rider Haggard, em seu clássico romance intitulado *Ela*, coloca o amor no fundo da caverna de um vulcão extinto, como chama espiritual e fonte primeira da vida. Ayescha, tendo matado o seu amado por ciúmes, após mil anos de espera, volta a esse lugar e orienta o amado para que se banhe nesta chama primordial.

> *Faze por tua vez como eu: quando te encontrares no meio do fogo, expele o mal de teu coração e deixa que um suave contentamento o invada. Abre as asas do espírito, pensa nos beijos maternos, volve-te para a visão do extremo bem, que esvoaça com asas argentadas, através do silêncio de teus sonhos. Da semente do que fores nesse momento tenebroso, medrará o fruto do que há de ser durante período de tempo ilimitado. [...] Aproximai-vos, banhai-vos nessas chamas vivazes, aspirai-lhe a virtude em toda sua força virginal e dela impregnai o corpo mesquinho: não desta vida degradada, que mal vos circula nas veias, filtrada pelos coadores de milhares*

178 PAULO BARROS

*de vidas intermediárias, mas tal qual existe, na fonte e
no nascedouro de seres terrestres. [...] Tens de ficar no
meio das chamas, enquanto teus sentidos o suportarem;
quando elas te envolverem, sorve-lhes a essência com
o coração e deixa-as subir e brincar em volta de teus
membros, de modo a não perder uma única parcela de sua
virtude. [...] Tem cuidado ao receberes esse poder, para
que não te suceda ferir em tua cólera ou ciúme: um poder
super-humano é uma arma ingrata nas mãos do homem
falível. [...] Olha-me no fundo dos olhos e dize-me que
me perdoas de todo o coração e que de todo o coração
me guardarás fidelidade. [...] Juro, nesta primeira hora
sacrossanta de completa feminilidade, que abandonarei o
mal e praticarei o bem. Calou-se. A ternura infinita de
sua voz parecia pairar no ambiente, como a lembrança
dos mortos. Comoveu-me isso mais do que as suas
próprias palavras, tão humana, tão profundamente
feminina ela se revelara. [...] E agora, está feito o que
havia de fazer: por ti desato o meu cinto virginal; venha
a tormenta, venha o brilho do sol, venha o bem, venha o
mal, venha a vida, venha a morte; nunca, nunca mais o
destruirá. Porque o que é, existe, e, por isso que foi feito, o
foi para sempre, sem possível alteração. Disse. Agora que
tudo se realize, conforme o determinado.*

H. Rider Haggard[59]

Após estas reflexões vejamos o que diz sobre o fogo o *Dicionário de símbolos*. Eis algumas das citações:

*Segundo o I-Ching, o fogo corresponde ao sul, à
cor vermelha, ao verão e ao coração. [...] O símbolo
do fogo purificador e regenerador desenvolve-se do
Ocidente ao Japão. [...] Meu coração é a lareira, e a*

chama é o self *domado (Sumyuttanikaya, 1, 169).*
[...] O fogo, portanto, é o motor da regeneração
periódica. [...] A significação sexual do fogo está
ligada universalmente à primeira das técnicas
para obtenção do fogo: por meio da fricção, num
movimento de vai-e-vem — imagem do ato sexual
[...] Para Bachelard o amor é a primeira hipótese
científica para a reprodução do fogo... Na verdade
o fogo surgiu em nós inesperadamente, antes de
ter sido arrebatado do céu. [...] Puro e fogo, em
sânscrito, são conceitos designados pela mesma
palavra. [...] Ao prolongar o símbolo nesta direção,
o fogo seria o deus vivente e pensante... já teve o
nome de Cristo entre os cristãos. [...] Brahma é
idêntico ao fogo, diz a Gita [...] Todavia a água
é também purificadora e regeneradora. Mas o fogo
distingue-se da água porquanto ele simboliza a
purificação pela compreensão até a mais espiritual de
suas formas, pela luz e pela verdade; ao passo que
a água simboliza a purificação do desejo, até a mais
sublime de suas formas — a bondade.
Chevalier e Gheerbrant[60]

Sobre estas citações podemos acrescentar alguns comentários: No *I-Ching*, o sul é o lugar do retorno e do recolhimento; o vermelho e o calor são qualidades sangüíneas e o coração é o lugar da inquietude ou do sossego. O fogo representa a beleza, a claridade, a dependência. O hexagrama 30, a Chama, formado pela repetição do mesmo trigrama, Li, leva como principal atributo o aderir, uma vez que a chama deve aderir à madeira para continuar existindo. As qualidades intrínsecas de regenerador e purificador devem se aplicar primeiramente, e a qualquer momento, ao próprio fogo para a preservação destas mesmas qualidades. O coração como lareira é o lugar onde o si mesmo pode ser conquistado através da purificação e da renovação periódica. O sexo renova o coração e o coração purifica o sexo num movimento de vai-e-vem do próprio sangue, aproximando e friccionando sentimentos anímicos e sensações corporais.

Alguns grupos humanos certamente tiveram experiências iniciais intensamente negativas com o fogo, em situações de queimaduras graves, carbonização por raios ou por erupções vulcânicas. Outros tiveram tudo destruído por incêndios em suas cavernas. E simbolizaram esses fatos como castigo, punição, pecado, gerando os mitos que salientam os aspectos negativos do fogo. No *Dicionário de símbolos* consultado, havia apenas três referências do fogo como destruição ou com outros aspectos negativos. E todas referentes ao controle/descontrole com que exercemos o domínio do fogo. Sabemos sim, das possibilidades de destruição do fogo descontrolado; da vastidão da dor por queimaduras, bem como do poder de deformação de suas cicatrizes.

Talvez seja importante determo-nos sobre outra característica do fogo. *O fogo em si não alimenta*. Ao contrário, necessita ser alimentado para poder continuar existindo e oferecendo suas propriedades de aquecimento, iluminação, transformação e cocção. Sua presença como catalisador de qualquer processo alquímico também depende de dosagens e critérios. Para a obtenção de luz e paz, vivacidade e alegria, nutrição e satisfação, fusão e transubstanciação, purificação e renovação.

A alquimia da relação amorosa é a alquimia do fogo. De nossa natureza recebemos a chama e o oxigênio necessários. Também possuímos esta recôndita caverna onde cultivar a interioridade da relação amorosa. Tudo o mais se encontra em estado virtual a se transformar em possibilidades. Na busca de substâncias e gestos com que venhamos alimentá-lo.

Elementos de nossa história pessoal e influências culturais variam e se colocam como propiciatórios ou desfavoráveis. Como referências, imagens ou aspirações a que se atribuem valores. No limite podem ser sempre considerados como perturbadores, na medida em que impõem modelos preexistentes e que dificultam que a relação se constitua a partir do encontro entre duas pessoas singulares. Na intimidade sabemos que para cada pessoa as palavras e a linguagem corporal têm significados sutis que se imbricam a sentimentos. E no corpo-a-corpo da relação amorosa é necessário desaprendermos uma série de coisas para podermos constituir e cultivar sua interioridade. Tendo sido o berço da civilização, a alquimia do fogo, enquanto alquimia amorosa, continua a nos desafiar como a mais difícil de suas realizações. Desafio singular que se renova a cada relação amorosa. Para o que contamos apenas com o outro, como condição para realizar nosso destino pessoal e transcender condições culturais.

Diz o ditado que o sábio aponta a lua e o leigo enxerga apenas o dedo que está apontando. Como o fogo, o amor nos fascina. E enxergamos apenas o amor e muito pouco o outro. Ou mesmo este outro em que tenho de me transformar para aprender a amar esta pessoa. Encantados pelas chamas apenas vagamente nos apercebemos de sua luz como possibilidade de enxergarmos o mundo de modo amoroso. Com que avidez sorvemos sua gratuidade! E passamos a exigir que seja gratuito e por si mesmo mantenha sua graça. E chamamo-lo efêmero por que efêmera é a generosidade que ele nos inspira. E desejando sermos adorados e adorar nos cegamos para as possibilidades da transmutação alquímica da idolatria em cuidados. Quão pouco nos dedicamos a cultivar os símbolos e significados que ele desencadeia!

Conta o mito que Cristo encarnou por amor aos homens. Trilhando o caminho arquetípico do heróis, afastou-se de sua cultura e de sua história familiar antes de descobrir sua vocação e exercer sua paixão. Também necessitamos deste afastamento, deste espaço de solidão e diferenciação para nos apropriarmos de nossa singularidade. Nossa intimidade é recriada nesta entrega a si mesmo. Normalmente estes dinamismos se potencializam a partir da adolescência. O paradoxo consiste em que esta apropriação de si mesmo cria e viabiliza a necessidade e a possibilidade de entrega amorosa. E apenas no seu âmbito se consagra a autenticidade amorosa. Podemos dizer também que só encarnamos plenamente ao exercermos a sexualidade na interioridade da relação amorosa. No culto inspirado de nossa vocação erótica.

Símbolos, significados e autenticidade

A cada um o destino reserva uma sorte diferente: a mim coube o quinhão da desonra e do descrédito, de uma longa prisão, da desgraça, da ruína e da angústia — mas eu não os mereço — pelo menos ainda não. [...] Seja como for, posso apenas seguir trilhando o caminho do meu próprio desenvolvimento e, ao aceitar todas as experiências vividas, tornar-me digno de tê-las vivido.

Wilde[61]

Detenhamo-nos um momento sobre a observação de Wilde a respeito de sua desgraça e de sua angústia. "... mas eu não as mereço – pelo menos ainda não." A vida que recebemos não é perfeita. E não tem nenhum compromisso com nossos desejos ou aspirações. Algumas circunstâncias nos são dadas. Sem que haja nenhuma implicação de mérito, elas nos são favoráveis ou adversas. E nos colhem apenas por estarmos vivos. Assim os talentos, as heranças em sentido amplo, a fortuna, a morte, algumas doenças e os acidentes de modo geral. A rigor, mesmo as circunstâncias favoráveis podem vir a representar problemas psicológicos, dificuldades ou sobrecargas existenciais. Talentos, sensibilidade, inteligência, dotes físicos, são matéria bruta. Depende do modo como são cultivados e para onde são dirigidos. As circunstâncias adversas, como acidentes que acontecem mesmo quando não somos imprudentes, independentemente de questões de mérito anterior, permanecem em aberto quanto ao significado que virão a adquirir em nossa vida.

Não somos inertes e estáticos na dança das circunstâncias. Somos o elemento duradouro, o centro ativo ao redor do qual o eterno caleidoscópio das circunstâncias se movimenta. A cada momento estamos vivendo, escrevendo e interpretando nossa história através dos símbolos. Somos o personagem principal em torno do qual a história se desenrola. Habitamos o corpo onde essa história se passa e se inscreve. É inevitável que assim seja. Mesmo quando nos momentos mais insuportáveis gostaríamos de nos ausentar, de pular este capítulo, e de que nos avisassem quando as coisas melhorassem. Raramente apenas apreciamos a paisagem. Estamos a maior parte do tempo tentando empunhar o leme e tentando encontrar o nosso destino. Com muito pouco conhecimento de navegação ou de cartografia. Não obstante, sem o sabermos, estamos efetivamente criando, repetindo e reescrevendo enredos. Gerando e atribuindo os significados que constituem nossa história pessoal. Estabelecendo vínculos e criando um enredo de significados compartilhados. Pertencer é sentir-se participando deste mesmo enredo. Apropriar-se é perceber a si mesmo como sujeito vinculado ao enredo dessa história.

Apesar de sermos a personagem principal, o centro e a primeira instância de nossa história pessoal, ou talvez por isso mesmo, dificilmente aquilatamos a real importância que os outros têm na história que constituímos e que nos constitui. A vida é tessitura de histórias que se entretecem escritas e vividas em co-autoria. Sempre. Nossa existência, para ser autêntica, necessita de no mínimo duas assinaturas. Nosso significado se consuma naquilo que significamos para os outros.

A origem relacional de nossas funções superiores

O tema maior do quadro de referências teóricas de Vygotsky é que a interação social exerce um papel fundamental no desenvolvimento da cognição.

Vygotsky postula: Cada função no desenvolvimento cultural da criança aparece duas vezes: primeiro no nível social e depois no nível individual; primeiro entre pessoas (interpsicológico) e então dentro da criança (intrapsíquico). Isto se aplica igualmente à atenção voluntária, à memória lógica, e à formação de conceitos. Todas as funções superiores se originam como relações concretas entre indivíduos.

Vygotsky[62]

Não restam dúvidas de que o mesmo pode ser dito sobre a origem social do desenvolvimento das outras funções superiores. Da percepção diferenciando-se em imaginação e percepção estética; das sensações corpóreas gerando identidade, motricidade fina e expressividade corporal; dos sentimentos em possibilidades empáticas e sentimentos éticos; da intuição em discernimento e orientação; do desejo em motivo e autodeterminação; da passagem cíclica do tempo como repetição em historicidade como mudança; da causalidade em símbolo e significação.

Atribuir significados é a mais elevada das funções da psique. E não deve ser exercida de forma apriorística, leviana ou arbitrária sem que incorramos em desvios com elevados custos psíquicos. Atribuir significados é extrair da experiência sementes de compreensão que podem gerar desenvolvimentos saudáveis ou doentios. E tem o poder das profecias que se auto-realizam quando são autênticos, ao contrário das racionalizações e das fantasias favoráveis ou desfavoráveis que possamos tecer a nosso respeito. Atribuir significados é a função simbólica que realiza a metabolização das experiências vividas e carrega consigo o poder de desenvolvimento pessoal e de transcendência.

Etimologicamente simbolizar significa reunir, isto é, integrar forma e conteúdo, compreensão e sentimentos; estabelecer correspondências entre vivências e realidade, criar conexões entre o ego e o si mesmo, entre o si mesmo e o outro. Dentro dessa concepção, toda problemática psicológica se coloca como uma questão de exercício adequado da simbolização. A simbolização é a textura do tempo, de forma não linear, que vincula passado, presente e futuro em termos psicológicos. É o fator causal atuante na vida psíquica, a divina criadora da tessitura dos enredos. É o metabolismo de digestão psíquica que transforma as vivências em nutrientes ou em toxinas anímicas. É ao mesmo tempo o agente de liberação ou congestionamento dos componentes energéticos da psique, tais como as motivações, a vontade e as emoções.

Como continentes, meios de transporte e comunicação, os símbolos são sintéticos e condensados. Nos símbolos se depositam em camadas sedimentares todos os elementos da geologia psíquica. São a mais sofisticada forma de representação e nos transportam nas dimensões do tempo. A eles estamos inexoravelmente vinculados. A simbolização é o momento em que se exercem a clarividência, o discernimento, a insensatez, a incompreensão, a reflexão, a atribuição de significados e valores. É o momento de intersecção de todas as funções nobres que distinguem a espécie humana das outras. São o vazio e o distanciamento que criam as possibilidades de alienação ou de apropriação e pertinência. São eles que possibilitam a ampliação da liberdade ou o aprisionamento. Que possibilitam que a paisagem e o clima interiores sejam diversos das circunstâncias exteriores. E que o sucesso seja acompanhado de infelicidade e angústia; e as adversidades enfrentadas com serenidade e paz interiores. Somos essas criaturas frágeis e expostas que nos perdemos nos labirintos da carência e da abundância, da falta e da fartura, da dor e da felicidade, do medo e da temeridade. Com possibilidades quase inesgotáveis de reencontro, resgate e transcendência.

Reencontro, resgate e transcendência referindo-se sempre ao si mesmo e ao outro. Reencontro consigo mesmo e com o outro. Resgate de si mesmo e do outro. Transcendência do ego em direção a si mesmo e ao outro. É essa a atividade primordial da função simbólica como ato de síntese, de reunião e integração. É a capacidade de desvendar o enigma que cada um de nós representa para si mesmo e para o outro. Como qualquer característica humana é uma possibilidade e uma conquista, uma capacidade a ser cultivada.

> *Porque relacionar-se com o self é ao mesmo tempo relacionar-se com humanos, pois ninguém é capaz de se relacionar com os outros seres humanos sem estar conectado com o si mesmo. [...] A individuação tem dois aspectos principais: em primeiro lugar é um processo interno e subjetivo de integração, e em segundo é ao mesmo tempo um processo indispensável de relacionamento objetivo.*
>
> Hillman e Ventura[63]

A psique apresenta a riqueza, a profusão, a variedade e a exuberância dos fenômenos naturais. Do reino animal, dos vegetais, das tempestades, da brisa, dos vulcões e do olho d'água. A psique vive no mundo. A psique é uma das formas mais potentes e plásticas de energia. Como tudo da Natureza, raramente é parcimônia. A psique forma, deforma, reforma e transforma as ocorrências do mundo. A psique atua no mundo, e neste encontro com as circunstâncias ela forma, deforma, reforma e transforma a si mesma. A história humana deste encontro com a vida é escrita na linguagem simbólica. Um símbolo é a expressão viva da origem e do destino da psique. Extrair o significado de um símbolo individual é resgatar o conjunto de situações vividas no mundo que, ao se transmutarem em substância psíquica, deram origem a seu significado atual. Mas desfazer-se do significado atual não é como varrer poeira, pois a concretude do símbolo enraíza-se na carne como os próprios olhos que não podemos arrancar. A dificuldade de ressignificação é representada pela forma própria com que cada psique se desenvolveu ao simbolizar. Extrair o significado de um símbolo é, em si mesmo, transformar o processo de simbolização. Extrair o significado de um símbolo é reorientar-se quanto ao seu significado, é dissolver sua concretude imediata em experiência do nosso estar e agir no mundo. E isto ocasiona mudanças em como agimos em nossa história pessoal e no mundo. É este o sentido da afirmação de que, se desejamos transformar o mundo, devemos nos transformar.

As pessoas apresentam variados graus de necessidade e possibilidades de desenvolvimento desta função. Mas ela nunca será diletante. Pois é através dela que conquistamos a liberdade interna e a capacidade de compreendermos as circunstâncias. É o meio através do qual poderemos caminhar em direção à máxima socrática do "Conhece-te a ti mesmo". Para a compreensão da filogênese o humano partirá sempre da ontogênese.

Na frase de Wilde "Ao **aceitar** todas as experiências vividas, tornar-me digno de tê-las vivido" (*op. cit.*, p. 88), se trocarmos a palavra **aceitar** por **simbolizar**, desvendaremos o mistério do espírito e da liberdade humana, onde não é apenas o passado que cria o futuro de modo causal. Igualmente o futuro encerra a possibilidade de libertar o passado. Torna sua facticidade em experiência assimilada e transformadora através da simbolização. É deste modo que nos apropriamos de nossa história, seja ela o que tenha sido. E constituímos a abertura em direção a mudanças autênticas. Ao desvendarmo-nos caminhamos em direção à possibilidade de autenticidade. E este é um ato ético em relação a si mesmo que inaugura e implica possibilidades éticas em relação ao outro e ao mundo. Autenticar é, em essência, um ato amoroso, e como Eros, necessita, sempre, de duas assinaturas. Nunca seremos íntegros se não nos soubermos partícipes. E isso tem implicações inelutáveis. A ética é a eleição do amor em suas afinações empáticas como orientação. Princípios éticos necessitam da empatia para se transformar em ações para os outros. Autenticidade e ética que não se traduzem em agir no mundo não passam de idealizações. O amor é a origem, a expressão e a experiência da ética. É também esta a origem da sabedoria consagrada na afirmação de que o amor liberta e de que é impossível libertar-se sozinho.

Ressignificar a história pessoal e cultural só é possível através do exercício contínuo de *Awareness*. Da atenção cuidadosa que se debruça sobre a experiência passada e presente decodificando a linguagem dos símbolos que condensa e se traduz por palavras e imagens imbricadas a sentimentos. A razão aponta o sentido e é capaz de extrair orientações dos sentimentos. Com palavras e imagens ressignifica a experiência com valores éticos. Com razão ou sem razão o homem vive sob a égide da ética quer a pratique ou dela não se dê conta. Não há como se tornar sujeito das histórias sem nos darmos conta de que a elas estamos sujeitos. De que aquilo que fazemos, nos constitui e, em última instância, fazemos a nós mesmos.

> *Assim, a individuação começa quando se nota, percebe-se, presta-se atenção ao que é específico daquilo que está diante de nós, para ser plenamente o que é. [...] A idéia neoplatônica que sigo neste livro e norteia todas as minhas palestras **não** permite separar minha alma da alma do resto — criaturas, pessoas e meio ambiente.*
> Hillman e Ventura[63]

> *Thus in all extensive and highly civilized societies groups come into existence founded upon what is called sympathy, and shut out the real world more sharply than the gates of a monastery. [...] Sociability, like all good things, is full of discomforts, dangers, and renunciations. [...] But we have to love our neighbour because he is there — a much more alarming reason for*

> *a much more serious operation. He is the sample of*
> *humanity which is actually given us.*
> Chesterton[64]

Sobre a violência: "He who seeks happiness by hurting those who seek happiness will never find happiness" [...] "If you are happy at the expense of another man's happiness, you are for ever bound". Sobre o si mesmo: "You are your only master, who else? Subdue yourself and discover your master" – *The Dhammapada*[65].

Na linguagem livre e descontraída de nosso cronista:

> *O amor inventou a alma, a eternidade, a linguagem,*
> *a moral. O sexo inventou a moral também do lado*
> *de fora de sua jaula, onde ele ruge. O amor depende*
> *de nosso desejo, é uma construção que criamos.*
> *Sexo não depende de nosso desejo; nosso desejo*
> *é que é tomado por ele [...]. Atualmente, sexo é*
> *de direita. Nos anos 60, era o contrário. Sexo era*
> *revolucionário e o amor era careta.*
> Jabor[III]

Apêndice I: o incesto

> *A separação do filho de sua mãe representa a*
> *despedida do homem da inconsciência do animal. Só*
> *pela "proibição do incesto" pôde surgir o indivíduo*
> *cônscio de si mesmo, que antes, de modo irreflexo, se*
> *identificava com a parentela como uma coisa só.*
> Jung[66]

É a interdição do incesto e não a traição que possibilita a expansão em direção ao humano, à alteridade e à realidade. A interdição inaugura a questão dos limites. E nos concede os primeiros contornos da individualidade. A vivência de sermos um, separados da alteridade e no entanto passíveis de sermos acolhidos amorosamente. A interdição do incesto nos lança no mundo dotados de individualidade. Em busca do desejo amoroso que reunifica amor e sexo e nos expõe à alteridade.

Além disso sabemos que a interdição do incesto é um fenômeno antropológico mais generalizado do que a traição de Eva, que se refere à cultura judaico-cristã marcadamente patriarcal. A cosmogonia judaico-cristã foi criada por uma cultura essencialmente patriarcal. A interpretação desta cosmogonia também se dá de modo patriarcal. Não seria difícil enxergar a serpente como dinamismo masculino a seduzir. Com a forma de falo, grande variedade delas vive em recônditos da terra como *animus*, pouco se afastam da terra, seduzem a mulher etc. (A pelve masculina é capaz de movimentos sinuosos que imprimem ao pênis o movimento da serpente.)

A própria alquimia como conhecimento humano, criada basicamente por homens, há de conter uma série de distorções e enganos como projeção de uma psicologia essencialmente masculina, patriarcal. Como qualquer outra tentativa de conhecimento, contém erros, distorções e limitações de outras espécies.

> *Declarações feitas por homens a respeito da psicologia feminina, por princípio, são sempre prejudicadas pelo fato de que sempre se verifica a mais forte projeção da feminilidade inconsciente...*
> Jung[67]

> *Os textos alquímicos naturalmente foram escritos por homens, pode-se mesmo dizer que com exclusividade; [...] Quanto mais parcial for a atitude consciente e espiritual-masculina, tanto mais banal, vulgar e biológica será essa feminilidade compensatória do inconsciente.*
> Jung[68]

Não sabemos se Eva de fato existiu. Mas se existiu necessita ser reinterpretada. Costuma-se atribuir a Eva a primeira traição. E em conseqüência disto a perda do paraíso. Tornou-se voz corrente, nos meios cultos, que a traição de Eva possibilitou uma ampliação da consciência. Esquece-se que o que possibilitou a ampliação da consciência não foi a traição de Eva, e sim a traição seguida de castigo.

O problema se encontra em que, ao que se diz, todos continuamos a pagar por isso. O que, convenhamos, não é lá muito justo. Lá e então isto pode ter sido justo, e com a aplicação do castigo pode ter resultado em ampliação de consciência. Se repararmos bem, talvez esta tenha sido a última vez em que a justiça possa ter sido tão clara. De lá para cá os caminhos do Senhor se tornaram inescrutáveis. E o que nos foi prometido é que haverá um juízo final em que então justiça será feita. A justiça humana, sob a forma da lei, por mais que tenha havido progressos institucionais e culturais, ou por isso mesmo, tornou-se igualmente inescrutável. E através de seus meandros sabemos o quanto se torna injusta. Primeiro, é criada sob a dupla moral: não é para todos; muitas leis são criadas em função de casuísmos e de interesses espúrios, que criam privilégios, ainda que se escondam sob o manto do benefício comum. Em segundo, é aplicada sob a dupla moral: não é para todos; também com ela se mercadeja. Depois de aprovadas valem para alguns. E os castigos se aplicam aos inimigos e aos desvalidos.

Isto nos coloca diante dos limites da lei, da palavra, do logos da sociedade patriarcal. Certamente as soluções não se encontram nos deuses, nas deusas, nos amuletos, nas superstições antigas ou modernas. Não há justiça se não houver ética na confecção e no exercício das leis. Como foi dito anteriormente neste texto, a ética supõe o exercício integrado da imaginação, dos sentimentos, do entendimento e da autodeterminação. Além de tornar a vida neste mundo melhor, é razoável imaginar que não atrapalharia a justiça divina ou a reconquista do paraíso. A integração tanto de *animus* quanto de *anima*, que existem tanto no homem quanto na mulher, como vimos em Hillman e com o que concordamos. Estaria acaso Adão mais preparado para seguir a lei, caso fosse ele a estar no encontro com a serpente? Sabemos que o diabo aparece tanto para mulheres como para homens sozinhos.

A universalidade das questões do incesto se deve ao fato de que o incesto tem sua origem não na cultura mas provavelmente em sua interseção com a biologia. Padrões culturais estabelecem diferentes modalidades de exogamia, que colocam a interdição mais próxima ou mais distante do grupo consangüíneo. Mas todos proíbem a endogamia no grupo familiar mais próximo.

A respeito do incesto encontramos em leitura recente:

> *Para Lévi-Strauss, trata-se, muito pelo contrário, de uma prescrição que, independentemente das variações sofridas ao longo do espectro das formações culturais (grau de parentesco sobre o qual incide a interdição, severidade das punições infligidas aos transgressores), tem o papel, nada mais nada menos, de fundar a cultura, na medida em que constitui a única regra universal, reitora das relações entre os grupos humanos, característica que a diferencia de todas as outras com as quais não obstante compartilha o espaço empírico dos códigos.*
>
> Franklin W. Goldgrub[69]

E que razões haveria para a interdição do incesto? Frazer, citado em Freud[70], nos diz: "Ignoramos a origem da fobia do incesto e não sabemos sequer em que direção devemos procurar. Nenhuma das soluções propostas até agora nos parece satisfatória".

O próprio Freud, na página anterior da mesma obra, coloca a interdição do incesto como de origem cultural e como comprovação da existência do desejo de incesto. E que a realização do desejo seria prejudicial do ponto de vista cultural, donde sua proibição.

Jung coloca a interdição do incesto como um instinto de desenvolvimento. Como uma das forças, possivelmente entre as primeiras, que impulsiona o desenvolvimento psíquico.

> *Mas foi o instinto de desenvolvimento próprio do homem que o distinguiu tão fundamentalmente dos outros animais e que lhe impôs inúmeros tabus, entre os quais o tabu do incesto.*
>
> Jung[71]

Ao tentar tomar a proibição do incesto pelo seu valor de face, é possível imaginar que tenha origem na preservação do núcleo familiar contra as forças desagregadoras dos ciúmes, trabalhando a favor da manutenção do casal; agindo como movimento contrário à simbiose, impulsionando os filhos para a exogamia, visando facilitar a concretização de tendências gregárias da espécie. Em termos do desenvolvimento individual, é possível entender a interdição do incesto como a possibilidade de continuidade dos vínculos parentais no término da primeira infância, com a orientação dos impulsos eróticos para as vivências lúdicas com o grupo de mesma faixa etária.

Apêndice II: exemplos clínicos

Abaixo encontram-se fragmentos de processos de psicoterapia pertinentes ao tema da interioridade da relação amorosa, de vivências de ciúmes, de traição e de perdão.

1. Perdão: seqüência de imagens de processo de contrição

Em seguida o relato de seqüência de imagens hipnagógicas obtidas em processo de relaxamento (calatonia) com homem de 46 anos já bastante acostumado a vivências de calatonia* e acompa-

---

* Catalonia: técnica de relaxamento proposta por P. Sándor, que se radicou em São Paulo, onde atuou por longos anos.

nhamento de processos internos experimentados no relaxamento. Em clima de muita confiança no terapeuta e entrega a vivências espontâneas devido à familiaridade com processamento autônomo de imagens inconscientes. Dotado de grande sensibilidade afetiva, sensorial e perceptiva. Processando fase final de resolução de vivências de contrição, aproximadamente dois anos após episódio de traição vivida de modo dramático.

Primeira seqüência de imagens

Após poucos minutos de relaxamento, lembra-se de momento em que deitado com a mulher viveu cena amorosa de grande ternura e carinho. Então sentiu no pênis todo o aconchego, carinho, calor e umidade receptiva que sente na vagina de sua mulher. Volta a sentir-se com ela, em profundo desejo de entrega. Sente-se emocionado e tem o desejo de ser seu próprio pênis para se aninhar em sua vagina. Tem a imagem de que está como se fosse do tamanho de seu pênis desejando muito entrar nela.

Nesse momento tem sensações muito fortes entre os olhos, na região da testa, e passa a esfregar intensamente com a palma da mão essa região. Imagina-se deitado com a mulher, passando intensamente a testa em seus seios. Pouco depois começa a chorar suave e intensamente. Um choro calado e profundo. Com pouca sonoridade e muita umidade. Não cessa de passar a palma da mão em sua testa. Começa a sussurrar. – Desejo me purificar, desejo muito me purificar. – E o choro continua a intercalar momentos em que passa a mão na própria testa. Durante todo o processamento desta vivência, que demorou cerca de quinze minutos, o terapeuta interrompe a seqüência da calatonia e simplesmente apóia com as palmas das mãos a região plantar dos pés do cliente. Terminada a calatonia ouve o relato do que aconteceu, entremeado com restos de choro e soluços seguidos de aquietamento e tranqüilização.

Segunda seqüência de imagens

No início da sessão seguinte de calatonia outro processamento autônomo de imagens e sensações corporais. Imagina-se com a mulher. Deseja muito se aninhar em seus seios. Deseja ser um bebê para poder se aconchegar em seu colo. Interrompe a calatonia e muda de posição, deita-se de lado e, colocando as duas mãos sobre as orelhas, encolhe as pernas.

Consegue imaginar-se aninhado no colo da mulher. Após algum tempo deseja aninhar-se em seu útero e tem a imagem de um bebê não no útero, mas no espaço, dentro do saco amniótico, num meio azulado e escuro. Permanece durante algum tempo vislumbrando a imagem e sentindo-se imerso em um ambiente líquido e quente. A seguir imagina-se apenas substância viva de forma ovalóide. Dá-se conta de que está nas mãos de alguém agora como um ovalóide de barro claro. E lhe ocorre que estava de volta ao momento em que foi concebido. E em seguida ao momento de concepção do homem, pois a mão é uma imagem imediatamente associada à mão de Deus tal qual vira em quadro de Da Vinci. Tudo isso é vivido com uma sensação de paz e quietude, em ritmo especialmente lento, demorando alguns minutos para passar de uma imagem à outra.

Essas seqüências de imagens com as associações do próprio cliente falam por si só, tornando impróprios quaisquer comentários a respeito do processamento do cliente. Apenas é de se comentar que tiveram grande poder de purificação, bem como de libertação de uma série de sentimentos negativos recorrentes de raiva, culpa, vergonha, mágoa, descrença, tristeza, impossibilidade de superação e resgate da relação amorosa que vinham tomando conta como tonalidade emocional aprisionadora desde que se desencadeara o processamento da vivência de traição. Com uma presença de fundo em todos os momentos de vida. Compartilhou com a mulher estas duas sessões de calatonia, não sendo hábito dele comentar a sua terapia. Relata que, mais importante do que o que aconteceu na sessão, foi poder reviver esses momentos com sua mulher. E que isso desencadeou nela – por inspiração ou empatia – vivências muito semelhantes de intensa carga emocional. Outra, e, no entanto, a mesma dor. Vividas em compaixão.

Contrição

Todavia, sugerem observações a respeito da compreensão do que venha a ser a vivência de contrição. O primeiro atributo dessas imagens diz respeito ao caráter de retorno, regresso, de caminho de volta. O segundo atributo, igualmente presente em todas as imagens processadas, aponta claramente para a diminuição, o encolhimento, diminuição que possibilita o acolhimento, o aconchego, a entrega. E que permite também o purgar-se, o esvaziar-se e o despojar-se. A regressão, no sentido junguiano do termo, como única via de acesso para a progressão renovadora. É de notar também que o processamento destas vivências se deu com a presença de altas cargas emocionais e de uma necessidade intensa que orientou o que havia para ser vivido. Isto foi acompanhado também por sensações e transformações posturais que se impunham com grande naturalidade e adequação. Corpo e alma sincrônicos, oficiando a cura, favorecida certamente pelo relaxamento. É de notar também a parcimônia das palavras. O silêncio favorece um contato profundo com os acontecimentos internos. Nota-se também a superposição de elementos muito pessoais com imagens coletivas da cultura ocidental cristã.

Como exemplo da magia contida nos processamentos psíquicos e amorosos, e como testemunho de que pedir perdão e perdoar são uma e a mesma coisa, fica como mistério se o cliente traiu ou foi traído. E que cada leitor se dê conta da própria projeção e tente refletir como o relato e as vivências se aplicam de fato a qualquer uma das possibilidades. Muito tendo para ser purificado através da contrição. Seria realmente interessante se pudéssemos cotejar esse processo de contrição com o vivido por uma mulher que tenha traído ou sofrido traição.

2. Exemplos de sonhos da interioridade da relação amorosa

A — Sonho de mulher de 32 anos

Paciente de 32 anos, após vários anos de sofrimento amoroso envolvendo questões de ciúmes e traição, impossibilitada de entrega amorosa, viveu relações simultâneas. Dificuldades de término de relações amorosas anteriores e de estar sozinha para recriação de uma interioridade não compartilhada. Finalmente consegue estar sozinha onde pode ficar com parceiros sem maiores significados emocionais. Por esta ocasião tem novo contato com desejo antigo de moça sonhadora de "ser mulher de um homem só".

Inicia namoro que pode vir a se constituir em relação amorosa. Por impossibilidades amorosas do rapaz esse namoro não vai adiante. Após alguns meses sozinha inicia namoro com muito encantamento pela internet. Conhecem-se e começam a namorar. Sente-se fragilizada e com muito receio, sem saber se terá coragem para "ser mulher de um homem só". Decide arriscar-se e compromete-se em uma relação amorosa rica de significados emocionais e cheia de dificuldades objetivas por parte do parceiro amoroso, ele também atravessando período de dificuldades financeiras por perda de emprego e redução drástica dos rendimentos.

Após alguns meses de namoro, onde cresce o comprometimento mútuo e o compartilhar de dificuldades objetivas e subjetivas, tem um sonho que pode ser entendido como fazendo parte da constituição da interioridade amorosa.

Sonha com um antigo namorado, anterior às relações amorosas que resultaram em profundo sofrimento emocional. Encontra-se com ele e, num clima de muita ternura, reitera a importância do que foi vivido entre os dois. E chorando diz que não gostaria de perdê-lo jamais como pessoa. Mas que deveria desfazer uma promessa carnal que haviam estabelecido, de se terem sempre que um dos dois estivesse em profundo sofrimento amoroso.

Abraçam-se intensamente, desenlaçando-se como amantes platônicos, reafirmando com gratidão a importância que cada um tem para o outro.

Relata o sonho para seu namorado. E vive a intuição de que caminha em direção a seu desejo de "ser mulher de um homem só".

B – Sonho de homem 38 anos

Casado há doze anos, com casal de filhos de sete e nove anos, em fase de sucesso profissional, prestigiado e atraído por outras figuras femininas, em fase de casamento morno, sem grandes conflitos. É assediado por várias pretendentes devido ao seu sucesso, charme e segurança. Sente-se especialmente atraído por uma moça de 27 anos, batalhadora, recatada e sorridente. Chega a conversar com ela demonstrando interesse pessoal. Nesta ocasião tem o seguinte sonho: Encontra-se com esta moça, conversando, andando no parque Ibirapuera, perto do lago. Nota que existe muita simpatia e atração. E um quê de familiaridade em seus sentimentos. Ao observar melhor, percebe que no sonho esta moça apresenta semelhanças com sua esposa, um pouco diferente do que é na realidade. Particularmente na boca, é a boca de sua esposa. Seu sorriso é o de sua esposa. Na próxima cena do sonho, encontra-se em sua cama em momento amoroso com a esposa. Encontra-se possuído por intenso desejo. Ao olhar para os lábios que está prestes a beijar, sente um sobressalto e dá-se conta de que existe mais alguém no quarto. Nua, ao lado da cama, encontra-se a moça com quem conversara. Seu sorriso é o mesmo da cena anterior. Ela está prestes a se deitar no leito junto ao casal. E ao fazer isso se transforma em gêmea de sua esposa. E se funde com ela.

Ao relatar este sonho em terapia comenta como anda afastado de sua vida amorosa com a esposa. E lhe ocorre uma viagem de "segundas núpcias".

3 – Enredo amoroso de moça de 24 anos

Encantadora, de fina educação, espontânea, graciosa como só a feminilidade consegue ser, com grande honestidade consigo mesma. Vem ao consultório indicada por outra cliente com quem tenho um vínculo terapêutico sólido. Foram amigas de infância e de colegial. De resto completamente diferentes. Apenas as une uma afinidade afetiva baseada em integridade e puro bem-querer.

Chegou ao consultório completamente confusa e assustada com a possibilidade de ser esquizofrênica. Nem de longe era este o caso. Portadora de grande sensibilidade e intuição, vivendo fenômenos que podem ser considerados de paranormalidade, encontrava-se tomada por estas ocorrências como se o mundo e seu psiquismo quase se reduzissem a estas funções. Tudo se transformando em possíveis sinais, intuição, interferência de comunicações e fenômenos psíquicos. Faltando-lhe amadurecimento e melhor estruturação de ego, encontra-se muito assustada por essa invasão de ocorrências estranhas.

Garanto-lhe que não é esquizofrênica e que está somente perdida em meio a essas ocorrências. E que de fato uma série de coisas que estão lhe acontecendo são fenômenos existentes e normais, ligados à intuição e à sensibilidade aguçadas. E que outro tanto são medos, desejos e fantasias que se confundem com essas ocorrências.

Em seis ou sete sessões conseguimos diminuir muito a freqüência desses fenômenos e conseqüentemente o medo, o susto e a ameaça sob os quais vivia. Vive transferencialmente alguns sustos e confusões, como se eu fosse dotado de poderes mágicos de adivinhar o que está pensando e mesmo saber de coisas sem que me conte. Consigo lhe mostrar com clareza como deduzi minhas afirmações do que ela disse. Ou mesmo quando lhe devolvo coisas que havia esquecido que me dissera. Ou ainda como em momentos de sintonia empática pude captar o que estava lhe ocorrendo sem que dissesse. Confirmo-lhe que de fato também ouço pequenos estalos nas paredes quando ela os ouve. Digo-lhe que não sei explicar como isso acontece. Ela me conta que isso também se dá quando se encontra em outros lugares. Por três vezes sai da sessão bastante aliviada e esclarecida a respeito de assuntos importantes e a respeito dos quais estava completamente desapercebida. Isso tudo constrói um vínculo de bastante confiança para o confronto com os sobressaltos.

História amorosa recente

Há sete meses terminou namoro de grande significado emocional. Com um rapaz igualmente fascinante, dotado de exuberância afetiva, jovial, seguro de si e com carisma pessoal que somente homens jovens credenciados para o sucesso podem irradiar.

Quando chegou à terapia sentia-se completamente fracassada pelo término do namoro, muito dolorida e incapaz de esquecer o sofrimento amoroso dos últimos meses. Impossibilitada de dar continuidade a sua vida amorosa. O que se iniciara como contato amoroso alegre, divertido, carinhoso, apaixonado, transformou-se em uma relação de grande violência psíquica, com muitas brigas e disputas amorosas, a ponto de evocar a dimensão diabólica em ambos. Ela saiu devastada, confusa e pensando que talvez fosse enlouquecer. E, em suas próprias palavras, certa de que dentro do rapaz fascinante havia um diabo com poderes de a destruir. Esta impressão é trazida à baila em várias sessões. Não resta dúvidas de que isso quase aconteceu. O que podemos indagar é sobre o que teria trazido tal fúria à tona e dirigida contra ela.

Como viveu com o rapaz alguns fenômenos intuitivos, sincrônicos e de coincidências significativas, passou a achar que ele era capaz de utilizar estes acontecimentos para exercer controle sobre as pessoas. Relatou inúmeras brigas e ocasiões em que o confronto psíquico atingia o limite da violência ocasionando profundos ferimentos afetivos. Lutas de vida ou morte psíquica. Não obstante não consegue esquecê-lo e seguir adiante.

Um dos momentos de esclarecimento importante em sessão anterior de terapia refere-se ao motivo pelo qual tinha deixado um emprego importante durante o namoro. Foi bastante criticada por isso. Sentia incômodo pelo fato de ter deixado o emprego mas não sabia mais responder direito por que razão havia feito isso.

Ao visitar o antigo ambiente de trabalho acabou almoçando com uma colega e com o ex-chefe. Recorda-se então que o chefe sentia-se atraído e envolvido por ela, sem no entanto ter se declarado. Esta situação vinha perdurando já há algum tempo, mas vivida com lisura e adequação, sem dar espaço para que fosse assediada. Percebia claramente que o chefe estava se apaixonando por ela. Passou a ser solicitada para trabalhos em horários extras, quando permanecia sozinha com ele. Descobre que havia pedido demissão no momento em que ficou com medo de vir a lidar inadequadamente com a situação, pois não queria se expor, trair o namorado ou brincar com os sentimentos de seu chefe. Conseguiu então entender o motivo que a levara a deixar o emprego e a aceitar sua inadequação e inexperiência. Compreendeu que agira por integridade, embora de forma imatura.

Algumas sessões depois, relata ter reencontrado o ex-namorado casualmente, e que falaram ligeiramente e no jogo do empurra-empurra acabou não anotando o telefone novo que ele dissera ter adquirido. Ao relatar este encontro, inopinadamente relembra que, no início do namoro, quando sentiu medo de gostar dele, passou a fazer com que ele se sentisse inseguro afetivamente, provocando ciúmes, negando que estivesse gostando dele e desqualificando-o sexualmente. Falava de sua incompetência como parceiro para satisfazê-la plenamente.

Com sua honestidade consigo mesma, dá-se conta de como este dinamismo atuou não apenas no início da relação mas continuou como pano de fundo da relação amorosa, vindo a ser ativado inúmeras vezes em que estavam bem e ela se sentia ameaçada por seu próprio sentimento amoroso. Ao terapeuta coube apontar isto como a sua diabrura a despertar e chamar contra si o lado diabólico do rapaz de outro modo seguro, jovial e carismático. O que ela compreendeu perfeitamente, embora tivesse dificuldade de permanecer com isso, fazendo pequena tentativa de racionalizar. De novo sua honestidade consigo mesma a leva a permanecer diante do fato. E alguns minutos calada, após chocar-se com o que tinha feito, sente-se profundamente esclarecida a respeito do que aconteceu em seu namoro. Sente gratidão por este esclarecimento. Sai confiante e aliviada da sessão.

Na próxima sessão volta contente e relata que finalmente havia conhecido alguém interessante e com quem iniciara a possibilidade de namoro. Jovem forte, atlético, atraente, quintanista de medicina, tímido, um pouco sério talvez. Trocaram alguns beijos e já haviam se reencontrado, ocasião em que conversaram muito, quando ela perguntou muita coisa e também contou muita coisa. Está disposta a conhecê-lo melhor e "Vou à luta, doutor".

Esta retomada da possibilidade amorosa pode ser compreendida pelo fato de ter entendido o que se passou na relação anterior. Isto lhe devolve alguma confiança em si mesma, sabendo do que é capaz e que a relação amorosa não é tão aleatória e incompreensível. Nem os homens são tão poderosos. Em termos junguianos, podemos dizer que assimilou um pedaço da própria sombra. E ela entendeu como sua própria sombra despertava os aspectos sombrios de seu namorado. Isto a fortaleceu.

Incluímos este fragmento de caso para exemplificar o fato de que não é necessário a ocorrência da traição para que isto represente uma ameaça potencialmente devastadora para o envolvimento afetivo. Nunca houve traição no relacionamento com o segundo namorado. Houve sim insegurança afetiva, que gerou manipulação de sentimentos e de ciúmes a ponto de gerar disputas de vida ou morte psíquicas.

Mas a questão da traição encontra-se mais seriamente imbricada no desenvolvimento amoroso anterior desta jovem. É de se perguntar mesmo como se tornou insegura uma moça cheia de predicados femininos, confiante, encantadora, brincalhona, afetiva, certamente mais do que à altura de nosso jovem carismático. Ou por outra, de onde surge seu próprio diabo. Suas qualidades emocionais e sua espontaneidade afetiva lhe conferem em outros momentos autenticidade e segurança para exercer com muita naturalidade suas capacidades relacionais e afetivas. O que pode ser visto na qualidade das relações de amizade, de trabalho e familiar. E sem dúvida no modo como se relaciona com a terapia. A integridade e capacidade de reconhecimento de suas deficiências demonstram, apesar de toda sua fragilidade e imaturidade, fundamentos sólidos para a confiança na vida e em si mesma.

Dois anos antes, aos vinte e um, em relação amorosa importante, viera a sofrer dupla traição, pois sua melhor amiga, mais velha, casada, havia transado com seu namorado. Foi capaz de compreender que a amiga a havia traído por causa dos ciúmes que vivia da relação mútua, afetuosa e fraterna que com ingenuidade desenvolvera com o marido da amiga. No entanto, saiu deste episódio com abalos essenciais na confiança que tinha em si, nos homens como companheiros amorosos e nas mulheres enquanto amigas. Sai dessa vivência com a convicção de que a vida é assim mesmo. Sua capacidade de entrega amorosa tornou-se problemática, pois o próprio sentimento de amar passou a evocar a dor e a raiva vividas. Gostar passou a significar estar exposta à dor e à possibilidade de ciúmes e traição. Sempre que se aproximava deste sentimento, para evitar sentir insegurança, passava a gerar estes sentimentos em seu próximo parceiro amoroso. Assim provocava inadvertidamente dor e raivas em seu namorado, fazendo-o viver sua dor e raiva não resolvidas. E que desejava evitar.

Esse namoro anterior é seu primeiro envolvimento afetivo e sexual de maior significado, tendo realizado sua iniciação sexual neste relacionamento. Com grande coragem afetiva, pois o rapaz era muito cobiçado pelas moças por ser atraente e galanteador. E inclusive meio paquerador. Conquistou-o transmitindo-lhe muita segurança afetiva e dando muita força para as suas realizações pessoais.

Quando ocorreu a traição, sentiu e soube, sem que ninguém lhe falasse, apenas por suas sensibilidade e intuição femininas. Em seus próprios termos, terminou o namoro por uma questão de sobrevivência. Posteriormente, em conversa com a amiga disse-lhe que sabia tudo o que havia ocorrido. E com tamanha lealdade e franqueza que a amiga, chorando, foi incapaz de negar o que havia acontecido.

Não admira que no próximo envolvimento afetivo, mais ou menos intencionalmente, e com pequena consciência, procurasse gerar insegurança afetiva e desqualificar seu namorado enquanto masculinidade. No caminho oposto ao trilhado anteriormente, gerando disputas psíquicas diabólicas.

Mas a tessitura da vida já havia um ano antes, aos vinte, colocado a traição de modo dramático em sua caminhada amorosa. Segredo que apenas posteriormente foi capaz de revelar, motivada pelo desejo de preservar a intimidade dessas outras pessoas. Descobriu a traição entre familiares e presenciou todo o sofrimento ocasionado à figura feminina. E involuntariamente se viu envolvida em questões de dupla lealdade e a quem deveria trair. Participou intensamente dessas vivências. E acompanhou a quase aniquilação psíquica da mulher que havia sofrido a traição. Por esta ocasião ouviu o comentário de que a vida é assim mesmo. E de que isto ainda iria acontecer com ela também. Deste modo, é de nosso entendimento que a coragem emocional com que entrou em seu primeiro namoro significativo foi devido a sua necessidade de acreditar na pureza e na força de seus sentimentos positivos por um lado, e também como reação contrafóbica ao fracasso da identidade feminina.

O amadurecimento psíquico e a remoção de seus impedimentos certamente demandam que sejam abordadas as vivências infantis. Mas estes episódios ilustram a inadvertência da vida e como a iniciação amorosa no adolescente ou no adulto jovem pode forjar as problemáticas de segurança afetiva, ciúmes e entrega amorosa que devemos enfrentar, independentemente de situações infantis.

Sequer podemos dizer que viveu de modo distorcido ou inadequado as coisas que viveu. *A posteriori* e como observador podemos tecer considerações. Viveu com o ímpeto dos vinte e um anos, com a confiança em si e na sua possibilidade de suscitar no primeiro namorado sentimentos positivos. Viveu, orientada por sentimentos de sofrimento amoroso, suas possibilidades de suscitar sentimentos de insegurança no segundo namorado, e com isso tentou evitar seu próprio medo de envolvimento afetivo.

Com muito pouca consciência do que estava acontecendo e de como estava contribuindo inadvertidamente para criar o desenvolvimento e o desenlace destes dois episódios amorosos? Orientação unilateral da consciência para a confiança em si mesma no primeiro caso e comandada por inseguranças no segundo caso? Excesso de ingerência e de dominância sobre a vida afetiva? Ao tentar criar fatos afetivos e suscitar sentimentos em seus parceiros? Desejo de controlar as relações amorosas? Viveu com a intensidade da juventude e nas duas ocasiões correu riscos afetivos. Envolveu-se, empenhou-se nas relações. Viveu sentimentos positivos importantes. E sentiu-se profundamente a ameaça psíquica de dois fracassos amorosos. Apenas a sua juventude, sua honestidade consigo mesma e os elementos saudáveis de sua personalidade têm o poder de restaurar, de amadurecer e de dar continuidade a suas possibilidades amorosas.

Apêndice III: uma leitura sobre a questão da fidelidade

Artigo interessante a respeito do tema da fidelidade encontra-se no livro *Utopia da fidelidade*, de Marina Gambaroff. Nos vários ensaios do livro a autora apresenta casos clínicos ilustrativos. Ela é de língua alemã, psicoterapeuta de formação psicanalítica, dirigiu grupos de mulheres a respeito de temas femininos, tais como maternidade, sexualidade feminina, identidade, emancipação etc. Tendo sido adepta da liberdade sexual entre casais, problematiza as questões da fidelidade e da infidelidade enquanto ideologias que conduzem à inautenticidade. "Quem afirma ser totalmente fiel em atos e fantasias, tornou-se vítima de um auto-engano, e o mesmo acontece com quem afirma poder lidar sem maiores dificuldades com sua própria infidelidade ou a de seu parceiro" – Gambaroff[72].

Viveu as influências do movimento feminista a que atribui importância e legitimidade; acompanhou suas diversas tendências. Posiciona-se contra as posições mais radicais do feminismo:

> *O que recrimino nas feministas é terem perdido a oportunidade, até agora, de formularem concepções de uma sexualidade não repressora entre homem e mulher. [...] Enquanto transmitir irrefletidamente a imagem do homem como um inimigo o movimento feminista, mesmo que inconscientemente, trabalhará a favor do patriarcado. [...] Para todas as mulheres porém a elaboração da problemática materna (da própria mãe) é uma condição importante, ou até conditio sine qua non para se emancipar e para estar armada para a luta contra o patriarcado. Mais precisamente, isto significa que a superação individual do matriarcado antecede à superação coletiva do patriarcado.*
> Gambaroff[73]

Anda em busca de novos parâmetros para os relacionamentos amorosos:

> *Penso que a idéia de uma relação plena entre um homem e uma mulher não deva ser menosprezada como mera impossibilidade historicamente comprovada e, por isso, perder-se. Com certeza tal idéia precisa ser preenchida com um novo conceito.*

> *[...] Em minha opinião, uma sexualidade autônoma*
> *define-se pela capacidade de ambos os parceiros*
> *ocuparem posições ativas e passivas tanto em nível de*
> *consumação quanto de vivência. O amor não deveria*
> *estar relacionado com delimitação, mas somente*
> *com o surgimento de um eu e um tu é possível um*
> *verdadeiro reconhecimento mútuo, um reconhecimento*
> *que conduz à fusão em um de nós, à capacidade de*
> *perde-se no outro e sempre conseguir redescobrir-se.*
>
> Gambaroff[74]

Contraponteando: observações a respeito de artigo de Hillman sobre a traição

Nossa admiração por Hillman como autor que realmente traz contribuições originais, criativas e inspiradas à psicologia junguiana, nos permite discordar de alguns pontos de seu artigo sobre traição, de resto brilhante em suas observações cabais a respeito da fenomenologia dos sentimentos envolvidos na traição e da necessidade de complementaridade para a sua superação através do perdão. Aspectos, aliás, já utilizados como citações no presente trabalho.

Hillman começa seu artigo sobre a traição com uma história corrente entre judeus, que resumidamente diz o seguinte: Um pai, ao ensinar um filho a ser mais corajoso e menos medroso, fazia-o pular de uma escadaria. Dizia que o menino poderia pular que o pai o seguraria. E assim fez até que no décimo degrau não segurou o menino deixando-o cair no chão. E a história termina com o pai dizendo para o filho que estava chorando que não deveria confiar em nenhum judeu, mesmo que fosse em seu próprio pai.

E tece as seguintes considerações:

> *Acontece que chega o momento em que, apesar da*
> *promessa, a vida simplesmente intervém, acontece*
> *o acidente e dá-se com a cara no chão. A promessa*

> *quebrada é uma intromissão da vida no mundo seguro*
> *do Logos, em que a ordem de todas as coisas fica em*
> *sua dependência, e o passado garante o futuro. [...]*
> *Esta iniciação em uma nova consciência da realidade*
> *ocorre através da traição, pela omissão do pai, pela*
> *promessa quebrada. O pai afasta-se do compromisso*
> *essencial do ego de manter sua palavra, de não dar falso*
> *testemunho e não mentir para o filho, de ser responsável*
> *e digno de confiança, aconteça o que acontecer.*
> *Abandona sua posição deliberadamente, permitindo*
> *manifestar-se o lado sombrio nele e através dele.*
>
> Hillman[75]

Para ir direto ao ponto, podemos afirmar que a intencionalidade da traição paterna na história é que é logóica. Uma tentativa de controle logóico daquilo que se sabe inevitável. Como pai, sabe que trairá ao não poder proteger o filho de todas as traições. Se vou trair, então trairei deliberadamente e não serei traído por trair sem querer. E a meu filho pouparei a experiência de se sentir então traído. Como se essa experiência passada pudesse evitar o sofrimento do filho em futuras ocasiões em que venha a ser traído pelo pai, ludibriado por outros ou por sua própria desconfiança. Expressa antes uma vergonha de que o filho venha a ser enganado por outros. Para infundir coragem e capacidade de contar consigo próprio, seria melhor fazer com que o filho pudesse tentar pular sozinho após poder pular com o pai a segurar.

Poderíamos dizer que a sombra se constela de qualquer modo e se manifesta com ou sem o nosso consentimento. Manifestá-la deliberadamente não a ilude. Apenas poderemos aprender a reconhecer suas manifestações. E a localizar a que distorções da *persona* ou da consciência ela corresponde para desfazer ou realizar seus dinamismos no plano simbólico e evitar que nos domine e dirija nossas ações sem que disto tenhamos conhecimento.

O excesso de confiança não é um fenômeno exclusivamente logóico, egóico ou infantil. Ao contrário, pode derivar de uma sensação de estar cheio de energia, vigor, saúde, exuberância, vida. Do mesmo modo é incorreto atribuir ao logos disposições básicas com tendências otimistas ou pessimistas. E todos estes estados tendem a ser racionalizados pelo logos e projetados no mundo externo e nas pessoas que nos cercam. E a serem vividos também de maneira projetiva como traição em caso de expectativas não preenchidas. Com profunda convicção de que houve intenção de frustração ou traição por parte dos outros. Onde não há apenas projeção, é disso que se aproveitam os invejosos, os espertos e os rancorosos para intencionalmente nos enganar. A própria bondade que não é logóica, se em muitas situações nos protege contra o mal, também é condição para que soframos o mal por parte de outrem intencionalmente perverso. Seremos traídos por nossos desejos e por nossos medos. Nosso logos nos trai quando desconhece que estará, queira ou não, subordinado a medos e desejos. Do mesmo modo, o sentimento que é uma função de orientação, e, portanto, com fortes tendências à unilateralidade, quando adquire caráter hegemônico tende a ocasionar distorções que se constelarão na sombra ou ao menos no inconsciente, e seremos surpreendidos pelas circunstâncias ou por invasão abrupta da consciência por sentimentos complementares reprimidos e não simbolizados anteriormente.

Do ponto de vista judaico, isso é uma anedota, na melhor tradição judaica. O humor como tentativa de conscientização de aspectos neuróticos da cultura judaica. E de alívio da excessiva pressão que os costumes e valores judaicos impõem sobre os indivíduos. Uma tentativa de ensinamento, diríamos, não ao filho, mas aos judeus como oportunidade de, através do riso, evidenciar o excesso de preocupações paternas. Ou da inadequação de angústias excessivas e tentativas precipitadas de resolvê-las.

Em outros trechos de seu artigo, tece considerações a respeito da traição de Cristo.

> *Estou hesitando em falar da traição de Jesus. São tantas as ilações que se podem fazer. Mas é nisso justamente que consiste o valor de um símbolo vivo: pode-se extrair dele um fluxo contínuo de significados. [...] Na história de Jesus, o tema da traição logo nos impressiona. O fato de ocorrer por três vezes (Judas, os discípulos que dormiram, Pedro) — repetido na tripla traição de Pedro — indica uma fatalidade, a traição como essencial para a dinâmica do clímax da história de Jesus, o que coloca a traição em posição central no mistério cristão. [...] Nesse momento, sentindo na sua carne humana a realidade da traição, e a brutalidade de Javé e de sua criação, bradou o Salmo 22, aquela longa lamentação em torno da confiança em Deus-Pai: Meu Deus, Meu Deus por que me abandonaste? [...] Pois no momento em que Deus o abandona, Jesus se torna realmente humano, sofrendo a tragédia humana [...] o valor de um símbolo vivo: pode-se extrair dele um fluxo contínuo de significados.*
>
> Hillman[76]

Permita-nos então, Hillman: Em primeiro lugar, não é o fato de ter sido traído que faz de Jesus o símbolo central da cultura cristã. Ao contrário, é justamente por não ter traído nem a si mesmo, nem aos outros, nem a seu destino, que se tornou um símbolo de si mesmo, e por conseqüência um autêntico símbolo do *self* para o Ocidente. Também não adquire a sua realidade humana neste momento próximo do fim. Em inúmeras passagens anteriores é tentado de várias formas a trair. Em outras tantas vive dor, raiva, dúvidas, sente necessidade de solidão ou ressente-se dela; sofre descrédito. Como se a Cristo não fossem permitidas dúvidas, desespero, angústias. Sua humanidade inicia-se na manjedoura. Sua vida o constitui enquanto símbolo. Sua vida humana mais até do que sua condição de filho de Deus. Sua vida o encarna como divino. A grandeza de sua força simbólica alcança o limite de transformar o próprio Deus em nossa compreensão. Enquanto símbolo podemos dizer que Deus é recriado por Cristo. Cristo traz luz, com tamanha intensidade que já há dois milênios ilumina a própria relação com o Divino. Em termos atuais: Cristo remitologiza o Criador e a criatura.

Em segundo lugar, as traições que sofreu nos colocam diante de nossas traições. O nosso medo (Pedro), a nossa imprevidência (o sono dos discípulos), a nossa cobiça, ciúmes, inveja (Judas). E, finalmente, sentir-se abandonado por Deus não quer dizer que tenha se sentido traído, não vive raiva, e na própria continuidade de sua fala, reitera sua condição de filho:

"[...] tu és o meu Deus desde o ventre de minha mãe" – Salmos 22;10. E reitera sua súplica: "Mas tu, Senhor, não te alongues de mim; força minha, apressa-te em socorrer-me.[...]" – Salmos 22;19. "Por que não desprezou nem abominou a aflição do aflito, nem dele escondeu o seu rosto, antes, quando ele clamou o ouviu." – Salmos 22;24. Esta última frase como a própria essência da vida de Cristo recriando a divindade. Sentir-se abandonado é pré-condição de reencontro e de ser atendido não exatamente como imaginávamos.

Após o episódio a que se refere Hillman, em dois dos evangelhos Cristo recupera a fé, o contato com Deus e encontra o seu destino: "Jesus, clamando com grande voz, disse: Pai, nas tuas mãos entrego meu espírito. E, havendo dito isto, expirou." – Lucas 23;46. "Depois Jesus sabendo que todas as coisas já estavam consumadas, para que se cumprisse a escritura, disse: tenho sede. Estava ali um vaso cheio de vinagre. Então Jesus, depois de ter tomado o vinagre disse: Está consumado. E inclinando a cabeça, entregou o espírito." – João 19;28;29;30.

Giovanni Papini[77], em seu livro *Historia de Christo*, apresenta em detalhes o que pode ter acontecido nesta cena:

> *— Tenho sede.*
> *O legionário retomou a esponja, molhou-a*
> *de novo no hyssope — mistura de vinagre e*
> *de água dos soldados romanos — e chegou-a à*
> *bocca sequiosa que orava por elle tambem. E*
> *Jesus, tendo molhado os lábios, exclamou:*
> *— Tudo está consummado.*
> *[...]*
> *Si um extrangeiro, que jamais o vira*
> *antes desse dia, fez alguma cousa,*
> *mínima por compaixão delle, é signal*
> *de que o Pae não o abandonou.*
> *[...]*
> *Pae, entre as tuas mãos deixo o meu*
> *espírito. Chamei-te porque me parecia,*
> *nas trevas do soffrimento, que me tinhas*
> *deixado. Mas tu respondeste. Respondeste*
> *por intermédio de um pobre soldado.*

Hissope, mistura de água e vinagre, costume das legiões romanas? Como remédio? Como esterilizador da água? Sabemos das propriedades desinfetantes e anti-sépticas do vinagre dissolvido em água. Fato para verificação histórica. *Se non è vero...*

Tendo nos últimos parágrafos refletido sobre a morte de Cristo, nos deteremos brevemente sobre sua origem e seu destino. O significado de sua vida, como redentor, como recriador da suprema divindade, tendo como eixo de sua vida a compaixão, nos remete a Herodes. A vida de Cristo se inicia com a condenação à morte de duas mil crianças. E seu exemplo sublime nos ensina a transubstanciar culpa, não através do castigo e da penitência, mas no exercício da compaixão. Ainda que na estreiteza de nossa compreensão enxerguemos isso muitas vezes como sacrifício.

Apêndice IV: traindo Carotenuto – Observações a respeito de livro de Aldo Carotenuto sobre a traição

A propósito disso, nossa época tem sido incansável
no desejo de conferir sentido universal a tudo.
Com que afã, com que perseverança tantas vezes
vemos um mistagogo espiritual qualquer pronto
a prostituir uma mitologia inteira para extrair, de
cada mito, por meio de profundo golpe de vista,
caprichosos acordes em sua harmonia.

Kierkegaard[78]

Tendo apreciado e utilizado várias passagens do livro de Aldo Carotenuto, *Amor e sofrimento*, seguem observações sobre outro livro do mesmo autor, *Amar trair: quase uma apologia da traição*, Paulus, 1997, coleção Amor e Psique. O primeiro livro traz observações a respeito da traição mais valiosas e consistentes do que o segundo.

O segundo livro surpreende a partir do subtítulo: "Quase uma apologia da traição". Seria isto um golpe publicitário, ou corresponde à posição do autor? De qualquer modo o subtítulo também se encontra na edição italiana. Embora de modo ambíguo é esta, sim, a impressão que o livro transmite.

A nosso ver Carotenuto incide em três incorreções. Em primeiro lugar, com a generalização indevida do conceito, sem distinção da natureza e do peso específico de cada tipo de fenômeno que conceitua como traição, bem como de suas respectivas inevitabilidades. "A vida em si é traição desde o começo" – Carotenuto[79]. Em segundo lugar, como veremos mais abaixo, ao atribuir à traição amorosa um valor positivo a caminho do destino individual. Em terceiro lugar, ao atribuir a traição ao feminino. Passaremos a localizar os trechos do livro em que a nosso ver incorre em erro, e a comentar tais passagens.

A traição como feminina

*Como afirmei atrás, o adultério
pertence ao feminino.
Como diz Neumann, quando a mulher retira
a projeção da figura externa do companheiro
e reconhece esse masculino como algo interno,
ela chega à autonomia do parceiro real. Esse
movimento psicológico põe, todavia, outros
problemas, já que justamente este ato de liberdade,
a saber, a retirada da projeção, é inevitavelmente
vivido pelo parceiro como traição. [...] A afirmação
acima referida de Neumann pode ser lida também
no sentido de que **a dimensão psicológica da
traição pertença de modo radical, positivo e
construtivo ao feminino**.*
Carotenuto[80]

Tanto homens como mulheres inseguras emocionalmente tendem a gerar dependências e a impedir a autonomia de seus parceiros como modo de obter segurança. E podem viver como traição as tentativas de crescimento e de obtenção de autonomia do parceiro.

Sabemos que existe dependência tanto masculina como feminina. Sabemos de mães ou pais que impedem o crescimento de seus filhos e filhas ao cultivar a dependência que deles têm. E fazem isso gerando falta de confiança em si mesmos, deixando de atender às necessidades de seus filhos até que eles estejam em estado de quase inanição psíquica, com exigências prematuras de que a criança seja capaz de independência. E o socorro só chega em caso de desastre ou danos quase irreparáveis, para então aparecerem como salvadores e reafirmar a incapacidade e dependência de seus filhos. Em casos de crueldade e patologia grave geram verdadeiros aleijões psíquicos para manutenção da dependência.

Ou inversamente, suprindo com prontidão e abrangência todos os desejos, as necessidades e fragilidades, de modo que impedem os filhos de mobilizarem os próprios recursos para enfrentar as situações. Mantêm-nos em estado de infantilidade emocional e dependentes de seus cuidados. Sabemos que a mãe pode sufocar o filho tanto com exigências tirânicas como com complacência. Ambas geram insegurança e dependência. Filhos e filhas criados sob tais circunstâncias aprendem este padrão amoroso e, mais ou menos inconscientemente, passam, por sua vez, a exercer a tirania do dependente e do inseguro.

Do mesmo modo, sabemos que este padrão é transferido para a maneira como se relacionam com os parceiros. São freqüentes as relações amorosas em que a tirania ou a complacência se dão com o parceiro amoroso. Isso gera dependência e falta de autonomia, que se encontram como impedimento de crescimento psíquico tanto para o homem como para a mulher.

Não é apenas na individuação feminina que se coloca o problema de insegurança gerado no parceiro amoroso. Também não é necessário que o crescimento psicológico de um dos parceiros gere insegurança no outro e seja vivido como traição. Em muitos casais amorosos as conquistas externas e o crescimento psicológico de um dos parceiros podem ser vividos com orgulho e como conquistas da relação, sendo motivo de gratidão e satisfação para os parceiros amorosos. Do mesmo modo, o desenvolvimento de aspectos masculinos na mulher, bem como de aspectos femininos no homem, pode ser vivido como ampliação do companheirismo e do entendimento ou pode problematizar a relação no sentido da insegurança e da competição. Erra Carotenuto quando afirma que isto possa ser interpretado como sinal "de que a dimensão psicológica da traição pertença de modo radical, positivo e construtivo ao feminino". Ou que esta problemática nos remeta ou tenha qualquer implicação em relação à traição sexual.

A traição tem origem em outras instâncias psíquicas. A saber, dentro da terminologia junguiana, o que gera a traição não é o feminino. Dinamismos traiçoeiros são primordialmente os da consciência, das formações egóicas, das projeções e da sombra. A consciência pela sua necessária unilateralidade. A sombra exatamente por seu caráter compensatório das repressões e dos desvios do ego, o que gera toda sua imprevisibilidade. As projeções, por impossibilitarem a percepção da alteridade e impedir o conhecimento do outro e de si mesmo.

Na maior parte das traições verificamos dinamismos da sombra, do *trickster** e do *puer* em atuação, seja a traição praticada pelo homem ou pela mulher. Em outros termos, numa acepção mais ampla de traição, poderíamos dizer que todos os arquétipos são traiçoeiros. E quando ativados se instalam "na sala, no quarto, no banheiro, no corredor" gerando ativação de dinamismos idênticos ou complementares no parceiro. Carotenuto, como outros homens, ao atribuir a traição ao feminino incorre no que o próprio Jung[81] nos adverte: "Portanto a maior parte do que os homens dizem do erotismo feminino, e particularmente sobre a vida emocional das mulheres, é derivado de projeções de sua própria *anima* e conseqüentemente distorcido".

Por outro lado, "quando a mulher retira a projeção da figura externa do companheiro", isto não implica que venha a trair. Porém, na maior parte dos casos de traição, isso acontece sem "reconhecer esse masculino como algo interno, e chegar à autonomia do parceiro real". O que acontece é que com o passar do tempo a relação perde a possibilidade de ser simbiótica, porque as projeções já não se encaixam. Já não é possível idealizar o parceiro; ou carregar as projeções que ele faz. E a traição é a busca de uma nova relação que possibilite o restabelecimento das projeções e da simbiose. Ou então, mudam-se os ideais mas a idealização continua. O mesmo

---

* *Trickster*: trapaceiro.

vale para quando o traidor é o homem; recoloca a projeção de seus aspectos femininos na próxima figura feminina. Retirar a projeção de um parceiro não implica trair, e a traição absolutamente não garante a assimilação da projeção.

Para quem foi traído o que acontece na maior parte das vezes é que deixa de projetar seus aspectos positivos no parceiro e passa a projetar de modo drástico apenas os aspectos sombrios e negativos no traidor e a se complicar no sexo oposto de modo geral.

Acrescente-se que em nenhum lugar deste livro Carotenuto cogita da elaboração da traição e da continuidade da relação. O que certamente seria necessário para a assimilação dos aspectos da sombra e do *puer* que se constelaram na traição devido à impossibilidade de manutenção das idealizações e da simbiose.

Outra omissão importante do livro é a ausência de referências às traições masculinas, exceção feita a Don Juan. Carotenuto segue a tradição de dar pouca importância às traições masculinas. Sugere que é importante as mulheres traírem. Como efeito coletivo faz o papel da serpente: seduz as mulheres e as induz a trair; ao mesmo tempo, atribui a elas a traição.

A pobreza da literatura e da vida sem o adultério

> *No romance sempre são as mulheres que traem; de fato o adultério é feminino. Quando se pronuncia esta palavra, é difícil pensar no homem.*
> Carotenuto[82]

> *Como afirmei atrás, o adultério pertence ao feminino.*
> Carotenuto[83]

Quando o homem trai, acaso estará possuído pela *anima*...?

Talvez seja difícil para Carotenuto associar o adultério aos homens. Incorre em patriarcalismo, em machismo, em lapso, em desatenção de que desde os tempos bíblicos o homem é advertido contra o pecado do adultério no nono mandamento do Antigo Testamento: Não cobiçar a mulher do próximo. E também nas palavras de Cristo: "Vocês ouviram o que foi dito: 'Não cometerás o adultério'. Mas eu vos digo que qualquer um que olhe para uma mulher de modo concupiscente já cometeu adultério em seu coração".

Ou ainda, muito anteriormente, pela versão que afirma a existência de Lilith, deduzimos ter sido Adão o primeiro traidor, e Lilith a primeira criatura humana a sentir-se traída.

Se a traição ou o adultério proporcionassem desenvolvimento em direção à individuação os homens e as mulheres deveriam se encontrar há muito tempo muito mais individuados. E portanto com maiores possibilidades de se relacionar com a alteridade autenticamente. Isso está longe de ser verdade. O jogo das projeções encontra-se na mais perfeita ebulição.

De qualquer modo deveríamos perguntar às mulheres o que acham e como sentem e vivem as traições e o adultério masculino. Do mesmo modo, deveríamos perguntar-lhes se de fato apenas as mulheres enganam, traem, se são vaidosas, dissimuladas e mentirosas. Ou se estes são traços originalmente femininos. E se aceitam a pecha desde que se atribua a estes qualificativos valores positivos como sugere Carotenuto[84]:

> Em suma o adultério propicia "alguma coisa a contar", permite por outros modos o acesso a um mundo dotado de significado. Obviamente isso diz respeito tanto ao romance quanto à própria a vida. Diríamos, pois, que a vida seria muito menos rica sem esse doloroso acesso ao mundo do significado que é o adultério.

Sabemos que o romance policial adquire significado em busca do assassino e de suas motivações. Nem por isso atribuímos um valor ao assassinato na vida real. Sabemos que as guerras de conquista foram o motivo e a significação de muitos povos, tendo-lhes efetivamente conferido vitalidade e significado. Do mesmo modo sabemos que as guerras foram um dos grandes motores da civilização, do desenvolvimento do conhecimento e das trocas entre as diferentes culturas. Nem por isso colocamos a guerra como desejável. Ou como modo privilegiado de aquisição de identidade e consciência no relacionamento com outros povos. Não obstante todas as guerras apresentam sempre suas autojustificações. Enquanto a grandeza da civilização humana se alicerçar na miséria e espoliação também humanas, não teremos muito de que nos orgulhar.

Amor só de mãe, ou...

Nas duas passagens citadas a seguir, contrariamente ao subtítulo do livro (quase uma apologia da traição) e à orientação geral do livro, Carotenuto sugere que o espaço terapêutico e, portanto, da cura, do crescimento, da possibilidade de favorecer a individuação, se fundamenta na "ausência de traição". E na seguinte, que para a formação da identidade não fragmentada é necessário que não sejamos traídos na primeira infância.

> *Consideradas essas premissas, a relação analítica pode ser representada como espaço novo, diferente do da família. [...] Toma forma e se confirma na experiência, infelizmente inédita, do respeito à individualidade. [...] Antes, uma das hipóteses que são postas como fundamento da terapia psicológica, hipótese que me parece particularmente significativa e fecunda, pode ser enunciada como "ausência de traição".*
> Carotenuto[85]

Embora Carotenuto nesta passagem não seja explícito, é de supor que esteja se referindo a que o paciente possa ser individualidade e que o terapeuta não tomará como traição que ele se diferencie e encontre seus próprios caminhos. E complementarmente, que o terapeuta, ao não preencher as expectativas do cliente, também não o está traindo, pois o vínculo continua e "o respeito e o acolhimento são mais fortes do que qualquer mudança de comportamento".

> *Somente se não fomos traídos, mas amados, nessa fase precocíssima e crucial de nossa existência é que podemos ter a confiança primária, a qual funcionará mais tarde como uma espécie de plataforma, de fundamento ou depositário, em suma, de referente estavelmente interiorizado para o trabalho não fácil de fazermos de nós alguma coisa. A confiança conquistada graças à relação primária suficientemente boa é a premissa de solidez interna e da percepção unitária, não fragmentada, da identidade [...] O trabalho psicológico, do Extremo Oriente a todo o Ocidente, funda-se na procura dessa plataforma, e, quando ela está ausente, em sua reconstrução.*
>
> Carotenuto[86]

Em suma, para construirmos na infância uma identidade não fragmentada devemos ser amados, e não traídos. Na relação amorosa devemos trair e sermos traídos para crescer, ainda que "a traição seja, em todo caso, destruidora e tal que arrase por muito tempo uma pessoa". Depois, se tivermos sido traídos, devemos procurar o terapeuta que trabalha com "ausência de traição" na terapia para a procura ou reconstrução da plataforma da confiança.

Sejamos irreverentes: a filosofia do "irmão de estrada" precisa ser atualizada: Amor só de mãe e de psicoterapeuta pós-moderno. Com os outros façamos apenas sexo seguro. Com preservativos anímicos além da camisinha.

> *A traição leva traidor e traído a confrontarem-se*
> *com a morte: quem trai compreendeu a necessidade*
> *de interferir para modificar uma situação através*
> *da dilaceração dolorosa, sem a qual não se dá*
> *transformação nem a procura de destino individual.*
> Carotenuto[87]

Uma alternativa mais saudável poderia ser a elaboração do final da relação pelo processo da separação. Processo já de si doloroso e cheio de perdas, a ser trilhado parcialmente a dois e que inevitavelmente conduz de modo radical à procura do destino individual.

> *Solidão e jejum são por isto os mais antigos meios*
> *conhecidos para apoiar a meditação que deverá*
> *permitir o acesso ao inconsciente.*
> Jung[88]

> *Não saberemos quando se verificará a*
> *traição seguinte, mas ao menos como homens*
> *aprenderemos a conhecê-la. Sem esperança*
> *de suportá-la melhor na próxima vez, sem*
> *esperança de evitá-la; a única esperança é a de*
> *poder sentir de novo, com outro parceiro, aquela*
> *fusão amorosa à procura de um paraíso que*
> *perdemos, justamente por termos traído suas leis.*
> Carotenuto[89]

"Não sei quando serei traído(a) de novo, não sei quando trairei de novo; mas ao menos como homem (mulher) aprendi a conhecê-la(o). Não acredito que será diferente. Não sei como evitá-la(o). Só gostaria de amar de novo, do mesmo modo. E me sentir no paraíso que perdi por ter traído(a), por ter sido traído(a)." Como será que reagiríamos se um paciente nos dissesse isso?

Sentimentalismo e sentimentos

Também em seu livro sobre amor e sofrimento, Carotenuto generaliza indevidamente:

> *Sempre me lembrarei de uma carta de Jung a Sabina Spielrein: "[...] não me é dado amar com nenhum outro fim senão o amor mesmo, sem necessidade de justificar meu comportamento, sem necessidade de prometer nada". São palavras que merecem ser subscritas sem hesitação.*
> Carotenuto[90]

Erra de novo Carotenuto, ao subscrever sem hesitação essas palavras escritas na intimidade da correspondência entre duas pessoas. Não explicita em relação a que exatamente Jung estava se sentindo obrigado a prometer ou a justificar. Ou se estava sendo realmente cobrado indevidamente. Como afirmação genérica é altamente problemática, uma vez que o amor não justifica qualquer coisa que seja feita, ainda que em nome do próprio amor. Noventa em cem vezes tais palavras ignoram o outro como existente enquanto alteridade. É uma afirmação autoritária e infantil que em outros termos significa: "Não necessito nem mesmo de você para amar você". Denota o amor em estado embrionário e original, como anseio que independe do outro. Ou ainda o autoritarismo do adulto que nenhuma satisfação deve à criança e que em tudo se autojustifica, uma vez que o que faz, faz por amor. O amor carnal, como constituinte do desejo amoroso, deseja e depende do desejo do outro: "...o teu desejo é o meu melhor prazer..." (*Bem que se quis* – Pino Daniele / Nelson Motta). O próprio amor deseja ser, no mínimo, recebido e, preferencialmente, trazer alegria para o outro, embora nem sempre isto se verifique. Apenas em estados de santidade, como em madre Teresa de Calcutá, o amor piedoso pode dizer "não necessito de teu amor para te amar". Porque mesmo neste caso, necessito de você para poder sintonizar a tua dor e me doar. Apenas não importa quem é você e nada espero de você.

> *Pois o sentimental é simplesmente aquele que deseja desfrutar do luxo de uma emoção sem ter de pagar por ela.*
> Wilde[91]

> *Lembre-se de que todo sentimental é sempre um cínico e que o sentimentalismo é, na verdade, apenas o feriado bancário do cinismo. [...] Nada é jamais revelado ao verdadeiro cínico.*
> Wilde[92]

Apêndice V: observações sobre *O livro de Lilith*, de Barbara B. Koltuv

> *O homem moderno em sua teurgia demente (sua criação de deuses), imagina que se tornará genitor de deuses, feitos à sua imagem e semelhança. [...] O europeu moderno rejeita as virtudes pagãs em nome de virtudes cristãs, e ao mesmo tempo desafiará virtudes cristãs em nome de virtudes pagãs. [...] A ilusão trágica do homem moderno, uma ilusão para o futuro, é tomar esta dupla negação como positiva.*
> Kayayan[93]

> *Mulheres são tão salgadas em seu pranto e ressentimento, tão cruéis nos mexericos, tão insondáveis em sua teimosia como os homens. [...] Aqui a anima, arquétipo da vida e arquétipo do feminino, influencia o processo psíquico independentemente do sexo. [...] Por que chamar o mesmo comportamento em um sexo de "anima" e no outro de "naturalmente feminino" ou "sombra"? "Mulher não tem anima, nem alma, mas*

tem um animus. *(CW 17, 338)" – Não estaria a psicologia analítica dando continuidade a uma antiga tradição de negar à mulher uma alma, e de dispor as imagens dessa alma na sombra? [...] Tem-se afirmado que, porque as mulheres são do gênero feminino, elas já possuem alma – ou melhor, são alma. [...] Mas a psique, o sentido de alma, não é dado a uma mulher só porque ela nasceu fêmea. Ela não é abençoada com uma alma mais congenitamente salva do que o homem, que deve passar sua vida preocupado com seu destino. Ela não está mais isenta do que o homem das tarefas do cultivo da* anima. *[...] Os falsos substitutos da alma, os sentimentalismos anímicos e as inflações da* anima *ocorrem igualmente nos dois sexos. [...] A plaquinha de "psicólogo" na porta infelizmente nada atesta sobre a alma do profissional. E se o profissional for uma mulher, o epíteto "psicóloga" com mais certeza ainda nada tem que ver com alma, uma vez que o processo de desenvolvimento (de* animus) *que a levou até o título foi por definição do espírito, não da alma. [...] Ao levantar estas dúvidas sobre o* animus, *tenho a esperança de que as constelações tipicamente anímicas na psique de uma mulher sejam tratadas como tal, e não mais como sombra, simplesmente por que estas manifestações são femininas.*

Hillman[94]

Afrodite pode ter dado a perspectiva correta para a transferência e pode ter sido a porta de entrada ao reprimido (em nossa cultura, entre 1870 e 1960), mas não é a única e nem sequer a principal perspectiva da anima. *[...] Situar eventos anímicos no altar de Afrodite coloca*

*Psiquê novamente a serviço dela, de volta ao começo
do conto de Apuleio, cujo enredo e principal idéia
mostra um movimento tanto de Eros como de
Psiquê distanciando-se de Afrodite.*

Hillman[95]

De início é bom lembrarmo-nos de nossa ignorância a respeito de tais profundezas. De minha parte confesso que nunca tinha ouvido falar de Lilith anteriormente a este livro. O que é no mínimo surpreendente, uma vez que ela é contemporânea de Eva – esta sim, alguém que embora não tenhamos conhecido, freqüenta o imaginário coletivo há milênios. Não sei, talvez Lilith possa ter sido invenção patriarcal das facções mais radicais da religião judaica em seus aspectos mais sombrios e repressores, lá pelos idos do século XIII. Muito antes, segundo outras fontes. Não satisfeitos com os resultados de suas acusações a Eva, resolveram pela conveniência da criação de um inimigo ainda mais perigoso. Estranho o seu reaparecimento na época em que vivemos. Tão distante, oposta mesmo ao totalitarismo com que deuses e demônios terríveis eram inculcados para, entre outras coisas, através do medo e da repressão, sufocar a sexualidade. Ainda mais estranhas as ilações e o entendimento com que é recebida. A favor da autora, diga-se, não é a única a revisitar e reinterpretar Lilith do modo como o faz. Seria o seu reaparecimento um sinal dos tempos? Um tropeço de desenvolvimento precipitado do *animus*, a comprovar a urgência de sua conquista e integração? Percalços da erudição? Sintoma da teurgia de que nos fala Kayayan na citação que encabeça estas observações? "Diga-me com quem andas e te direi quem és. Refiro-me a teus deuses, deusas e demônios. Sim, lá onde habitas, as imagens que te povoam, teus ícones e paramentos." Qualquer que seja o caso, tomemos o seu reaparecimento como emblemático, como parte do espírito de nossa época. E, empreitada temerária, busquemos o significado de Lilith.

A autora, encontrando-a na cultura hebraica, descobre similares sob diversos nomes nas mitologias suméria, babilônica, assíria, cananéia, persa, árabe e teutônica, e, como nos adverte Kayayan na citação acima, recria Lilith destacando três atributos: a sedução irresistível, o ciúme devastador e o assassínio perverso de crianças.

No entanto, em sua pesquisa, a única que apresenta esses três dinamismos associados a uma única figura é a versão judaica. Em cada uma das outras figuras femininas de diferentes culturas salienta-se a presença de apenas um ou dois desses atributos.

A presença de apenas um desses atributos configura a manifestação de Lilith? Mulheres que em desespero matam os próprios filhos estariam possuídas por Lilith? Ou apenas deveríamos atestar sua presença no caso de o desespero ter sido ocasionado por adultério masculino, seguido de ciúmes devastadores e de assassínio das crianças? Mesmo que não compareça a sedução irresistível?

> *Lilith como a forma sedutora e transformadora do feminino, não é, de modo geral, vivenciada conscientemente pelas mulheres antes de alcançarem a segunda metade de suas vidas. As mulheres jovens conhecem o poder da sexualidade Lilith de uma forma até certo ponto inconsciente, por serem objeto do desejo dos homens; contudo, mais freqüentemente no ponto médio da vida, a mulher é assolada por um poderoso desejo, semelhante ao de Lilith por um homem como Adão. Esses relacionamentos da segunda metade da vida são caracterizados por uma troca de amor plena, sexualmente viva e ativa. [...] Ser a parte ativa e conscientemente sedutora de uma relação é, para uma mulher, uma experiência numinosa.* (Aos 39 anos com maior freqüência, em nota de rodapé, segundo a autora.)
>
> Koltuv[96]

Iniciemos pela última citação: essencialmente definido, diz-se que algo tem o caráter numinoso quando tem a qualidade de atrair a consciência de modo irresistível. A sexualidade em si tem a qualidade numinosa, tanto para homens como para mulheres. Com um poder de atração irresistível sobre a consciência como podem atestar a propaganda e qualquer ser humano. Do mesmo modo, poucas palavras definem tão bem os dinamismos da sedução ativa ou passiva quanto a palavra numinosa. Desejo de atrair ou ser atraído irresistivelmente. Pela intensidade de suas manifestações, confundem-se com numem a obsessão, o desejo, a possessão, o amor, o ódio, o medo. Qualquer arquétipo ativado por grandes quantidades de energia exerce esta ação dominante sobre a consciência. Numem significa originalmente o espírito ou divindade que preside.

> *A irrupção da divindade, do numem, deve sempre ser temida,*
> *pois coloca o homem diante de um poder indescritível.*
> Richard Wilhelm[97]

Em diversas passagens do livro Lilith é associada a casos amorosos: "Uma outra paciente encontrou Lilith no espelho, mais conscientemente através de um arrebatado caso amoroso depois de muitos anos de fidelidade conjugal" (p. 95). [...] "Na época do sonho, ela vivia muitos aspectos de sua natureza Lilith através de um apaixonado caso amoroso" (p.101). [...] "À medida que esta dourada figura do *animus* se movia na direção de seu centro, ela pôde começar a remover suas projeções do atual homem exterior e a compreender o significado interior de seu caso amoroso" (*op. cit.*, p. 75). A autora está se referindo a um sonho que uma de suas pacientes teve com o amante.

Inadvertidamente a autora desqualifica a sexualidade feminina, as possibilidades de ser a parte ativa e conscientemente sedutora antes da segunda metade da vida da mulher. O que é uma inverdade absoluta, como toda mulher que não permaneceu como bela adormecida já descobriu, na maior parte das vezes, antes da adolescência, como criança ao encontrar-se com suas sensações sexuais desde as brincadeiras de médico, papai-e-mamãe, esconde-esconde, e as demais atividades lúdicas infantis de cunho erótico, "proibidas" e vividas sem a presença dos adultos. As meninas, filhas de Eva, também nesta área costumam ser mais precoces e ativas que os meninos. Com a antecipação da iniciação sexual ocorrida a partir dos anos 1960, a maior parte das adolescentes inaugura suas possibilidades de possuir o homem como objeto sexual ou desejo amoroso, explorando seus impulsos ativos e toda a arte erótica de que o seu corpo já é capaz. No que, diga-se, normalmente, também são mais precoces, interessantes e interessadas que os rapazes. Seja porque, tendo uma intimidade maior com as sensações e o próprio corpo, levam menos tempo no desajeitamento desengonçado da adolescência, seja porque, para obter prestígio, os rapazes têm de se destacar em atividades esportivas, intelectuais, artísticas etc. que supõem objetos intermediários. Vêem-se atarefados ao ponto de muitas vezes se tornarem extremamente tímidos ou inadequados com relação às moças.

Apenas a título de precocidade anedótica: "Cenas calientes de Juliana Paes e Murilo Benício em *América* têm inspirado crianças. Uma menina de dois anos tacou um beijo na boca do amigo ao ver a novela"[98].

Em segundo lugar, como a realidade atesta, casos amorosos não são privilégio da segunda metade da vida, podendo ocorrer em qualquer faixa etária a partir da adolescência. Que estas experiências só possam ser elaboradas ou assimiladas a partir da segunda metade da vida, significaria que elas devem ser evitadas antes da faixa dos quarenta? Ou são inócuas, não produzindo nada de negativo ou positivo em termos de desenvolvimento psicológico, ou em termos de questões relacionais? Talvez não constelem* Lilith

---

* Constelem: termo específico dos terapeutas junguianos. *Constelar* é formar um conjunto de fatores favoráveis ou desfavoráveis que condicionam fortemente os desdobramentos posteriores.

por não serem acompanhados de ciúmes devastadores e ódio assassino de crianças? Levando em conta a citação de Hillman, que serve de epígrafe para estas observações sobre Lilith, significaria talvez que também os homens só são capazes de elaborar e, portanto, só deveriam ter casos amorosos a partir da segunda metade da vida?

Vejamos então que especificidades podem ser encontradas na mulher na faixa dos quarenta anos que possam constelar a presença dos três dinamismos atribuídos a Lilith. De início, até muito recentemente, acreditava-se, e não sem razão, que a gravidez depois dos quarenta anos freqüentemente pode ser problemática, para a mulher e para o feto. Apenas os desenvolvimentos mais recentes da medicina diminuíram os riscos e aumentaram as chances de sucesso da gravidez após os quarenta anos. Permanece, no entanto, a associação desta faixa etária com a aproximação do fim da capacidade reprodutiva da mulher. O que significa uma perda a ser elaborada, independentemente de a mulher tê-los, tido ou pretender tê-los. Caso não os tenha tido ou pretenda tê-los, esta é uma fase definitiva em termos de confronto com esta possibilidade.

Se não desejar ou não puder tê-los, e isto é assunto bem elaborado, pode muito bem suprir suas necessidades de "maternalizar" de muitas outras maneiras. Se, por qualquer razão, este desejo é recalcado, reprimido, racionalizado, por dificuldades com a própria mãe (extremamente frágil e submissa ou excessivamente dominadora), por problemas com a figura masculina, por histórico de violência ou traição paterna, por medos fóbicos de gravidez e parto, por qualquer destas razões Lilith pode se manifestar em suas formas mais destrutivas. Assassina de crianças: diante do desejo irrealizado podemos nos culpar, ou desenvolver ódio ao objeto inalcançado. Lilith tem ciúme de todas as Evas que fecundaram o próprio desejo de serem fecundadas. Sedutora, voraz e possessiva, de um ou de muitos homens, em furor de útero traído, por ela mesma abandonado.

Em segundo lugar, por esta época, as mulheres que tiveram filhos antes dos trinta encontram-se com os filhos e filhas adolescentes. Havendo grandes mudanças no relacionamento mãe-filhos, com freqüência esta é uma ocasião de dificuldades entre mãe e adolescentes, uma vez que são justamente de independência as conquistas que os adolescentes têm de fazer. Para a mãe isto significa afastamento e acarreta sentimentos de perda de significados extremamente caros. Com freqüência as mães se sentem abandonadas ou traídas pelos filhos e filhas. As mães muitas vezes experimentam vivências de disputas com as filhas que desabrocham como mulheres. Ou sentem-se tendo de disputar os filhos com suas namoradas, no que muitas vezes são provocadas pelos adolescentes. Isto, seja pela competição da filha que encontra dificuldades de competir com outras adolescentes, seja pela namorada do filho que passa a exercer com possessividade o relacionamento com o namorado. A questão dos ciúmes entra em pauta uma vez que se trata de disputa amorosa.

Não seria Lilith que se apodera de certas púberes, ao assassinar a própria infância de que se despedem, ao matar a própria mãe da qual tenta se libertar, e ao manifestar ciúmes devastadores ao irromper de sua possessividade como caçadora de homens, uma fêmea em disputa com todas as outras no despertar de suas possibilidades de acasalamento? Não será isto que desperta os dinamismos de Lilith também em mães de adolescentes que se enredam em disputas com as próprias filhas? Seriam os dinamismos de Lilith uma manifestação de terríveis disputas femininas?

Diante destas perdas e destes conflitos, o pai é solicitado a colocar limites para os filhos, a defender a parceira da agressividade e do desafio dos adolescentes. Por sua vez, os filhos também buscam a cumplicidade do pai, seja para a conquista de autonomia, seja para atacar a mãe, com quem vivem o conflito. Dependendo da atitude do pai, a mãe pode se sentir duplamente abandonada e traída, caso este tome sempre o partido em favor dos filhos. Por sua vez, essa atitude pode ter sido adotada como represália e vingança para a atitude materna de cumplicidade com os filhos que possa ter sido vivida (justa ou injustamente) com sentimentos de exclusão por parte do pai, nas fases anteriores, em que eram crianças. Inversamente, para evitar os sentimentos de perda, a mãe pode entrar em conluio com os filhos, e "protegê-los" contra a severidade paterna, gerando no pai sentimentos de duplo abandono ou traição. Também poderá sofrer as provocações competitivas dos filhos e de ciúmes das filhas com os namorados. Não serão estes os ingredientes que, se mal elaborados, despertam a famosa "Idade do Lobo", em sua condição de predador solitário, nos homens de quarenta anos? Também aqui se verifica a sexualização das relações e o exercício da sedução como dinamismos que apontam para dificuldades relacionais e compensação para outros sentimentos de insegurança e irrealização pessoal.

Todas essas coisas geram os conflitos familiares por volta da puberdade ou durante a adolescência dos filhos. Caso haja um desequilíbrio muito grande no casal com relação a atitudes concernentes à liberdade e autonomia dos filhos, ou no modo de viver perdas, isto pode gerar a separação do casal ou a busca do adultério como resposta e retaliação a sentimentos de perda, de abandono e de traição, tanto por parte do pai como da mãe. Esta equação, com freqüência, redunda em filhos em conluio com um dos pais de um lado, e amante e excluído de outro. Essas situações, para serem bem resolvidas, supõem e, por outro lado, propiciam que os casais se reaproximem. Esta é uma ocasião oportuna para a terapia de casal ou familiar. O afastamento dos filhos pode gerar uma "segunda lua-de-mel" quando encontram-se pela segunda vez "enfim sós". Não seria esta a origem de alguns filhos temporões? Talvez a relação já tenha terminado, constelando-se então a oportunidade para a separação.

Como vimos, a condição da mulher de quarenta anos pode estar associada a sentimentos de perda, abandono, ciúmes e traição. Como já tivemos a oportunidade de afirmar neste texto, Lilith associa-se a sentimentos de abandono, ciúmes e traição. Pois foi de fato a primeira a viver estes sentimentos ao ser abandonada por Deus e traída por Adão, que ficou com Eva. Daí o seu caráter de solitária, vingativa e ciumenta. Estaria a mãe de púberes simbolicamente matando as próprias crianças que estão de partida? Bem como, também simbolicamente, não estaria tentando matar seus próprios sentimentos maternais para suportar o afastamento dos filhos? Quanto a suas possibilidades de sedução, pode-se dizer que advêm de sua condição solitária, condição esta que compartilha com Eva no instante do encontro com a serpente. Não estivemos presentes ao momento entre Eva e a serpente. Não sabemos quem seduziu quem. A versão corrente de que a parte ativa de tentação e de sedução tenha sido exercida pela serpente, bem pode ser a alegada inocência feminina que na verdade pressupõe a ingenuidade masculina.

Outra situação que pode constelar os três dinamismos de Lilith é a vivência do aborto não desejado. Então, por motivos naturais ou interferência humana, uma criança e, com ela, a maternidade já foram assassinadas. A intensidade da perda é proporcional ao vínculo que já tenha sido estabelecido. Se a dor anímica desta dupla perda for vivida na solidão ou no abandono, a capacidade de se vincular pode ser lesada. Por outro lado pode-se verificar um estado de urgência uterina que ativa intensamente os dinamismos da sedução, dirigida para o companheiro caso tenha se sentido acompanhada. Mantido, o vínculo se aprofunda e fortalece. Dirigida para todos os homens em caso de solidão ou lesão vincular. Apenas a natureza, o tempo, ou o acolhimento na ação anímica de outra pessoa contêm possibilidades de restauração vincular.

> *O Zohar afirma que Lilith fugiu quando Deus deu Eva a Adão como esposa (p. 86) [...]. O ciúme de Lilith por Eva é ressaltado pela crença popular que uma única gota do sangue menstrual de Lilith está carregado de amargor e veneno suficiente para matar*

> *a população de toda uma cidade.* (*Op. cit.*, p. 105.)
>
> *Eva é o lado do feminino instintivo que nutre a vida, enquanto Lilith é o seu lado oposto, aquele que lida com a morte.* (*Op. cit.*, p. 104.)
>
> Koltuv[96]

Por mais de trinta páginas (102 a 137) temos exemplos de como as diversas culturas, através de amuletos (dezessete ilustrações), tentam se proteger dos instintos assassinos de uma entidade feminina contra as crianças. Em nenhuma delas é mencionada a sedução irresistível. Todas estas culturas sabem da existência dos ciúmes femininos devastadores que podem se constelar contra a mãe e a criança. Prestam o seu reconhecimento a ela por meio de amuletos, textos e imagens.

Em uma ou duas passagens adverte sobre o perigo de Lilith: "Vemos, uma vez mais, quão facilmente as forças de motivação inconscientes podem conduzir uma mulher para o seu lado Lilith e quão autodestrutivo pode ser esse casamento com o diabo". (*Op. cit.*, p. 53.)

Coloca no entanto a ressalva: "Embora Lilith, a sedutora, seja perigosa para as pessoas completamente inconscientes, para as que já trilharam o caminho da consciência, o encontro com a tentadora Lilith pode ser transformador." (*Op. cit.*, p. 70.)

E mais não diz. A autora parece esquecer que todo ser humano identifica-se com a consciência. Ninguém se julgará completamente inconsciente. Para o que talvez fosse necessário um nível muito elevado de consciência. A inconsciência é, por natureza, inconsciente de si.

A nosso ver, existem desenvolvimentos femininos inconscientes e problemáticos que criam as precondições para que os três dinamismos apresentados por Lilith apareçam de modo explosivo e destrutivo. Mulheres que permanecem como "bela adormecida" em relação à sexualidade, na posição passiva diante do marido, sem exercer seu poder criativo, lúdico e fantasioso de sedução. A mãe simbiótica, que estabelece uma relação de dependência mútua com os filhos, inconsciente de seus desejos, e que se coloca na posição de *mater dolorosa*, tudo sacrificando em nome das crianças, inclusive o relacionamento com o próprio marido. Em tais mulheres "fortes" ou "fracas", submissas ou dominadoras, constelam-se as precondições para o aparecimento de ciúmes possessivos e violentos. Sentir-se-ão profundamente traídas na maioria dos casos, haja ou não adultério do marido. Caso saiam da condição de bela adormecida, no "desencanto", Lilith emergirá de forma extremamente destrutiva. Com ódio assassino das "crianças", do modo como exerceu a maternidade, com ciúmes vingativos dos filhos e do marido, que possuem vida própria, e desconectada de vínculos e sentimentos, poderá exercer livremente a sedução. Caso permaneça conectada a sentimentos, poderá viver uma paixão avassaladora. Uma crise religiosa, vivida de modo agudo, em termos regressivos ou através de uma nova religião, passa muitas vezes a ser o complemento de tais desenvolvimentos.

"Ela é a parte do Eu feminino com o qual a mulher moderna precisa voltar a se relacionar, a fim de não ser mais uma proscrita espiritual." Com estas palavras, na última página de seu livro, além do convite, comete um lapso conceitual. Como vimos em Hillman, não convém confundir desenvolvimento espiritual *(animus)* com Eu feminino. Certamente não está interessada na assassina de crianças ou nos ciúmes devastadores. Nada disso facilita o desenvolvimento do Eu feminino ou da espiritualidade.

Não obstante, de caso pensado a autora convoca Lilith. Seus aspectos de assassina de crianças devem ser dirigidos todos contra os aspectos infantis de Eva. Não nos diz uma palavra a respeito de como lidar com sua fúria ciumenta. Apenas enaltece seus imensos poderes de sedução para colocá-los a serviço da realização dos objetivos de seu ego ou de seu poder pessoal. Tal como afirma literalmente na página 75 de seu livro, existem exemplos nas histórias bíblicas de Raquel, Tamar, Dalila, Judite, Ester, Rute, Betsabé, as filhas de Ló, a rainha de Sabá, Yael e Débora.

É o caso de se perguntar: para tanto, na atualidade, não seria preferível o desenvolvimento de seus poderes masculinos, através do desenvolvimento e integração do *animus*, em vez de continuar a projetá-lo através de casos amorosos? E, segundo a concepção de Hilman, não deveria o desenvolvimento de sua *anima* estar exclusivamente devotado a sua capacidade de se relacionar, de contato com os seus próprios sentimentos, de equilíbrio no desenvolvimento do seu *animus* e de trocas com o masculino, no mundo interior e no mundo exterior? Além do que, não estaria Lilith absurdamente primitiva por apenas tomarmos conhecimento dela na segunda metade da vida, uma vez que podemos identificá-la já em meninas de quatro anos que tenham se problematizado com as rupturas do término da primeira infância? Sedutoras, ciumentas e assassinas de muitos aspectos infantis de si mesmas e da própria mãe-Eva, caso tenham se enredado e "correspondido" à sedução paterna?

Uma última pergunta: a quem atribuir os terríveis poderes da sedução materna, assassina de tantos aspectos infantis, tal como afirmam Jung e Freud em passagens já citadas neste mesmo texto? A quem devemos isto, a Lilith ou a Eva?

Na verdade existe outra condição que gera ciúmes violentos, associados a sentimentos de abandono, traição e instintos assassinos. E esta condição é vivida pelas mulheres cujo homem comete adultério. Todo o ódio suscitado por esta situação é dirigido inicialmente contra o homem. Muito legitimamente, diga-se de passagem. Por toda a atmosfera a neblina densa e sufocante dos ciúmes com poderes de cegueira e destruição. A seguir, Lilith constela-se projetada como a outra, senhora de um poder de sedução irresistível a lhe tomar o homem, a destruir as crianças, a maternidade e o ninho. Secundariamente Lilith, como introjetada, pode deslocar esse ódio para os filhos a quem pode passar a se sentir aprisionada, uma vez que estes podem ser vividos como restrições a seu estar sozinha e solta no mundo, do mesmo modo como se portou o homem adúltero. Essa passagem de sentimentos do homem para os filhos pode ser igualmente entendida pela profunda vinculação existente entre constituir casal e ter filhos, uma vez que acreditamos que as crianças necessitam ter pais e mães presentes como condição de um desenvolvimento sadio. Também secundariamente estes sentimentos podem se voltar contra si própria, sob a forma de fracasso, culpa e fealdade.

Assim, os dinamismos de Lilith são evocados pelo adultério masculino. Invadem a consciência de modo avassalador como um estupro. E então seus poderes terão uma função. Sua capacidade de ciúmes violentos, de estar sozinha para recuperar seus poderes de sedução e sua capacidade de desfazer dependências infantis. Apenas se nestas condições ela não comparecer e ocorrer o aprisionamento na depressão, no abandono de si mesma, na total incapacidade de reagir, é que deveremos evocar as capacidades reativas de Lilith. Ou talvez esta depressão possa ser entendida como resultado da ação intempestiva de Lilith sobre Eva. De qualquer maneira, deveremos modular e orientar estas forças agressivas extremamente poderosas. Não deixar que se desloquem para os filhos; validar a intensidade dos ciúmes e da raiva vividos; reconciliar Lilith com Eva, colocá-las como aliadas; nesta aliança duplicar a sedução ativa para mobilizar forças para a separação ou para a reconquista da relação; transformar a energia agressiva em forças para o confronto com os aspectos sombrios da relação. Tudo isso, claro, muito mais fácil formular do que realizar. De qualquer modo estaremos orientados em nossas tentativas.

Tal como entendida pela autora, bem como descrita pela maior parte dos textos a que faz referência, Lilith é a própria encarnação do diabo feminino na condição de expulsa e excluída. É no mínimo controversa a estratégia de evocar e incorporar ou atuar o diabo como modo de evitá-lo, aprender a lidar com ele ou sobre ele adquirir controle. Em nossa condição de mortais, na maioria das vezes não dispomos da sabedoria e da suspicácia para sairmos em vantagem nestes confrontos. As religiões que lidam com tais entidades o fazem em cerimônias coletivas, com guias e rituais protetores. Ainda assim sabemos que em grande número de vezes nestas situações prevalecem os poderes a serviço de motivos pessoais espúrios, deliberados ou inconscientes. Todas as práticas das artes marciais orientais supõem a suspensão das formas agressivas (tidas como manifestações de fragilidade ou fragilizantes) para a apropriação e domínio da força e da firmeza. O poder mortífero de seus golpes não necessita ser exteriorizado para que dele se tenha consciência. Acaso estaria a mulher mais preparada para se defrontar com a diaba?

Salomão é citado em duas passagens pela autora, por sua sabedoria, o que nos mostra um profundo conhecimento dos sentimentos femininos, uma *anima* bastante diferenciada. Não caiu nas armadilhas aprontadas pela diaba, com a própria Sabá (sedução) e na cena das duas mães (ódio a crianças e ciúmes de Eva). Talvez as mulheres necessitem de um desenvolvimento de *animus* semelhante para lidar adequadamente com sua diaba sem atuá-la. Ou talvez, de acordo com o entendimento de Hillman, Salomão tem bastante desenvolvidos a *anima* e o *animus* para conseguir lidar adequadamente com diabos e diabas.

Não precisamos invocar ou atuar estes dinamismos, em primeiro lugar, porque constituem uma força de nossa natureza e ocorrem sem necessidade de serem evocados. Deveremos estar atentos a suas manifestações naturais, aprender a reconhecê-las e, quando necessário, tentar conduzir suas energias destrutivas para processos de reciclagem, filtragem e excreção psíquica. Tal como o faz nossa função renal. Tal como aprendemos a fazer com o tratamento adequado dos dejetos humanos até a etapa final, como o fazem atualmente os chineses para a produção de energia aproveitável.

Infelizmente a alquimia psíquica não possui o grau de funcionamento autônomo dos rins. Suas filtragens dependem da fragilidade dos dinamismos da consciência e da simbolização. E estamos apenas nos primórdios das possibilidades de saber e de exercer adequadamente a arte de lidar com os processos e as energias psíquicas do modo cabal como os chineses fazem com o lixo. Jung, em sua autobiografia, escrita nos anos finais de sua vida, declara que ajudou de verdade apenas um terço de seus pacientes. Não sei que porcentagem usaria Freud para os seus. Suponho por seu rigor que enunciaria um número parecido. Com todo o progresso dos últimos sessenta anos, talvez os melhores terapeutas atuais tenham condições de ajudar uma porcentagem um pouco mais elevada de seus clientes. Ou talvez se a psicoterapia e suas investigações fossem mais modestas essas porcentagens pudessem ser significativamente alteradas. Jung nos sinaliza de que o inconsciente devemos, sempre que possível, deixar em paz.

Empreitada temerária, busquemos o significado de Lilith. A hipótese que passamos a enunciar parte das três características atribuidas a Lilith pela autora com base em textos antigos e radicais da religião hebraica.

Por um minuto, esqueçamos deuses, deusas, mitologias, religiões. Em primeiro lugar formulamos a seguinte questão: Que situações psíquicas pode criar a conjunção dos dinamismos atribuídos a Lilith: ciúmes devastadores, ódio assassino de crianças e sedução irresistível?

A própria intensidade presente nos três dinamismos já aponta para um acúmulo energético derivado possivelmente de uma situação crítica. Sabemos dos perigos envolvidos em processos que adquirem essa qualidade explosiva, possivelmente resultante de inadequações crônicas anteriores ou de injúria psíquica aguda. Sabemos que desequilíbrios crônicos tendem a gerar problemas agudos na travessia dos diferentes estágios da vida.

Em segundo lugar concentramos nosso olhar não no indivíduo isolado, mas no contexto familiar onde são vividos os acontecimentos de maior significado para a vida emocional. Como a autora se refere a casos amorosos, procuramos imaginar o que poderia estar acontecendo na vida família dessas mulheres na faixa dos quarenta anos. Constatamos que esta faixa etária pode se constituir em momento crítico para mulheres sem filhos ou que possam ter tido filhos no início da adolescência. Imaginamos como estas situações podem se tornar problemáticas se mal-elaboradas.

Em seguida procuramos identificar outras passagens críticas da vida feminina em que Lilith pode se constelar. Com base no pressuposto teórico de que existe contágio, correspondência e complementaridade nas relações familiares, naturalmente nos perguntamos o que poderia estar ocorrendo com os outros indivíduos do grupo familiar. Deste modo, identificamos na puberdade e início da adolescência das filhas ou de namoradas dos filhos, outro momento crítico do desenvolvimento feminino em que Lilith pode se constelar.

Escolhemos o término da primeira infância para examinarmos a possibilidade do aparecimento dos dinamismos de Lilith. Não nos alongamos na descrição dos dinamismos de sedução, ciúmes, e agressividade que possam despertar Lilith nesta idade porque já os descrevemos sucintamente na parte em que falamos sobre sedução parental, ciúmes e traição. E porque estão sobejamente descritos nos clássicos sobre o complexo de Édipo.

Por razões óbvias não foi difícil localizar a injuria psíquica aguda do aborto e do adultério masculino como outras situações que podem constelar Lilith. Uma vez que "Uma rosa é uma rosa, é uma rosa", ou como nos disse Jung, o símbolo é de uma precisão absoluta, não nos esconde nada. A história de Lilith contada por ela mesma poderia ser:

– A ser traída fui a primeira. Gerei demônios. Por ódio, meus filhos não dei à luz. Voltei a meu pai. Por ele fui expulsa antes ainda que Eva fosse tentada. Não conheci o perdão. Estive presente ao instante com a serpente. Traída por Adão, banida por meu pai, não me afastei de Eva. No útero me encontrei; em templo de acolhimento. Escondida porém; não sei como me receberia. Desejava muito saber quem é aquela por quem fui trocada. Nada tenho a ver com homens ou patriarcas. Apenas os seduzo. Careço de homens. Não possuo entendimento. Ferida na alma, também meu *animus* se evolou. Não tendo *animus*, também minh'alma se perdeu. No escuro permaneço. Ainda por nascer, fui abortada. Fiquei no avesso. Expulsa! Antes mesmo de fecundada.

– Terríveis os meus ciúmes. De Eva e por seus filhos. De suas filhas. Conheceram a luz, que me foi negada. Conheceram o perdão, que me foi negado. Do ódio, não nasceram meus filhos. O ódio nada gerando, nele me espelho. Ausente de luz, sou sua cegueira. Em fogo frio, meu coração. A dor? Meu útero. Incandescente, o meu único lugar, onipresente. No calor eterno de Eva, uterina me abrigo.

Por fim é bom lembrarmo-nos de nossa ignorância a respeito de tais profundezas. Continuemos no reino insondável da psicossomática. Qual seria a equivalência somática, um dinamismo físico normal que, se problematizado, constelaria a metáfora psíquica de Lilith?

Lilith – A contração uterina?

Tentativamente, acaso seria Lilith o dinamismo da contração uterina? Que possibilita o parto ao invés de impedi-lo? Seria esta a razão de sua presença durante o nascimento de toda criança? Estaria ela, reconhecida e serenada, como presença necessária e constante a produzir o reencolhimento uterino no pós-parto? A seduzir com mansidão ao reacender o fogo do calor vaginal? A produzir as contrações uterinas prazerosas a cada orgasmo e durante a amamentação? Na menstruação, facilitando a limpeza do útero para que readquira as possibilidades de revascularização que o tornam apto a nidar? Acertadamente consideramos o primeiro dia de menstruação como o primeiro dia do novo ciclo menstrual.

Quando se constela como dinamismo dominante, produziria paralisia espástica, impedindo a descontração do útero e o descanso tanto para a mãe quanto para a criança? Ou na sua ausência, a flacidez e hipomotilidade? No limite a produzir como resultado a morte da mãe e da criança ou de uma das duas? Em sua forma mais absurda, seria Lilith o útero-espasmo que expulsa a si mesmo, em caso de prolapso? Seria a paralisia espástica do útero, durante o coito, a responsável por dificuldades e insatisfações orgásticas? Estaria envolvida em outros dinamismos viscerais de retenção? Qual a sua atuação em caso de intensas cólicas menstruais? Espasmo uterino pelo filho que não verá a luz? De gravidez abortada, antes mesmo de seu início, tal como sucedeu à própria Lilith? Estaria Lilith identificada empaticamente com o próprio óvulo não fecundado, a essência feminina primordial que se perpetua em todas as criaturas humanas?

Estas indagações, por mais intrigantes que sejam, não passam de atividade lúdica e imaginativa a formular questões baseadas em uma afirmação hipotética. O seu único mérito é serem passíveis de verificações empíricas.

Se pudermos monitorar as atividades uterinas tal como é feito o acompanhamento dos batimentos cardíacos, ao pareá-las com os acontecimentos psíquicos do dia-a-dia, poderíamos verificar que emoções intensas aumentam sua freqüência e sua intensidade. O que acontece com as contrações uterinas na presença intensa do medo, da raiva, da excitação, do entusiasmo, da disputa, da dor, dos ciúmes? Ao imaginarmos a capacidade contrátil deste órgão, passando da sua maior distensão, ao final da gravidez, para o seu máximo esforço no momento da expulsão da criança, poderíamos apostar que este é um músculo que se exercita diariamente. O que aconteceria nas condições de estase emocional? E na depressão, no luto profundo, na euforia, na traição, e em outras condições emocionais aprisionadoras? Existem dados sobre as mudanças de atividade do útero durante o ciclo menstrual? E durante os sonhos? Existem pulsações uterinas? Se sim, elas interferem nos processos de simbolização?

Do mesmo modo, ao supor a presença problematizada de Lilith em várias passagens críticas da vida feminina, no momento do nascimento, no término da primeira infância, na puberdade, no aborto, no parto, no orgasmo, na amamentação, na adolescência dos filhos, no adultério masculino, no paroxismo das disputas femininas, *identificamos as circunstâncias onde sua fenomenologia pode ser pesquisada aqui e agora.* Sem ficarmos na dependência exclusiva da hermenêutica de textos e tradições antiqüíssimos. Uma vez que nem o distanciamento no tempo, nem a autoridade das tradições facilitam sua compreensão ou nos isentam de nossos vieses. Nem todos temos vocações teológicas ou exercemos a erudição com a felicidade de Mircéa Eliade. Através de sonhos, imagens, enredo de devaneios, identificação com heroínas literárias, desenhos e demais expressões plásticas, podemos pesquisar clinicamente as suas *manifestações contemporâneas.* Procedimentos de imaginação ativa podem criar as circunstâncias de exploração, elaboração e integração de suas manifestações. *A fenomenologia clínica continua a ser o momento soberano de investigação e compreensão dos fatos psíquicos.*

Essas mesmas passagens e momentos críticos da vida feminina, quando vividos de modo saudável, podem indicar as manifestações simbólicas da presença harmônica de Lilith, como um dinamismo valioso e necessário para o enfrentamento com as tarefas e desafios que a vida propõe às mulheres. Aquelas coisas de que devemos cuidar, sem o que nenhuma crença ou amuleto funcionam.

Não, Lilith não pode esperar pela segunda metade da vida para ser reconhecida. Sob o risco de se constelar em suas manifestações mais destrutivas: ciúmes devastadores, assassina de aspectos infantis e maternais, e irresistivelmente atraída pela sedução ativa como modo de afirmação de seu poder pessoal. Do nascimento à morte, Lilith é presença constante em todos os momentos femininos importantes. No nascimento, no término da primeira infância, no início de cada menstruação a partir da puberdade, a cada orgasmo, na amamentação, a cada discórdia ou disputa com outras mulheres, nos momentos de prazer mais profundo de encontro com o masculino, nos momentos de dor profunda de ruptura por traição masculina.

Primeiros versos de um adolescente em *Sociedade dos poetas mortos*.

A Verdade? Uma coberta
Que deixa os pés frios
Você a puxa, estica,
Jamais será suficiente
Nunca vai cobrir nenhum de nós.
Desde que chorando entramos
Até que mortos partamos
Só vai cobrir nossos rostos.

E nos versos de Drummond, também sobre a verdade:

[...]
Era dividida em metades
Diferentes uma da outra.
Chegou-se a discutir qual
a metade mais bela.
Nenhuma das duas era totalmente bela
E carecia optar.
Cada um optou conforme
Seu capricho,
sua ilusão,
sua miopia.

Apêndice VI: O que há de novo: ficar e namorar

O "ficar" sempre existiu. A novidade cultural é que se tornou lícito.

Entre jovens, o que diferencia o namorar do ficar é a exclusividade sexual e o estabelecimento de um vínculo afetivo que gere compromisos emocionais. O ficar surgiu como instituição para resolver a questão entre liberdade sexual e envolvimento emocional.

As conquistas da contracultura, da revolução sexual e do amor livre que mais contribuíram para a mudança de padrões e valores culturais são: as conquistas em direção à emancipação da mulher, a desvinculação entre virgindade e casamento, a antecipação da iniciação sexual, o enfraquecimento do duplo padrão moral sexual para o homem e para a mulher e a maior independência entre sexualidade e afetividade concedida pela possibilidade lícita do ficar.

É lícito brincar, desejar e trocar carícias quando não se está namorando. Ainda que haja apenas simpatia, alguma afinidade e atração sexual. O termo ficar, em nosso meio, surgiu na alta burguesia paulista, provavelmente como tradução criativa da expressão de língua inglesa, *to-date*, na década de 1980, como denominação impoluta de jovens púberes e no início da adolescência, a caminho da iniciação sexual, denotando carícias ligeiras. Pequenos beijos, abraços e ficar de mãos dadas. Sem a necessidade de estar namorando. O termo surgiu algum tempo depois de a expressão "amizade colorida" ser utilizada por adultos com malícia e cotações insinuantes. O ficar como instituição deu início à antecipação da iniciação sexual e, conseqüentemente, ao enfraquecimento da dupla moral sexual nos adolescentes. Evoluiu para a possibilidade atual de chegar até a relação sexual propriamente dita. Ainda que desejáveis, não são necessários compromissos, vínculos ou maior envolvimento emocional.

Os jovens variam muito quanto ao que é lícito viver, sem namorar ou mesmo namorando. E muitos ousam experimentar os pratos mais exóticos e apimentados do cardápio, com custos variáveis de indigestão psíquica. De qualquer modo são mais sinceros e diretos quanto ao que assumem como experimentação sexual ou pacto amoroso legítimo. A descrição segue a uma linha onde se aglutina um bom grupo de jovens saudáveis em busca de liberdade e ética na vida amorosa. No pólo oposto e problemático existem grupos de adolescentes completamente perdidos no coletivo com relação às questões de drogas e sexualidade, tais como retratados no filme *Kids* já há alguns anos. Mesmo entre jovens a promiscuidade sexual continua a ser criticada. Mesmo no ficar existem códigos de conduta e lealdade. Seduzir por seduzir, ficar por ficar e seduzir sem ficar, além de censurável, não é desejável. Quem fica com mais de um parceiro na mesma noite ou com outra em cada "balada" é "galinha". Pois é indelicado e desprestigia a pessoa com quem se ficou. Do mesmo modo "pagar pau", "dar canja" (flertar, se insinuar corporalmente) ou "chavecar" (dar uma cantada, manifestar verbalmente interesse) várias pessoas simultaneamente "queima o filme", rebaixa à condição de "carente" e "perde a moral", isto é, fica desprestigiado como parceiro sexual e sofre uma espécie de segregação sexual amorosa. Em casos de intensificação deste modo de agir, "extrapolou, mano" desajusta-se, sente-se excluído e migra para o grupo "sexo, drogas e rock and roll", onde tudo é permitido. O que é motivo de críticas e preocupação por parte dos mais chegados. Para poder ficar é necessário estar sozinho, com a "moral feita", "dar canja" ou "chavecar" e então "rola" e se "sai bem na foto". "Rolar" o "ficar" é dar início à troca de carinhos físicos.

Com estas condições atendidas, alguns jovens por vezes passam meses preferindo não arcar com o "trampo" do envolvimento afetivo do namoro e, com a "moral feita" e sem "queimar o filme", estão livres para ficar com diferentes parceiros. Nesta situação podem também acontecer os "rolês" que são "ficantes" mais ou menos fixos, com quem não se pretende namorar, mas cujo companheirismo se aprecia. Até que ressurja o desejo amoroso sob a forma de um encontro irresistível quando se "tromba" com a alma gêmea. No início e no término do ficar e do namorar, isto é, nas aproximações e afastamentos, pode ocorrer o "embaço" ocasionado por inibições, timidez ou outro tipo qualquer de dificuldade de envolvimento e separação. Na linguagem pode-se notar o enfraquecimento da dupla moral através da aplicação das mesmas expressões para os dois sexos. A transitoriedade do ficar, embora lícita, é aceita apenas como transitória, pois o que se deseja e busca é a relação amorosa que dure e tenha significados emocionais mais importantes. Também os jovens sentem-se sozinhos, infelizes, excluídos e com baixa auto-estima quando permanecem muito tempo sem namorar. Uma vez namorando sofrem ao passar de uma relação para outra, e se recriminam ao se sentirem traídos ou traindo. Os que terminam uma relação significativa sem brigar procuram estabelecer um pacto de discrição e a passagem de um tempo para poder ficar e trocar com terceiros carícias amorosas na presença da antiga companheira ou companheiro. Para jovens e para adultos o ficar é lícito, desejável e saudável; como início de namoro ou como segundo momento de passagem entre duas relações amorosas duradouras e significativas. Ou ainda como fase de vida em que se deseja apenas viver sem o ônus de uma relação amorosa. O ficar como instituição tem algumas funções: a quebra da dupla moral sexual; a iniciação sexual, o exercício da curiosidade; a possibilidade de conhecer vários parceiros amorosos e esclarecer a diferença entre desejo sexual e desejo amoroso; a aquisição ou resgate da autoconfiança (sei que sou ou continuo desejável, interessante, e consigo atrair parceiros amorosos); o usufruto ou retomada da sexualidade sem grandes comprometimentos afetivos, permitindo o tempo para a elaboração do término de uma relação amorosa e a preparação da próxima. Isto, sem que se incorra na necessidade de seduzir fingindo ou forjando afetividade e desejo amoroso para tornar lícito o atendimento de desejos e necessidades sexuais. Tempo este de estar sozinho, necessário para recolhimento e resgate da própria afetividade, tempo de nidação interna, de recriação de uma interioridade não compartilhada que vai servir para a entrega e desenvolvimento de uma intimidade compartilhada na nova relação amorosa. O "ficar" surgiu como instituição lícita para resolver a questão entre liberdade sexual de um lado e envolvimento e vinculação emocional de outro. E deu uma contribuição fundamental no enfraquecimento da dupla moral sexual entre os adolescentes. Coloca uma alternativa lícita para a sexualidade, sem ciúmes e sem traição, uma vez garantido o não envolvimento emocional. Passou no entanto a ser também um abrigo para as dificuldades de envolvimento emocional ocasionadas pelo acirramento da "guerra entre o sexos" e pela insegurança afetiva gerada pela própria independência entre sexo e envolvimento emocional que ajudou o "ficar" a legitimar. Mais fácil separar sexualidade de casamento do que sexualidade de sentimentos. A clínica psicológica, de adultos e adolescentes, individual e de casais, reflete o que se pode perceber a olho nu. A nossa é uma época em que os conflitos, as disputas, os ciúmes, a traição, o corpo-a-corpo e o vale-tudo convulsionam a interação entre os sexos. Dos avulsos e dos que se encontram vivendo uma relação amorosa. Isto e a supervalorização da sexualidade imposta pela mídia fazem com que aumente o número de pessoas de ambos os sexos que têm medo de envolvimento e entrega amorosa. Todos os diabretes da projeção correndo à solta. Na forma tradicional: os homens achando que as mulheres só querem seduzir e as mulheres achando que os homens só querem transar; ou na variante das mulheres achando que os homens não querem envolvimento emocional e estes achando que as mulheres só querem disputar. O seduzir e o ficar como escapismo de envolvimento emocional colocam-nos – homens e mulheres – na posição do marido de Sherazade. A cada dia a matar as possibilidades do desejo amoroso com receio de enfrentar as disputas e a possibilidade de traição que se inauguram com o envolvimento emocional. Quem se perde no ficar permanece no labirinto, no campo de batalha da sedução e sua problemática narcísica. A sedução gera desconfiança afetiva em homens e mulheres, incitando a sexualidade, a disputa, o domínio, o machismo e o feminismo, a menos que ela, sedução, seja vivida na interioridade razoavelmente bem constituída da relação amorosa. Como complemento lúdico e cúmplice das possibilidades amorosas.

O que pode ser alcançado pela adolescência

O nascimento psíquico, e com ele a diferenciação consciente dos pais, normalmente acontece apenas na puberdade, com a erupção da sexualidade. A mudança fisiológica é acompanhada de uma revolução psíquica. [...] Pode-se perguntar por que começo no segundo estágio, como se não houvesse problemas relacionados à infância. A complexa vida psíquica da criança é, claro, um problema de primeira grandeza para pais, educadores e médicos, mas quando normais, as crianças não apresentam problemas originados em si mesmas. É apenas o ser humano adulto que pode ter dúvidas sobre si mesmo e estar em contradição consigo próprio.

Jung[99]

A adolescência é a etapa de desenvolvimento que especificamente nos impõe passarmos a exercer escolhas e em que a própria cultura nos impõe a responsabilidade por elas, independentemente da história infantil. É também a ocasião em que começamos a busca de parceiros amorosos e constituímos nossa identidade sexual. É a etapa da vida em que biologicamente nos tornamos maduros sexualmente, e a cultura nos impõe ritos de passagem para a idade adulta, e psicologicamente começamos a escolher nossos valores nos grupos de mesma faixa etária, em busca de autonomia e de iniciação amorosa e sexual. É quando começamos a desejar e a traçar o futuro como algo que nos pertence.

A faculdade consciente da unilateralidade é um sinal de elevada cultura. Ao contrário, a parcialidade involuntária, quer dizer, o ser unilateral, por não poder nem saber ser outra

coisa, é sinal de barbárie. [...] A moralidade não
é um mero equívoco inventado no Sinai por
um Moisés soberbo e ambicioso; é algo que diz
respeito às leis vitais, algo que se produz como
um barco ou qualquer outro instrumento de
cultura. A fluência natural da libido, esse rumo
intermédio, supõe, precisamente, uma obediência
total às leis básicas da natureza humana, e é
simplesmente impossível instituir um princípio
moral mais elevado que essa coincidência com as
leis naturais, cuja concordância orienta a libido
no sentido onde se encontra o ótimo vital. Este
ótimo vital não está ao lado do egoísmo brutal,
pois o homem jamais encontrará o ótimo vital na
linha do egoísmo; no fundo, sua natureza é tal
que a alegria causada por ele ao próximo constitui
algo vital para o homem. O ótimo vital também
não é viável através de um desenfreado impulso
individualista. [...] Quando um bárbaro deixa
sua fera à solta, isso não significa liberdade, mas
falta de liberdade. Para poder ser livre, é preciso
ter antes superado a barbárie. Isto se consegue, em
princípio, quando os alicerces e a força motivadora
da moral são percebidos e sentidos pelo indivíduo
como partes integrantes da sua própria natureza,
e não como limitações exteriores. Mas como
poderá o homem chegar a essa percepção e a essa
intuição se não for pelo conflito dos contrastes?

Jung[100]

É nesta fase do desenvolvimento biológico-sexual que nos
reencontramos com nossa condição de Eva ou Adão expulsos
da infância. E nos deparamos com o pudor, o desejo, os confli-

tos, os outros como semelhantes, iguais e, no entanto, diferentes. Abandonamos o "paraíso" ou o "inferno" infantil. E temos possibilidade de nos apropriarmos de nossas potencialidades para o bem e para o mal. "Humano sou; e nada do que é humano me é estranho." O amadurecimento psíquico impõe que tomemos consciência e tenhamos discernimento para sabermos o que transformar em ato e o que deve permanecer como fantasia e potencialidade pertencentes ao universo simbólico. É nessa instância que exercemos a liberdade e o livre-arbítrio de que somos capazes. E começamos a escrever nossa história. Para além das histórias em que sempre estaremos inscritos. Tarefa esta a que não poderemos nos furtar e em que nos constituiremos como individualidades. Sem o que o processo cultural nos massifica e, conseqüentemente, nos impõe o individualismo. Lermos e compreendermos a história que constituímos faz parte do que em termos junguianos se chama de individuação.

> *A sexualidade não é apenas uma dádiva criativa, que entregamos ao outro. É também, uma força demoníaca. Mitos que mostram o cultivo da consciência, como os de Hércules, e Ulisses, o épico de Gilgamesh, e os rituais primitivos de iniciação, atestam que o aspecto demoníaco deve ser domado ou evitado, sacrificado ou encontrar resistência. Precisamos conhecer um pouco da escuridão interna que contamina o nosso amor. O aspecto sombrio da sexualidade, especialmente em nossa cultura milenarmente reprimida, precisa ser liberado de seus componentes incestuosos, tornando-se ligado ao amor e ao relacionamento, ou seja, esse aspecto precisa ser primeiramente desenvolvido e cultivado.*
>
> Hillman[101]

Notas

1. Kant, E. "Escólio II". In: *Crítica da razão prática*. São Paulo: Martins Fontes, 2003 (edição bilíngüe).
2. Freud, S. "La sexualidad en la etiología de las neurosis" (nota 56) – 1898. In: *Obras completas de Sigmund Freud*. Tradução direta do alemão por Luis López-Ballesteros. Madri: Biblioteca Nueva, 1968 – Sigmund Freud CD ©, edição informatizada, Argentina, 1995.
3. Buber, M. *El humanismo ebreo y nostro tiempo*. Buenos Aires: Ediciones Porteñas, 1978, p.118.
4. Freud, S. "La moral 'sexual' cultural y la nerviosidad moderna" (nota 273) – 1908. In: *Obras completas de Sigmund Freud, op. cit.*
5. *Ibidem.*
6. *Ibidem.*
7. *Ibidem.*
8. Freud, S. "La sexualidad en la etiología de las neurosis" (nota 56) – 1898. No original em alemão "Die sexualität in der ätiologie der neurosen". *Wien. Klin. Rdsch.*, 12 (2), 21-2 (4), 55-7 (5), 70-2 (7), 103-5.
9. Freud, S. "La moral 'sexual' cultural y la nerviosidad moderna" (nota 273) – 1908. In: *Obras completas de Sigmund Freud, op. cit.*
10. *Apud* Buber, M. *El humanismo ebreo y nostro tiempo, op. cit.*, p.118.
11. Jung, C. G. "Símbolos da transformação". In: *Obras completas*. Petrópolis: Vozes, 1986, vol. 5, p. 73.
12. Jung, C. G. *The undiscovered self.* Toronto: Little, Brown & Company, 1958, p. 70.
13. Jung, C. G. "A psicologia do sonho". In: *O homem à descoberta de sua alma.* Porto: Tavares Martins, 1975, p. 251.
13a. Malatesta, Errico (1853-1932). "Amor e anarquia". In: *Socialismo e anarquia* (texto disponível no site http://www.nu-sol.org/libertarias/libertarias-4/ amor_e_anarquia.htm).
14. Freud, S. "Sobre algunos mecanismos neuróticos en los celos, la paranoia y la homosexualidad" (nota 471) – 1921 [1922]. In: *Obras completas de Sigmund Freud, op. cit.*
15. Carotenuto, Aldo. *Eros e pathos, amor e sofrimento*. São Paulo: Paulus, 1994, p. 114.
16. Hillman, citado em Carotenuto, Aldo, *Eros e pathos, amor e sofrimento, op. cit.*, p. 118.
17. Carotenuto, Aldo, *op. cit.*, p. 123.
18. *Ibidem*, p. 98.
19. Otto Rank, citado em Aldo Carotenuto, *Amar trair – quase uma apologia da traição*. 2. ed. São Paulo: Paulus, 1997, p. 143.
20. Wilde, Oscar. *De profundis*. Porto Alegre: L&PM, 1982, p. 70.

21. *Ibidem*, p. 88.

22. Hillman, J. *Uma busca interior em psicologia e religião*. São Paulo: Paulinas, 1985, p. 110.

23. Carotenuto, Aldo. *Amar trair – quase uma apologia da traição, op. cit.*, p. 141.

24. Freud, S. "La moral 'sexual' cultural y la nerviosidad moderna" (nota 273) – 1908. In: *Obras completas de Sigmund Freud, op. cit.*

25. Jung, C. G. *The undiscovered self, op. cit.*, p. 67.

26. Hillman, James. *Anima: anatomia de uma noção personificada*. São Paulo: Cultrix, 1990, p. 79.

27. Freud, S. "Sobre algunos mecanismos neuróticos en los celos, la paranoia y la homosexualidad" (nota 1604) – 1921 [1922]. In: *Obras completas de Sigmund Freud, op. cit.*

28. Carotenuto, Aldo. *Eros e pathos, amor e sofrimento, op. cit.*, p. 122.

29. *Ibidem*, p. 88.

30. Porchat, Ieda (org.). "Pensando a dor da separação". In: *Amor, casamento, separação: a falência de um mito*. São Paulo: Brasiliense, 1992, pp. 114, 121, 123.

31. Hillman, James. "Traição". In: *Estudos de psicologia arquetípica*. Rio de Janeiro: Achiamè, 1981.

32. *Ibidem*, p. 94.

33. Frank, Ruella. "Reaching and being reached". *Gestalt Review*, 4(4):301, 2000.

34. Carotenuto, Aldo. *Eros e pathos, amor e sofrimento, op. cit.*, p. 106.

35. Jung, C. G. "Símbolos da transformação". In: *Obras completas, op. cit.*, p. 365.

36. Carotenuto, Aldo. *Eros e pathos, amor e sofrimento, op. cit.*, p. 102.

37. Ramos, Denise Gimenez. *A psique do coração: uma leitura analítica do seu simbolismo*. São Paulo: Cultrix, 1990, pp. 83, 90.

38. Unger, Nancy Mangabeira. *O encantamento do humano: ecologia e espiritualidade*. São Paulo: Loyola, 1991, p. 74.

39. Edinger, Eduard F. *Ego and archetype*. Baltimore: Pelican Books, 1973, p. 31.

40. Jung, C.G. "A psicologia do sonho". In: *O homem à descoberta de sua alma, op. cit.*, p. 94.

41. Leite, Maria da Graça Carvalho. *O amor no tempo da mídia* (texto não publicado).

42. Gomes, Purificación Barcia. "Separação – contingência do casamento?" In: *Amor, casamento, separação: a falência de um mito, op. cit.*, pp. 135, 136.

43. Barros, Benedicto Ferri de. "Sexo e conhecimento". *O Estado de São Paulo*, 14 nov. 1999.

44. Kenny, Vincent. "A noção do sagrado em Gregory Bateson". *Thot*, n. 72, São Paulo: Associação Palas Athena, 1999.

Amor e Ética 253

45. Jung, C. G. *Respuesta a Job*. México: Fondo de Cultura Económica, 1964, p. 119.
46. Jung, C. G. *O homem à descoberta de sua alma*, *op. cit.*, p. 69.
47. *Ibidem*, p. 91.
48. Jung, C. G. "Símbolos da transformação". In: *Obras completas, op. cit.*, p. 219.
49. Jung C. G. *The undiscovered self*, *op. cit.*, p. 63.
50. Chesterton, Gilbert K. "On certain modern writers and the institution of the family". In: *Heretics*. 12. ed. Nova York: John Lane Company, 1919 (texto disponível no site http://www.ccel.org/ccel/chesterton/heretics.xiv.html).
51. Wilde, Oscar. *De profundis*, *op. cit.*, p.38.
52. *Ibidem*, p.72.
53. *Ibidem*, p. 76.
54. *Ibidem*, p. 81.
55. *Ibidem*, p. 80.
56. Nietzsche, F. W. *A gaia ciência*. São Paulo: Hemus, 1976, p. 172.
57. "Sobre algunos mecanismos neuróticos en los celos, la paranoia y la homosexualidad" (nota 471) – 1921 [1922]. In: *Obras completas de Sigmund Freud, op. cit.*
58. Ramos, Denise Gimenez. *A psique do coração, op. cit.*, p. 90.
59. Haggard, H. Rider. *Ela*. Rio de Janeiro: Record, 2004, pp. 234-238 (Coleção Clássicos de Aventura).
60. Chevalier, Jean e Gheerbrant, Alain. *Dicionário de símbolos*. 3. ed. Rio de Janeiro: José Olympio, 1990, pp. 440-443.
61. Wilde, Oscar. *De profundis, op. cit.*, 1982, p. 88.
62. Vygotsky, L. S. *Mind in society*. Cambridge: Harvard University Press, 1978, p. 57.
63. Hillman, James e Ventura, Michael. *Cem anos de psicoterapia... e o mundo está cada vez pior*. São Paulo: Summus, 1995, p. 56.
64. Chesterton, Gilbert K. "On certain modern writers and the institution of the family". In: *Heretics, op. cit.*
65. *The Dhammapada: the sayings of the Buddha*. Nova York: Bell Tower, 2001.
66. Jung, C. G. "Símbolos da transformação". In: *Obras completas, op. cit.*, p. 264.
67. *Ibidem*.
68. *Ibidem*, p. 171.
69. Goldgrub, Franklin Winston. *A máquina do fantasma – aquisição de linguagem & constituição do sujeito*. Piracicaba: Editora Unimep, 2001, p. 23.
70. Freud, S. "Totem y tabu". In: *Obras completas de Sigmund Freud, op. cit.*, p. 579.
71. Jung, C. G. "Símbolos da transformação". In: *Obras completas, op. cit.*, p. 402.

72. Gambaroff, Marina. *Utopia da fidelidade*. Porto Alegre: Artes Médicas, 1991, p. 36.

73. *Ibidem*.

74. *Ibidem*, p. 114.

75. Hillman, James. "Traição". In: *Estudos de psicologia arquetípica, op. cit.*, p. 84.

76. *Ibidem*, pp. 84, 85.

77. Papini, Giovanni. *Historia de Christo*. São Paulo/Rio de Janeiro: Companhia Editora Nacional, 1929.

78. Kierkegaard, Soren. *O conceito de angústia*. São Paulo: Hemus, 1968, p. 83.

79. Carotenuto, Aldo. *Amar trair: quase uma apologia da traição*. São Paulo: Paulus, 1997, p. 111 (coleção Amor e Psique).

80. *Ibidem*.

81. Jung, C. G. "Marriage as a psychological relationship". In: Read, H., Fordham, M., Adler, G. e McGuire, Wm. (eds.) *The collected works of C. G. Jung*. Princeton: Princeton University Press, vol. 17, 1976, p. 198.

82. Carotenuto, Aldo. *Amar trair: quase uma apologia da* traição, *op. cit.*, p. 184.

83. *Ibidem*, p. 124.

84. *Ibidem*, p. 125.

85. *Ibidem*, pp. 88, 89.

86. *Ibidem*, p. 63, 64.

87. *Ibidem*, p. 71

88. Jung, C. G. "Símbolos da transformação". In: *Obras completas, op. cit.*, p. 324.

89. Carotenuto, Aldo. *Amar trair: quase uma apologia da traição, op. cit.*, p. 137.

90. Carotenuto, Aldo. *Eros e pathos, amor e sofrimento, op. cit.*, p. 122

91. Wilde, Oscar, *op. cit.*, p. 98.

92. *Ibidem*, p. 102.

93. Kayayan, A. R. "Notes on neo-paganism". *Contra Mundum*, n. 14, 1995 (texto disponível no site http://www.contra-mundum.org/cm/features/14_neopaganism.pdf).

94. Hillman, James. *Anima: anatomia de uma noção personificada, op. cit.*, pp. 73, 75, 77.

95. *Ibidem*, pp. 45, 47.

96. Koltuv, Barbara Black. *O livro de Lilith*. São Paulo: Cultrix, 1995, pp. 73, 75.

97. Wilhelm, Richard. *I ching: o livro das mutações*. São Paulo: Pensamento, 1989.

98. *Folha de S.Paulo*, 5 set. 2005.

99. Jung, C. G. "The stages of life". In: Read, H., Fordham, M., Adler, G. e McGuire, Wm. (eds.) *The collected works of C. G. Jung*, vol. 8, *op. cit.*, p. 391.

100. Jung, C. G. *Tipos psicológicos*. Rio de Janeiro: Zahar, 1967, pp. 249, 255, 256, 257.

101. Hillman, James. *Uma busca interior em psicologia e religião, op. cit.*, p. 84.

Textos obtidos na internet

I Spinoza, Baruch. *Ética*, traduzido do latim para o inglês, por R.H.M. Elwes, em 1883. Parte III, "Da origem e da natureza das emoções", proposição XXI. http://www.mtsu.edu/~rbombard/RB/Spinoza/ethica-front.html

II Kant, Emmanuel. *Crítica da razão prática*, tradução de Afonso Bertagnoli, versão para eBook: eBooksBrasil.com, digitalização da edição em papel da Edições e Publicações Brasil Editora S.A., São Paulo, 1959, ©2004 – Emanuel Kant http://www.odialetico.hpg.ig.com.br/filosofia/livros/razaoprat.htm#5

III Jabor, Arnaldo em http://www.odialetico.hpg.ig.com.br/Membros/amoratrapalha.htm

IV Debord, Guy. *A sociedade do espetáculo*, http://www.odialetico.hpg.ig.com.br/filosofia/livros/socespt.htm

Psicoterapia e internet

Encabeçar este texto com uma breve apresentação de um atendimento clínico tem como intuito explicitar o âmbito e o contexto em que se dá a atividade da psicoterapia. De como é misteriosa, artística, um processo mágico de procura e pesquisa, demorado, que requer determinação, perseverança de ambas as partes, trabalho sistemático e o que mais se queira adjetivar. O desabrochar de um adulto implica processos históricos que se desenrolam na temporalidade e não há como apressá-los. Como psicólogos, ao fazermos parte destes processos podemos apenas, inadvertida ou intencionalmente, dificultar, bloquear ou facilitar e partejar tais acontecimentos.

O desabrochar de um adulto

Era uma vez um terapeuta que gostava de trabalhar com sonhos. E que recebeu um cliente muito complicado, daqueles que não despertam nenhuma vontade de atender. Melhor reencaminhar. Dará tanto trabalho, será talvez conveniente pedir avaliação e acompanhamento psiquiátrico.

Nada do que ele diz me toca. Difícil manter a concentração naquilo que está contando. Conseqüentemente tenho de fazer um esforço para entender certas partes do que está relatando. Vem em busca de terapia pois adquiriu a recém-lançada síndrome do pânico. Este dado é a última coisa de que me lembro de sua fala. Em minha desatenção sou tomado por um fluxo de associações que nada têm a ver com a fala do cliente. (Imagine...) Registro-as a seguir a bem do rigor científico que determina atenção à máxima socrática do "conhece-te a ti mesmo". Em meu fluxo associativo, divago: Encomendada que foi, a dita síndrome do pânico vem bastante a propósito, nas vésperas de lançamento de nova linha de medicamentos, com nomes variados, por alguns laboratórios, baseados todos numa nova família de substâncias que prometem milagres, comprovados cientificamente, no tratamento de certos tipos de depressão, notadamente as de intensas e repentinas manifestações agudas. As ditas drogas, com certificado passado pela AFD... Esqueci-me da última letra da sigla americana que inspira a nossa.

Meus parcos conhecimentos sociológicos isolam o fato social. Meu pensamento causal se pergunta: o que causou o quê? Laboratórios provocaram a síndrome? Minhas leituras antipsiquiátricas me sugerem que o diagnóstico produz a doença. Sincronicidade? Sorte dos laboratórios? Dos clientes? Que já podem ter as suas crises, uma vez que foram descritas e nomeadas cientificamente? Que alívio poder dar formas já descritas para minhas angústias e temores, com nome científico e para o que já se conta com o auxílio de poderosas drogas de última geração. Dou-me conta de que estou possuído por delírios paranóides. Talvez esteja deslocando para os laboratórios e multinacionais, a raiva que sinto pelo paciente pouco interessante. Talvez possa produzir um *paper*...

O título eu já sei: frustração e deslocamento da contratransferência reprimida

Saio do transe. Quem me salvou foi o cliente. Lá pelo final da primeira entrevista, de repente, não mais que de repente, ele resolve me contar um sonho. Passe de mágica: sei quem ele é; consigo viver um pouco do que ele vive; compartilho de algumas de suas aflições. Como tenho formação científica e não acredito em mágica à primeira vista, tento replicar o experimento. Peço-lhe que me conte outro sonho. Ao que ele, tendo sentido meu interesse e atenção, responde prontamente. A mágica se repete. Vivo intensamente algumas impressões. Gravada a imagem que formei de uma cena do sonho. Uma boneca presa dentro da parede de um porão. Ela não é visível. E no entanto eu a vejo dentro da parede, que não é transparente. O cliente sabe que ela está lá, embora não a veja. E me diz que sabe que existem muitas outras coisas aprisionadas dentro daquelas paredes, embora não sejam visíveis. Marcamos uma segunda entrevista. Sem nenhum compromisso de que iremos trabalhar juntos. Mas internamente já sei. Temos um percurso a compartilhar.

Livre do cliente, melhor dito, abandonado pelo cliente e livre do efeito hipnótico da imagem da boneca presa na parede do porão, sou acometido de nova crise divagativa. Pelo seu conteúdo percebo que não quero me libertar do cliente. Estou mais para "abandônico" mesmo. Como forma de continuação da sua presença, minhas cogitações giram em torno da sessão. Em termos técnicos, é claro... Será que me deixei contagiar? Ele sofre de fantasias delirantes de cunho paranóide? Será que tenho cá comigo minhas bonecas presas e abandonadas em paredes de porão? O sonho seria um truque de sedução? Haveria mecanismos reparatórios em meu acolhimento empático ao sonho? E nesta continuação de sua presença em minhas divagações? Será que sinto agora o seu abandono quando ficou sozinho na sessão, durante minha atividade delirante? Praga de produção científica dos teóricos da psicologia nascidos no século antepassado! Praga de complexidade dos labirintos da mente humana! Deveríamos ser mais simples. A raiva rompe o fluxo das cogitações. Me acalmo. Respiro.

Segunda sessão: dificílima. Muito trabalho pela frente. Anos para reconstruir um ego de bases frágeis, assaltado por ameaças de paredes de porão... porosas, não sólidas, cheias de matéria viva e substâncias macias e objetos de ternura. Cheias de coisas que a gente não vê mas sabe que existem. O insólito. O paradoxo. Se estas paredes fossem sólidas, talvez a psicose tivesse se instalado. Como única saída para permanecer no porão. Junto a coisas que ele não podia, não devia, não queria abandonar.

O trabalho foi feito. As bonecas e outras coisas insólitas foram resgatadas. As paredes se tornaram mais firmes. Ele tinha pavor da psicose. E de outros estados de angústia plena dos quais não conseguiria escapar, como os objetos macios aprisionados nas paredes. Eu tinha certeza de que tínhamos um elo. Uma ligação. Uma saída para a situação. Eu não acreditava na síndrome do pânico. Paradoxos. Existem coisas que a gente vê, sabe que existem. Mas não são para acreditar.

As bases de um vínculo. Uma convicção. Entendimentos oníricos. Uma profunda admiração por sua coragem. Por sua luta. Um verdadeiro espanto. Eu? Corajoso? Não senti medo, é verdade. Eu tinha uma convicção. Mas corajoso foi ele. Com tanto medo e lutando com bravura incansável. Embora se sentisse exausto.

Ah! Estou mesmo em atividade delirante. Contando as coisas de modo muito estranho. Vivendo o mito do super-homem. Que possuo a visão de raios X do Super-homem. Lutando contra o mal e salvando pessoas. Que vejo através de paredes que não são transparentes. E que isto me traz elementos de convicção. Que por outro lado vejo coisas que sei que existem. E não são para ser acreditadas.

A outra face da moeda: trabalhamos arduamente durante sete ou oito anos. Sua função predominante era o pensamento. Tinha grande capacidade dedutiva. Apreciava a investigação das origens e da evolução de suas dificuldades e suas maneiras de ser. Gostava de perguntas e respostas inteligentes. Era obsessivo. Detalhista, compulsivo. Colérico. Alternava entre delicadeza e aspereza. Tinha um medo atroz de relações íntimas. Quando se aproximava da possibilidade de gostar de alguém, afastava-se por medo de se tornar grosseiro. Apresentava fantasias sádicas e masoquistas, com que se preocupava, mas lidava adequadamente. Vez por outra me trazia sonhos.

Trabalhávamos. Gostava de trabalhar com imagens. Trabalhávamos. Explorou rudimentos de PLN. Esboçamos alguns movimentos neste modo de abordar imagens e fobias. Trabalhávamos. Por vezes eu sentia necessidade de saber como andavam os sonhos. Não voltaram a ter o caráter numinoso do segundo sonho. Mas sempre me causaram impressões fortes. Explorávamos. Cada imagem. Nos detínhamos. Obtínhamos alguma compreensão. Freqüentemente, lidando com qualquer tipo de conteúdo ou vivência, trabalhávamos com procedimentos de focalização da atenção, aproximação e acompanhamento do fluxo da consciência. *Awareness, awareness, awareness.*

Trabalhamos diversas vezes no decorrer dos anos o relacionamento com a figura materna. Sedutora, bastante bem-sucedida socialmente em termos de cativar as pessoas com quem a família se relacionava. Castradora, de forma a frustrar todas as tentativas de afirmação e destaque de uma criança raiando a prodígio, muitas vezes em busca de seu amor e admiração. Apenas exausto, derrotado, impotente e perto da inanição psíquica recebia suporte, apoio e acolhimento maternos. E de como disso derivavam suas fantasias sadomasoquistas. E sua agressividade latente e medo de se tornar grosseiro quando se aproximava de gostar de qualquer pessoa. Trabalhávamos. Muitas vezes seu ressentimento e ódio desta relação foram autenticados.

Do relacionamento paterno herdou bondade, capacidade de trabalho e bastante insegurança. Embora altamente capacitado, com fartos recursos intelectuais e de sensibilidade, estando formado, com curso de especialização concluído, a caminho para obtenção do grau de mestre, sentia-se bastante inseguro profissionalmente. Mantinha dependência econômica da família e sentia-se incapaz de andar com as próprias pernas. Pavores de que fosse possuído por angústias paralisantes que o impedissem de cumprir compromissos profissionais. Sonhou algumas vezes que ia até o portão da casa mas era incapaz de sair. Conquistar as próprias pernas, libertar-se do medo de que elas lhe faltassem, adquirir meios de subsistência, utilizar-se de seus próprios recursos.

Levamos uns quatro anos para a conquista da independência econômica. Um sonho de travessia de um rio nadando, arrastado pela correnteza, nadando e nadando, fez parte desta conquista. Trabalhávamos, trabalhávamos, trabalhávamos. E sua disposição para o trabalho era absurda. Trabalhamos. Acompanhei-o até o final do doutoramento. Vivendo já há alguns anos uma relação afetiva importante e duradoura.

Em termos transferenciais e contratransferenciais não tivemos muito trabalho. Nossa relação era confiável, cordial, correta, agradável, instigante, divertida, paciente e profícua em direção ao processo terapêutico. Nosso vínculo emocional estabeleceu-se desde o início em nível onírico, inconsciente, básico, sem grandes exteriorizações diretas. O que nos facilitou no desenvolvimento de suas próprias pernas. Pudemos estabelecer trocas informais muito produtivas, em nível de igualdade, a respeito de literatura, informática, trabalhos intelectuais e acadêmicos, vivências com animais etc. O que sem dúvida contribuiu para o processo terapêutico. Com uma terapeuta do sexo feminino acredito que haveria grande chance de muito trabalho com as transferências negativas.

Mas a descrição detalhada de um trabalho árduo, desenvolvido durante anos, de um caso sob muitos aspectos clássico, bem-sucedido dentro de nossas limitações, é tarefa que exige um fôlego literário que não possuo. Portanto, se tornaria compulsivo e maçante, para quem escreve e para quem lê, e deste modo não descreveria com fidelidade o que aconteceu, que não foi compulsivo nem aborrecido. Foi árduo, difícil, determinado, paciente, intercalado da leveza possível, proporcionada por momentos de descontração e conversas muito vivas a respeito de tópicos de interesse comum.

Para tornar possível a publicação desta breve síntese de um atendimento psicológico, o terapeuta que gostava de sonhos telefonou para seu ex-cliente e pediu que ele lesse esta versão literária do trabalho. O cliente, após ler, retornou a ligação e estimulou o terapeuta a escrever sobre outros casos. Disse que não tinha certeza de ter entendido alguns termos técnicos. Disse que as passagens literárias, que não correspondem exatamente aos fatos, são fiéis ao que foi vivido, preservam seu anonimato e contêm vigor para transmitir o que aconteceu. E disse mais: que se sentia instigado em sua profissão ao proporcionar com seu trabalho o mesmo tipo de cuidados humanos que sentia no trabalho do terapeuta.

Crônica hipotética
Atendimento psicológico mediado por computador: um exemplo de utilização do computador como recurso complementar

Outra vez: era uma vez um terapeuta que gostava de trabalhar com sonhos. Pedia que seus clientes, caso lembrassem, lhe trouxessem lá de vez em quando algum sonho. Em alguns casos, o acompanhamento dos sonhos mostrava-se de grande utilidade para o desenvolvimento do processo terapêutico. Ao menos para o terapeuta. Tinha a impressão de conseguir se situar em relação ao que andava acontecendo se tivesse notícias do mundo onírico. Sabe-se lá por que razão, parece que isso acontecia com alguns casos. Intersubjetividades...

Além do mais, o dito terapeuta gostava muito de ler e de escrever...

Se o cliente se interessasse por sonhos, pedia que fosse anotando os sonhos por escrito. Para uma convivência e observação mais sistemática da vida onírica. Caso em que o cliente passava a trazer seus sonhos por escrito. Do relato de como fora a experiência de escrever o sonho, o terapeuta observou que o próprio ato de colocar o sonho por escrito já supunha um contato mais próximo com o sonho e algum entendimento e elaboração para verter o sonho em linguagem escrita. Às vezes, tão desagradável tinha sido o pesadelo que o cliente não conseguia escrever o sonho. Curioso... Depois de relatado em sessão, conseguira colocá-lo por escrito. Voltara ao sonho acompanhado para relatá-lo. Podia voltar a ele sozinho para escrevê-lo.

O terapeuta às vezes pedia que o cliente lesse o sonho em voz alta. Às vezes ele próprio lia em voz alta o sonho para que o cliente pudesse ouvir seu próprio sonho. Às vezes lia o sonho em voz baixa, após o que refletiam juntos sobre o que poderia significar cada imagem, ou cada detalhe de cada cena do sonho. Algumas vezes pedia para ficar com uma cópia do sonho. Constantemente voltavam à imagem mesma do sonho. E procuravam descrevê-la o mais fielmente possível. O terapeuta ia descrevendo para o cliente as imagens que ia formando a partir da descrição que o cliente ia fazendo da imagem onírica. Muitas vezes procuravam cotejar situações oníricas com vivências do cotidiano. Para clientes que gostavam também de escrever, o terapeuta pedia que transformassem o sonho em uma pequena crônica, poesia ou história infantil. Para os que preferiam não escrever, o terapeuta pedia que procurasse ao menos imaginar este sonho como um filme. Às vezes relatado na primeira pessoa, às vezes como simples narrador.

Como gostava muito de ler, o terapeuta ficou sabendo através da literatura psicológica que havia um tal de Milton Ericson, terapeuta com resultados fantásticos, que tinha a incrível habilidade de criar de improviso pequenas histórias para contar a seus clientes, conforme o que o cliente estivesse lhe trazendo. Um repentista de histórias inspiradas na fala do cliente. Que tinham intenso poder de cura. Claro, Milton fazia lá outras coisas com seus clientes. Mas o que chamou a atenção do terapeuta que gostava de sonhos, de escrever e de ler, foi o fato de que pequenas histórias contadas na hora certa tinham este insuspeito poder de cura. Parece que rabinos e o rei Salomão já se utilizavam deste recurso para resolver questões complicadas que lhes eram trazidas. As tais das parábolas. Não tendo essa habilidade de repentista, e com péssima memória para se lembrar de piadas e outras histórias, passou a colecionar cópias de pequenas histórias com que cruzou. Histórias da tradição sufi, das *Mil e uma noites*, dos mestres zen, pequenos contos de Machado de Assis, Stefan Zweig, Maupassant, histórias infantis, lendas, contos de fadas, mitologia grega e por aí vai...

Lia suas histórias conforme com elas fosse cruzando, de modo absolutamente fortuito. Nunca saiu a sua caça, fosse de estilingue ou bodoque. Mas não deixava escapar uma que lhe passasse ao alcance da vista. Sacava imediatamente dos óculos e com ar disfarçadamente filosófico devorava-a de um só fôlego. Apenas depois disso é que sossegava e punha-se a degustar impressões, palavras, expressões, trechos, episódios, finais inesperados. Nesta fase da digestão é que inadvertidamente lembrava-se de alguma sessão, de alguma impressão mais forte ocorrida durante os atendimentos da semana. E, com clareza, era capaz de identificar o nexo entre a história e a sessão.

Passou intencionalmente a tentar o caminho oposto: o da impressão forte de alguma sessão para alguma história de sua coleção. Caso achasse alguma que lhe parecesse pertinente, tirava então um xerox que deixava pronto para a próxima sessão com aquele cliente. Entregava-lhe então a história. Parca adaptação da habilidade de repentista de Milton Ericson. Curioso... também funcionava... parece mesmo que pequenas histórias possuem grande poder de cura... pelo menos para alguns clientes. Não fosse isso uma limitação de sua iniciante coleção de histórias. Ou ainda, de sua inexperiência em escolher a história certa para cada cliente no momento certo. Sim, o pulo do gato se encontrava em saber escolher a história certa, na hora certa, para o cliente certo. Coisas que dependem de intuição, talento, gosto, sincronicidade, prática ou sabe-se de que outras mazelas da subjetividade. Mas a coisa prometia...

Quando se deu conta, estava utilizando linguagem escrita como recurso complementar no trabalho terapêutico com mais de um terço de seus clientes. Para trabalhar com sonhos e pequenas histórias. E sua coleção de pequenas histórias já contava com o incrível acervo de 3.587 exemplares, espalhados pelo caos de escrivaninhas, gavetas, armário do banheiro, em cima da televisão, debaixo da pia, atrás da orelha, no saco de comida do cachorro, dentro do cesto de roupa suja, no bolso de amigos, e por todos os escaninhos de sua conturbada existência. Normalmente um anjo da guarda tomava conta. E colocava debaixo dos olhos do terapeuta na hora certa, a história certa. Um dia, não se sabe se saído de férias, o anjo lhe faltou. E como haveria então de achar o que estava procurando?

Por onde mesmo? Aturdido, cambaleante, confuso, gaguejante, desamparado...

Desconcertado, subitamente percebeu que nem mais sabia o que estava procurando. Um pequeno raio de lucidez. Sem o anjo, jamais encontraria se não soubesse o que procurar. Outro raio, este maior, e de irritação. Onde se encontrava o tal do anjo? O tal que lhe faltara... o anjo a estas alturas traidor... Mas como pessoa convenientemente trabalhada terapeuticamente, não perdeu muito tempo em maldições ao anjo. Nem sequer com autopiedade, lamúrias e lamentações. Cambaleante ainda, colocou o casaco, pegou a cartola e a bengala, e foi de bonde até a rua Santa Efigênia. Onde, segundo lhe dizia seu avô, podia se encontrar de tudo, de rabo-de-tatu a orelha de elefante. Na verdade, comprou de segunda mão um desses arquivos de escritório. Ao chegar em casa, para sua surpresa, encontrou todas as 3.587 histórias arrumadas em seis pilhas de metro e vinte de altura. Nunca pôde descobrir ao certo se aquilo fora trabalho do Super-homem, dos ratinhos da Gata Borralheira ou de seu anjo gazeteiro.

Incontinênti lançou mão de tradições aristotélicas, e, sacando da nomotética, colocou-se em busca de um critério classificatório para as 3.587 histórias. Achou que seria razoável guardar as histórias classificadas por suas origens: assim, histórias judaicas, histórias gregas, histórias de fadas, histórias de literatura etc. Neste momento ouviu a vizinha brigando com a filha a gritar: "Pra que você quer, por que guarda esse monte de coisa velha, que utilidade terão?!" Fosse o tom rude da mulher, fosse porque às vezes tinha acessos de auto-referência, o fato é que pensou, de fato mais do que pensou, teve certeza de que era com ele que a mulher gritava. E como estava a cogitar como classificaria suas histórias repetiu: "Sim, para que as quero... para que vou utilizá-las...?" Deteve-se sobre a questão. Respondeu, compenetrado: "Para ajudar meus clientes a resolver suas questões".

Imbuído que estava de ótica nomotética, em busca de critérios classificatórios, começou a matutar. Como classificar histórias para extrair todo o seu poder de cura? Espremeu suas reflexões a respeito da perspectiva complementar. Se iria partir de situações vividas por seus clientes para procurar histórias pertinentes, a nomotética deveria se aplicar às situações vividas por eles. Tanto as histórias como os clientes eram singulares. Mas o fio que unia com pertinência suas singularidades encontrava-se oculto. De um lado, uma pessoa vivendo um enredo. Intensamente emaranhada. Quase sufocando, debatendo-se por viver. Tal como uma libélula presa a uma teia de aranha. De outro lado, suas seis pilhas de histórias de um metro e vinte de altura amontoadas pelos ratinhos da Gata Borralheira. A mágica existia: a história com a tessitura certa, se lançada em momento adequado, desmanchava o enredo. Libertava a libélula para novos vôos. A teia continuava a existir. Mas com o seu poder de grude e atração diminuídos. E com uns tantos fios a menos. Da próxima vez prenderia menos. E necessitaria de outra história que correspondesse à nova tessitura. Em casos normais, de acordo com exímios cálculos matemáticos, seriam necessárias em média, 15,8 ou 27,4 histórias, não me recordo ao certo, para desfazer totalmente uma teia dessas. Considerada a exatidão de pertinência das singularidades. Entre a história e o enredo. Garantida a temporalidade de um relógio suíço.

Estava portanto à procura de um jeito de organizar 3.587 histórias em um arquivo comprado na Santa Efigênia. De modo a facilitar o encontro com a história certa, na hora certa, para o cliente certo, caso o anjo não comparecesse. Ou caso o relógio suíço desregulasse. Como estava determinado, e a nomotética devia se aplicar aos enredos dos clientes, concentrou-se e logo bateu com uma solução possível. Enredos de perda, enredos de raiva, enredos de ciúmes, enredos de abandono, enredos de impotência... Sim, poderia ordenar as histórias de acordo com os temas de vida dos clientes.

Num segundo iniciou a ordenação das histórias por enredo.

Durante horas e horas tentou destrinchar o emaranhado de enredos. Sim, porque não existe abandono sem dor, dor sem raiva, dor sem desamparo, ciúmes sem raiva, e adiante todas as filigranas e labirintos com que se entrelaçam os milhares e semitons de qualquer vivência emocional. Acabou tendo de escolher a cor prevalecente que coloria cada história. Um certo predomínio de algum sentimento com que se interrompe o livre vôo das libélulas. E se aprisiona com palavras o fluxo do existir. Sim, porque costumamos identificar os sentimentos com o nome que damos a eles. E é tão precário falar de sentimentos puros quanto falar de cores puras. Na verdade, a linguagem falada é linear; tende a fazer com que o fluxo da consciência seja percebido de forma linear, quando a vida das emoções é antes magma, caleidoscópio, um caldo de cores simultâneas onde se misturam em graus variados as diversas cores da paleta.

Enredos emocionais muitas vezes são cristalizações de fluxos de consciência nomeados de modo inadequado. Daí o poder curativo de palavras e histórias. Enigmático poder... fosse simples e bastaria recorrer ao dicionário. Ou ler uma coletânea de histórias. Palavras e histórias são seres que habitam as relações. E brotam circunstanciadas na temporalidade. O momento certo...

Mas divagações quem as faz é o narrador. O nosso terapeuta prossegue diligente em seu trabalho classificatório. E o simples fato o entretém. Quando lhe faltasse o anjo, procurar histórias em um arquivo da Santa Efigênia seria bem mais simples do que encontrá-las nos escaninhos de sua conturbada existência. Por fim lá estavam as suas 3.587 histórias ordenadas em 37 categorias. Ordenação que poderia ser rearranjada e refinada a qualquer momento. Talvez até para o anjo fosse mais simples achá-las no arquivo. Caso não estivesse gazeteando e resolvesse ajudar. Convém assinalar que a estas alturas o terapeuta já havia se reconciliado com o anjo. E se dado conta de que podem acontecer coisas interessantes quando o anjo não se encontra por perto. O que não devemos é ignorá-lo ou bani-lo de nossa convivência. Banir o anjo é torná-lo um diabrete. Melhor não banirmo-nos de sua convivência. Como se pode perceber, mesmo em assuntos angelicais, mutualidade e interdependência encontram-se presentes. Aliás, a própria teologia equivoca-se a esse respeito: Deus não se encontra em toda parte. Poderia, mas não vai a qualquer lugar.

Em seus atendimentos, o terapeuta continuou pois a utilizar procedimentos mediados pela escrita. Ora manuscritos, ora xerocados. Embora, de alguns anos a esta parte, começassem a lhe aparecer alguns clientes informatizados. Gente maluca, novidadeira... Mas também hoje em dia... essa maluquice anda por toda parte... cada vez mais...

Ao aproximar-se da barreira do milênio, resolveu que deveria informatizar-se. Imbuído de coragem, tornou à Santa Efigênia e desta vez voltou montado em uma configuração completa de última geração da informática. A melhor da praça, montado na Barra Funda, pela metade do preço das boas marcas consagradas. Desta vez o anjo não queria acompanhá-lo de jeito nenhum. Foi arrastado. Negou-se terminantemente a acompanhar a montagem da parafernália. De longe, no canto do quarto, já tornado em meio diabrete, divertia-se com a dificuldade representada pelo emaranhado de fios. Periféricos para tudo quanto é lado. A serem conectados a "slots"... Imagine se isso é nome de buraquinho de encaixe... Encaixes de um pino, dois, nove, doze, até vinte e um pinos deveriam se encaixar. O monitor trazia-lhe associações negativas com a Rede Globo e outros canais. Invariavelmente o anjo preferia cochilar a acompanhar a programação. Houve casos em que saiu da sala indignado e foi esperar no quarto.

Com o passar do tempo, como o terapeuta que gostava de ler e escrever tivesse se engalfinhado em luta insana para aprender a utilizar o computador, o anjo, a princípio sorrateiro, depois já debruçado por cima do ombro do terapeuta, começava a entender de informática também. E desafiado, começou a dar lá os seus palpites. Por fim, acabou descobrindo-se necessário também ali.

Em seu trabalho de atendimentos, que ninguém é de ferro e todos necessitam trabalhar de vez em quando, o terapeuta passou a receber sonhos de seus clientes por e-mail e a enviar pequenas histórias pela internet. Mais uma adaptação na prática inspirada de repentista de Milton Ericson. Começou a refletir sobre as coisas que passaram a acontecer.

Coisas interessantes. Ao que tudo indica, a linguagem escrita solicita ou proporciona algum tipo de proximidade com o que vai ser relatado que não acontece com a linguagem falada. Requer ou possibilita uma elaboração qualitativamente diferente do vivido. Permite a apropriação de experiências que, de outro modo, não se integrariam ao ego. Passam a estar disponíveis como testemunho de momentos oníricos ou de vigília que, de outro modo, se perderiam. Acreditem: em alguns casos funciona.

Quando essas trocas passaram a ser feitas por computador, como recurso complementar do processo terapêutico, alguns fatos novos interessantes puderam se verificar. Um dos clientes passa a levantar e a redigir o sonho na hora mesmo em que se dá conta de que sonhou. Em seguida envia-o ao terapeuta por e-mail. Alguns clientes, que vivem estados negativos muito intensos, passam a escrever sobre estes estados e a registrar um depoimento na hora em que isto está sendo vivido. E obtêm alívio ao poder estabelecer proximidade com a vivência de modo estruturante em vez de quase insuportável. E enviam o pão quente para o terapeuta por e-mail. Sentem alguma espécie de conforto ao poder nestes momentos se comunicar com o terapeuta de algum modo. O terapeuta pode ter impressões e refletir sobre estas vivências antes da próxima sessão com o cliente.

O terapeuta passou a pesquisar sua coleção de pequenas histórias no computador, no momento em que voltava a ter durante a semana uma impressão forte a respeito de algo ocorrido na última sessão com algum cliente. E a enviava através de e-mail.

Em suas atividades lúdicas, com sua coleção informatizada de 3.857 pequenas histórias, cruzava com alguma que o fazia lembrar-se de algum cliente. Guardava-a separada já como anexo a um e-mail na caixa de rascunhos. Tal como antídoto precioso contra algum veneno psíquico que às vezes se constelava como dinamismo atuante. Com todo seu poder de cura à espera do momento certo.

Parece que o anjo de vez em quando ajudava, visto que algumas vezes é como se o anjo premunisse o terapeuta para um movimento que ia se constelar. Os clientes se beneficiaram com este contato mediado por computador, que representava uma segunda forma de comunicação com o terapeuta, no intervalo entre uma sessão e outra. Sentiram-se estimulados a se deter e a relatar por escrito sonhos e outras vivências que aconteciam durante a semana.

Este modo complementar de estabelecer trocas entre cliente e terapeuta sem dúvida pareceu benéfico para os dois. O terapeuta, que gostava de ler e de escrever, sentiu-se estimulado a adquirir novos conhecimentos de informática. Para seu desafio pessoal e para poder lidar melhor com suas atividades de escrever e de atender clientes.

Até o anjo ficou estupefato quando o terapeuta descobriu que o computador lhe permitia saber quais entre as 3.587 histórias continham a palavra raiva. Através de uma única manobra, o comando Localizar. Passada a surpresa, chegou a sentir-se inseguro, achando que pudesse perder a função de anjo. Matutou, matutou e acabou descobrindo que não... Poderia continuar sendo útil. Mais do que depressa, soprou no ouvido do terapeuta: "Esta possibilidade de busca complementa, se é que não dispensa inteiramente, seus esforços nomotéticos de classificar as histórias... Você pode localizar todas as histórias que mencionam raiva, independentemente de onde as tenha classificado". Anjo e terapeuta, ambos tiveram uma crise de estupor. Não se sabe qual dos dois entrou em surto. E nem se esse surto era de criatividade ou de loucura.

Um dos dois ou os dois juntos, o terapeuta e o anjo criaram um site na internet. Publicaram esta crônica para inaugurar uma das sessões do site a que deram o nome de Arca de Projetos. Naquela sessão seriam colocadas e discutidas as idéias com possibilidades de utilização do computador como recurso complementar para as atividades clínicas em psicologia. No mesmo site criaram uma Arca de Histórias onde foram colocadas as 387 melhores histórias da coleção do terapeuta que gostava de escrever e de ler. E também uma Arca de Sonhos, para onde poderiam ser enviados sonhos que tivessem causado impressões fortes em algum terapeuta. Uma Arca Alquímica com o subtítulo: Transformação de sonhos em histórias curativas, para onde deveriam ser mandadas pequenas histórias inspiradas nos sonhos da Arca de Sonhos. Arca de Sessões, para onde deveriam ser enviadas sessões, com pedido de indicação de histórias. Tudo isso como parco substituto para o dom de repentista de histórias que Milton Ericson possuía.

O site ficou famoso. Parece que um bom grupo de terapeutas que gostavam de ler e de escrever, que gostavam de sonhos e de pequenas histórias, que tinham lá a sua quedinha por inovações tecnológicas e eram acompanhados por anjos gazeteiros, começaram a participar do site em todas as Arcas propostas. Em menos de dois anos constavam do site mais de duas mil histórias, trezentos e tantos sonhos, oitenta e três sessões com pedidos de história atendidos, e duzentas e quinze pequenas histórias inspiradas em sonhos. Com sugestões inovadoras foram criadas umas quantas Arcas novas.

Dizem as más línguas que o site foi, sem dúvida, criado sob inspiração do anjo, que assim poderia gazetear sem maiores preocupações, uma vez que os terapeutas podiam contar mais uns com os outros na aplicação destes recursos complementares para o processo terapêutico. Tudo com características um tanto democráticas, já que poderia participar do site, sem discriminação de cor, raça, religião, filiação em correntes de psicologia, titularidade acadêmica, enfim, qualquer cidadão, vacinado ou não, que possuísse o endereço do site.

Parece que algumas histórias com grande poder curativo foram sugeridas por leigos, imagine... Mais tarde veio-se a descobrir que era um geólogo especialista em rochas, um maluco que passou a enviar histórias incríveis, inspiradas em sonhos que lia no site. Com base no que certos acadêmicos constataram formas inteiramente insuspeitáveis de se exercer a multidisciplinaridade. Claro, de vez em quando aparecia alguém do contra. Um deles inventava sonhos impressionantes baseando-se em alguma história lida na coleção.

De modo geral os anjos gostaram. Podiam gazetear mais à vontade. Exceção feita, é claro, aos anjos dos administradores do site. Estes não podiam despregar o olho. Com a quantidade de questões técnicas do site, com a quantidade de situações onde deveriam contar com o bom senso, com discernimento, com critérios éticos, com habilidades para lidar com pessoas problemáticas, com questões políticas que surgem em qualquer grupamento humano... Enfim, tudo para manter o espírito e aspirações que inspiraram a criação do site.

Os leigos que visitaram o site, mesmo sem colaborar, ficaram um pouco mais esclarecidos a respeito do uso que alguns terapeutas fazem de sonhos e histórias. E de como poderiam ser algumas sessões de atendimento em psicoterapia. Parece que de algum modo vazou o e-mail de alguns terapeutas, que passaram a ser procurados por leigos para psicoterapia. Discutiram-se aspectos éticos da questão. Provisoriamente isto não foi permitido. Alguns leigos começaram a mandar solicitação de indicação de terapeutas que trabalhassem de modo mais ou menos parecido com esse. Outros mais ágeis começaram a descobrir o endereço de consultório, com base no nome dos terapeutas que enviavam material para o site. Em toda colaboração constava apenas o nome do colaborador... Simples consulta ao catálogo telefônico... Ou às listas públicas de e-mail... Alguns leigos começaram a pedir ajuda. De modo mais direto. Outros nem tanto. Veio-se a descobrir que um freqüentador habitual do site pegou o jeito de apresentar sessões e passou a forjá-las com grande habilidade para obter histórias com poder curativo para o seu caso pessoal. Claro que não funcionavam... Faltava a magia da presença e da interlocução. Faltavam olhos para se sentir visto... Faltavam ouvidos para se sentir escutado. Faltava vínculo para se sentir acompanhado... e em condições de enfrentar determinadas questões que o atormentavam.

Como se pode imaginar, esta crônica não acabou, se é que tem fim, uma vez que ela se refere a um processo de criação coletiva.

O que daqui por diante poderia ser relatado, seria apenas fruto do hedonismo de um terapeuta que se compraz em escrever.

Exemplo de história enviada em momento adequado para cliente com problemas constantes de agressividade e que vivia se justificando cheio de razões para ser agressivo

Lobos Internos!

The Wolves Within – Autor Desconhecido

Tradução: Sílvio Darci da Silva

Um velho avô disse a seu neto que veio a ele com raiva de um amigo que lhe havia feito uma injustiça: "Deixe-me contar-lhe uma história. Eu mesmo, algumas vezes, senti grande ódio daqueles que 'aprontaram' tanto, sem qualquer arrependimento daquilo que fizeram. Todavia, o ódio corrói você, mas não fere seu inimigo. É o mesmo que tomar veneno desejando que seu inimigo morra. Lutei muitas vezes contra estes sentimentos".

E ele continuou:

"É como se existissem dois lobos dentro de mim. Um deles é bom e não magoa. Ele vive em harmonia com todos ao redor dele e não se ofende quando não se teve intenção de ofender. Ele só lutará quando for certo fazer isto, e da maneira correta.

Mas, o outro lobo, ah!, este é cheio de raiva. Mesmo as pequeninas coisas o lançam num ataque de ira! Ele briga com todos, o tempo todo, sem qualquer motivo. Ele não pode pensar porque sua raiva e seu ódio são muito grandes. É uma raiva inútil, pois sua raiva não irá mudar coisa alguma! Algumas vezes é difícil conviver com esses dois lobos dentro de mim, pois ambos tentam dominar meu espírito."

O garoto olhou intensamente nos olhos de seu avô e perguntou:

"Qual deles vence, vovô?

O avô sorriu e respondeu baixinho:

"Aquele que eu alimento mais freqüentemente."

Awareness

Pesquisando na *web*: novas metodologias de pesquisa teórica e conceitual[*]

Introdução

Este artigo tem como objetivo explorar algumas das novas possibilidades de trabalho intelectual que se abrem com a utilização da internet como instrumento de pesquisa, aquisição e produção de conhecimentos. Os levantamentos servem apenas como exemplo do que é que se pode obter na *web*; não serão feitas grandes elaborações sobre o material encontrado.

Navegar é preciso. E estamos na era pré-colombiana em matéria de navegação internética. Como bússola, nada além de curiosidade e uma rede de associações livres. A fenomenologia da *web* produz a cada dia configurações novas, caleidoscópicas, mutantes, num espaço pluridimensional em criação que não conseguimos sequer vislumbrar. (Haja neurônios!) Como toda verdadeira criação. Nossa época é tão instigante quanto a das grandes descobertas marítimas. E as transformações igualmente abrangentes. Apenas que desta vez navegamos no mar de nossas criações. Navegar na *web* é navegar na própria cultura.

Toda a cultura humana, passada e presente, está sendo colocada na internet a uma velocidade incrível. Como exemplo, uma pesquisa realizada em maio de 1998, apresentava 739 páginas

---

[*] Este artigo é o resumo de um trabalho apresentado no V Encontro Goiano de Gestalt-terapia, em 2000.

contendo a expressão Gestalt-terapia. Em abril de 1999, a mesma pesquisa, guardada como *link*, reportava 2.656 páginas. Um crescimento da ordem de quase 400% em menos de um ano. Haja Gestalt-terapia... (Em 3 de novembro de 2005, chegamos a 186 mil páginas na internet que contêm a expressão Gestalt-terapia. Se colocarmos a expressão em língua inglesa, a quantia chega a 554 mil páginas, obtidas em 0,03 segundo pelo instrumento de busca Google.)

Com mais de 150 países com acesso à internet, em 2002, falava-se em 619 milhões de pessoas acessando a *web*. Calcula-se que hoje são 957 milhões de internautas em todo o mundo. (2005)

Em abril de 1998, estimava-se em 320 milhões o número de páginas na *web*. Atualmente, fala-se em 11,5 bilhões de páginas indexadas. E tudo isso com um recurso inédito muito simples mas que revoluciona toda a estrutura da comunicação: o <u>hipertexto</u>.

O hipertexto possui uma única diferença em relação ao texto comum. Ele permite *links*.

Esta pequena diferença, no entanto, altera completamente as características e possibilidades da linguagem. Pois o texto deixa de ser exclusivamente linear, passando a apresentar também conexões múltiplas, com outros textos colocados em outros endereços na *web*, podendo conectar-se a outros tipos de linguagem, tais como imagens, sons, clipes de animação, filmes, vídeos, outros textos, e-mails, que se acrescentam como possibilidades às notas de rodapé, parênteses, referências, citações, bibliografia, ilustrações, gráficos, tabelas e anexos. Basta um clique. E você é transportado para algum outro lugar onde se encontra mais informação.

Como resultado, todas as fontes das citações obtidas na *web* encontram-se imediatamente acessíveis, a um clique de distância.

Os *links* são meios de transporte que acessam outras informações. E podem ser classificados de acordo com o lugar onde buscam e a forma da informação a que dão acesso. Cada *link* acessa um destino ou endereço na *web*. Que por sua vez guarda algum tipo de informação.

Nota: No trabalho original, versão a ser acessada no computador, foi colecionada uma série bem maior de citações de *awareness*, com os respectivos endereços na internet, guardados como links, que dão acesso ao documento original de onde foram extraídas as citações. Também no original se encontram vinculadas várias outras páginas de pesquisas sobre *awareness*.

Pesquisando o conceito de *awareness*

Diante de tamanha revolução, comecemos de modo clássico: com uma citação de uma autora consagrada: Laura Perls em *An oral history of Gestalt therapy*, de Edward Rosenfeld. E aqui, também de modo clássico, com ela retornemos aos gregos:

"A palavra grega para *awareness*, *aisthanomai*, "percebo", o caminho para a estética; esta palavra é uma forma intermediária entre o ativo e o passivo".

Obtido em: http://www.gestalt.org/perlsint.htm

E o que nos diz a internet sobre *aisthanomai*?

Dos oito páginas encontradas (atualmente o número de páginas subiu para 589), uma delas é um dicionário de grego que nos ensina:

Endereço do verbete 143 e seguintes na *web*: http://www.sacrednamebible.com/kjvstrongs/STRGRK1.htm

143

aisthanomai {ahee-sthan'-om-ahee}

of uncertain derivation; TDNT − 1:187,29; v

AV − perceber1; 1

1) o ato de perceber

1a) com os sentidos corporais

1b) com a mente, compreender

144
aisthesis {ah'-ee-sthay-sis}
from 143; TDNT – 1:187,29; n f
AV – julgamento 1; 1
1) percepção, não apenas com os sentidos mas com o intelecto
2) cognição, discernimento
2a) discernimento moral em questões éticas
145
aistheterion {ahee-sthay-tay'-ree-on}
from a derivative of 143; TDNT – 1:187,29; n n
AV – sentidos1; 1
1) faculdade da mente de perceber, entender, julgar

Não admira tenhamos dificuldades em entender e mesmo em traduzir o termo *awareness*. Ao coletar as significações do grego nos damos conta de que encerram ao mesmo tempo: o ato de perceber com os sentidos corporais, com a mente, compreender, cognição, discernimento, apreensão do sentido moral em questões éticas; faculdades da mente de perceber, entender e julgar.

Acaso é sensato entender que os gregos – logo quem?! – teriam apenas três palavras para todas estas atividades? Ou que confundiam umas com as outras?

Preferimos o entendimento heiddegeriano: "O que é dito na língua grega é, de modo privilegiado, simultaneamente aquilo que em dizendo se nomeia. Se escutarmos de maneira grega uma palavra grega, então seguimos seu *légein,* o que expõe sem intermediários. O que ela expõe está ai diante de nós. Pela palavra grega, verdadeiramente ouvida de maneira grega, estamos imediatamente diante da coisa mesma, aí diante de nós, e não primeiro diante de uma simples significação verbal".

Então *aisthanomai, awareness,* é tudo isso. Apenas isso. Aquilo que em se dizendo se mostra. Uma palavra que engloba o que lá, e então, talvez não estivesse tão cindido. Perceber, entender e avaliar.

Também é esclarecedor localizar que a citação heiddegeriana acima, se encontra em *Que é isto a filosofia* (obtido em: http://www.odialetico.hpg.ig.com.br/filo2.htm) na passagem em que ele se refere à palavra *philósofos* como tendo sido presumivelmente criada por Heráclito. Tempos pré-filosóficos aqueles, no entender de Heiddeger, em que a linguagem nos remetia ao que se mostra. Talvez naqueles tempos a palavra estivesse mais próxima daquilo que nomeia porque *aisthanomai* revela ao mesmo tempo perceber, entender e avaliar.

Poderíamos então entender *awareness* como a integração de todos os sentidos contidos em *aisthanomai*, em que todas estas atividades seriam exercidas de modo integrado, de posse de nossas melhores possibilidades, para dizê-lo de modo atual.

Um segundo verbete sobre *aisthanomai*, por feliz acaso, é a respeito das possibilidades de ensino com hipertexto; obtivemos:

Novas histórias para novos leitores: páginas a percorrer – Transportando a literatura para a era eletrônica.

Coletânea de artigos de diversos autores, por Ilana Snyder, outubro 1997

Nota: Infelizmente o *link* acima para o livro editado por Ilana Snyder foi retirado da internet por interesses comerciais, e o livro se encontra agora em sites de venda de livros. O mesmo se aplica, portanto, ao capítulo 8 de Michael Joyce abaixo citado.

No Capítulo 8

Novas histórias para novos leitores: coerência, contornos e hipertexto construtivo.

Por Michael Joyce

"A voz intermediária no grego não é ativa nem passiva, e nos fornece um meio de vermos onde nos encontramos. Na voz intermediária o sujeito realiza a ação, mas a ação de algum modo retorna ao sujeito, isto é, o sujeito está interessado na ação. Em grego, a voz intermediaria torna o significado do verbo *'take' (airo) into 'choose' (airoumai)*; 'pegar' se transforma em 'escolher' e 'ter' se transforma em 'manter-se próximo'. Em grego, o verbo *'perceive' (aisthanomai)* se encontra sempre na voz intermediária; algo que se faz sempre com consciência."

Aqui se esclarece que ativo e passivo, já encontrados na citação de Laura Perls, se referem ao verbo. Na voz ativa o sujeito executa a ação. Na passiva ele sofre a ação contida no verbo. Na voz intermediária, talvez fique melhor dito, ele executa e sofre a ação. *Awareness* não seria então o agir que se dá conta de que sempre que agimos, sofremos também a própria ação? Não seria esse o sentido do agir responsável, tão caro a Perls? Sabermo-nos responsáveis por nosso agir? De que somos o agente daquilo que sofremos? Ou, ao menos, que esta é a parte que nos cabe. E que se refere àquilo que em nós podemos mudar? E com isso mudar o nosso viver? O nosso destino? Carma, em sentido profundo significa ação. O homem é contingente. O homem é o homem e suas circunstâncias. Não é isto o estar lançado? Tantas vezes perdidos. Sem sabermos o que somos e o que são as circunstâncias? Apenas o agir que se dá conta de si pode dar conta das circunstâncias. Apenas assim podemos contar conosco. E apenas isso nos confere dignidade.

Assim se esclarece a segunda oração da citação de Michael Joyce: "...nos fornece um meio de vermos onde nos encontramos".

Na seqüência Michael Joyce nos ensina que em grego, a voz intermediaria torna o significado do verbo *"take" (airo) into "choose" (airoumai)*; "pegar" se transforma em "escolher". Tenho certeza de que Perls apreciaria imensamente esta transformação. Dar-se conta de que ao "pegar" exercemos sempre uma "escolha" é a mágica de muitas curas instantâneas. Um verdadeiro *insight*. Pequenas mudanças que causam revoluções. É este o agir da *awareness*. É nesse sentido que sempre temos escolhas. E que elas constituem nosso ser pessoal.

Consultada então uma gramática de grego encontrada na *web* podemos obter a respeito da voz intermediária do verbo:

http://www.perseus.tufts.edu/cgi-bin/ptext?doc=Perseus%3
Atext%3A1999.04.0007;query=head%3D%23499;layout=;loc=
1703

Voz Intermediária:

1713. A voz intermediária mostra que a ação é executada com referência especial ao sujeito: Eu me lavo.

1714. A voz intermediária representa o sujeito fazendo alguma coisa em que está interessado. Ele pode fazer algo em si próprio, para si próprio, ou pode fazer algo com alguma coisa que lhe pertence.

1717. A voz intermediária reflexiva direta representa o sujeito agindo diretamente em si mesmo. Aqui o objeto direto é o si mesmo. Enfeitar-se, lavar-se, exercitar-se, untar-se etc.

1728. Diferenças entre a voz ativa e a voz intermediária: em contraste com a voz ativa, a intermediária coloca ênfase na atividade consciente, com participação ativa do agente mental e corporalmente.

E, seguindo o comentário de Michael Joyce, ao explorar a palavra *take* do inglês, podemos verificar que possui, segundo o *Webster's New Collegiate Dictionary*, (http://www.m-w.com/) nada menos que 20 significados na língua inglesa, outro tanto na sua forma intransitiva, além de 22 sinônimos segundo o Thesaurus do mesmo dicionário.

E que *choose*, segundo a mesma fonte, provém do latim *gustare*, experimentar, provar, saber a, degustar. Com 11 sinônimos segundo o mesmo Thesaurus.

Não se trata aqui de questões semânticas ou lingüísticas. Trata-se, sim, de nosso modo de estar no mundo. Apenas o agir que sabe de si pode dar conta das circunstâncias. E apenas isso nos confere dignidade.

Voltemos a Michael Joyce: "...e 'ter' se transforma em 'manter-se próximo'. Não seria esse o mal de nossa cultura? A voracidade e incompletude do ter? Não seria essa a busca? A falta de proximidade? Não é então verdade que só dispomos daquilo de que nos mantemos próximos? Não seria essa a cura? Da cultura e de cada um? As circunstâncias não nos favorecem. Nosso meio cultural está imerso na hegemonia do ter e não cultiva a proximidade. Mas se estamos imersos na cultura, também somos seus produtores. Não seria isso *awareness* cultural?

E o que nos diz o *Webster* sobre *awareness*? http://www.m-w.com/dictionary/awareness

No dicionário:

> *Originalmente do adjetivo arcaico, com sentido de alerta. Como adjetivo denota uma qualidade, um modo de estar no mundo. Ao se transformar em substantivo,* awareness, *então se associa aos significados de alerta, acordado, cognoscente, consciente, sensível, vivo. Alerta implica estar vigilante, observar e extrair significados do que se experimenta; (alerta por exemplo, às mudanças de clima). Consciente implica que se esteja focando a própria atenção em algo; (ciente de que meu coração está batendo). Sensível significa especialmente a percepção direta ou intuitiva de estados emocionais. Vivo significa que se está vivo para alguma coisa. (No dizer heiddegeriano, aberto, disposto.)*

No Thesaurus:

> *Dar-se conta, perceber, ter conhecimento, freqüentemente de algo que normalmente não se percebe, não se dá conta ou se sabe.*

Tem como sinônimos vivo, preocupado, voltado para, cognoscente, consciente, sabendo, relacionando-se com algo, sapiente, sensível, alerta, testemunhando.

E, como antônimos, anestesiado, impassível, insensível, ignorando, desconhecendo.

"Tudo muda exceto a própria mudança."

"Tudo flui e nada permanece; tudo se afasta e
nada fica parado....Você não consegue se
banhar duas vezes no mesmo rio, pois outras
águas e ainda outras sempre vão fluindo.... É
na mudança que as coisas acham repouso...."
Heráclito, fragmentos
(http://www.geocities.com/Athens/4539/tudomuda.html)

Heráclito para Crianças

Awareness não seria então esse modo de estar em contato com o próprio fluir?

Gestáltico esse grego... ou heráclita essa nossa gestalt...?

Son los Ríos, Somos el tiempo. (http://calli.matem.unam.mx/otra/tutorial/ejemplo22.html)

"Somos la famosa parábola de Heráclito el Oscuro.

Somos el agua, no el diamante duro, la que se pierde, no la que reposa. Son los Ríos,

Somos el tiempo."

E com a poesia esbarramos na estética. A outra referência contida na citação de Laura Perls: "...o caminho para a estética... uma forma intermediária entre o ativo e o passivo".

E, para finalizar, a respeito do caráter de presença, do flagrante, da imediaticidade do conceito de *awareness*, encontramos na *web*:

Oblique Knowledge: The Clandestine Work of Organizations, Professeur Philippe Baumard, Université de Versailles Saint Quentin Dept. de Management 47, Bd Vauban 78280 Guyancourt – France

Abaixo citações traduzidas do texto encontrado em:

http://www.iae-aix.com/index_redir.php?page=http://www.iae-aix.com/cv/enseignants/baumard/pages/oblique_knowledge.htm

> *"Mètis é ao mesmo tempo uma divindade grega e um modo de conhecimento."*
>
> *"Mètis é aquela forma de inteligência prática que se utiliza do conhecimento conjectural e oblíquo, que se antecipa e modifica e influencia o curso dos acontecimentos na adversidade e na ambigüidade. Quando as generalizações (episteme) falham ao lidar com uma situação mutante e imprevisível; quando a técnica (techne) não alcança uma realidade fluida e escorregadia; quando a sabedoria prática, advinda das práticas sociais (phronesis) não encontra soluções para um evento inseguro e mutável, aqui entra em ação a quarta dimensão do conhecimento, que não consta de nenhum tratado, que nenhuma palavra pode conter inteiramente, um conhecimento de atalhos, de antevisão sagaz, de intervenção perspicaz, ainda mais mutável do que a situação de que deve dar conta; discreto, operativo, conjectural: o Mètis."*
>
> *"Para testar o contructo de métis tal como praticado na Grécia antiga e apontado por Detienne e Vernant, "um tipo de inteligência e pensamento, um modo de conhecimento que implica um conjunto complexo e coerente de atitudes mentais e comportamento intelectual que combina gosto e aptidão, sabedoria, antecipação, sutileza da mente [...] abundância de recursos, vigilância, oportunismo, habilidades variadas, e anos de experiência adquirida (Detienne, Vernant, 1978, p. 3)."*
>
> *"Para atender aos critérios do constructo acima, o critério para iniciar Mètis 'aplica-se a situações transitórias, cambiantes, desconcertantes e ambíguas,*

> *situações que não se prestam à mensuração precisa, a*
> *cálculos exatos ou à lógica rigorosa'.*
> *(Detienne, Vernant, 1978, p. 4)"*

Uma segunda possibilidade de pesquisa: relacionando *awareness* com autores e a outros conceitos

Foram realizadas pesquisas que relacionavam páginas na *web* em que constasse a palavra *awareness* e o nome de cada um dos autores. Na tabela abaixo, os números se referem às pesquisas realizadas em 1999 e 2000. A última coluna da direita apresenta números mais atuais (2005) de páginas da *web* com a palavra *Awareness* e nome de alguns autores.

AWARENESS E ...	1999	2000	2005
Awareness e Freud	104	218	
Awareness e Jung	76	159	48.800
Awareness e Heidegger	14	17	
Awareness e Reich	41	65	21.200
Awareness e Goldstein	28	69	
Awareness e Wertheimer	18	85	3.060
Awareness e Buber	18	27	
Awareness e Rogers	64	147	24.000
Awareness e Perls	146	317	
Awareness e Laura Perls	37	67	553
Awareness e Isadore From	28	39	
Awareness e Goodman	72	151	27.400
Awareness e Hefferline	52	90	
Awareness e Simkin	26	43	309
Awareness e Polster	40	70	
Awareness e Yontef	25	53	
Awareness e Wheeler	19	31	
Awareness e Jacobs	23	43	
Awareness e Wysong	17	38	
Awareness e Barry Stevens	31	56	
Awareness e Vincent Miller	10	24	
Awareness e Krippner	6	9	
Awareness e Zinker	29	41	
Awareness e Naranjo	13	35	

Você poderá pesquisar por exemplo o uso e o entendimento que cada autor tem do conceito de *awareness*.

Como curiosidade, a palavra *awareness* é utilizada 114 vezes no artigo *Gestalt Therapy: An Introduction* by Gary Yontef, Ph.D. Confira.

http://www.gestalt.org/yontef.htm

Também como curiosidade, na tabela acima salientam-se:

82% dos artigos que mencionam Heidegger mencionam *awareness*

71% dos artigos que mencionam Isadore From mencionam *awareness*

70% dos artigos que mencionam Zinker mencionam *awareness*

Tabela de *Awareness* e outros conceitos

42 CONCEITOS

AWARENESS E ...	1999	2000
Awareness e Workshop	109	287
Awareness e Contact	190	922
Awareness e Figure/Ground	13	101
Awareness e Figure	64	259
Awareness e Aggression	53	261
Awareness e Avoidance	25	98
Awareness e Organismic	19	36
Awareness e Breathing	58	221
Awareness e Conflict	90	150
Awareness e Character	75	324
Awareness e Defense	47	253
Awareness e Environment	152	723
Awareness e Fantasy	36	147
Awareness e Integration	125	610
Awareness e Present	193	841
Awareness e Resistance	52	226

(continuação)

AWARENESS E ...	1999	2000
Awareness e Self	295	1.424
Awareness e Regulation	37	220
Awareness e Projection	37	125
Awareness e Ego	86	318
Awareness e Neurosis	36	152
Awareness e Pathology	36	216
Awareness e Pathologic	0	16
Awareness e Border Line	8	32
Awareness e Psychotic	14	113
Awareness e Diagnosis	99	525
Awareness e Diagnose	11	87
Awareness e Diagnostics	14	68
Awareness e Unconscious	1	330
Awareness e Identification	54	270
Awareness e Confluence	18	28
Awareness e Retroflection	14	15
Awareness e Deflection	8	9
Awareness e Dialogic	9	20
Awareness e Boundaries	50	197
Awareness e Existential	98	196
Awareness e Psicoanalisis	2	11
Awareness e Phenomenological	47	69
Awareness e Phenomenologic	3	3
Awareness e Mind	123	272
Awareness e Body	231	449
Awareness e Transference	38	158

Você poderá pesquisar, por exemplo, como autores que se utilizam do conceito de *awareness* entendem o conceito de diagnóstico, percorrendo os 99 artigos que citam os dois conceitos.

Como curiosidade, na tabela acima salientam-se:

Awareness e Pathologic = 0%
Awareness e Unconscious = 0,3%
Awareness e Pathology = 16%

Awareness e Psicoanalisis = 18%
"...quem fala Awareness não usa Pathologic, Pathology, Unconscious, Psicoanalisis..."

E

Awareness e Deflection = 88%
Awareness e Retroflection = 93%

"...quem diz Deflection, Retroflection, também diz Awareness..."

No trabalho original, versão para computador e internet, o arquivo foi produzido como documento html podendo então salvar os endereços das pesquisas como *links* a serem acessados na internet.

Algumas citações selecionadas
"Yes. First comes the awareness and then the de-automatizing and bringing it more into the foreground, exaggerating it, and out of that develops experimentation in different directions."
1. *Sensory awareness: "The rediscovery of experiencing"*
By Kenneth McCarthy
reprinted from the Yoga Journal
http://www.sensoryawareness.org/aboutcs.html

A. "Indeed, Selver coined the term 'sensory awareness' now often used so carelessly, in 1950 to describe her work. And Selver has had a profound impact on humanistic psychology, in part due to her influence on some of the major theorists and writers of this century."
B. "Fritz Perls spent a year and a half studying with her and incorporated many of her ideas into his Gestalt therapy. In particular, he took from her his emphasis on awareness and on being, rather than having, an organism."

Laura Perls em: *An oral history of Gestalt therapy* by Edward Rosenfeld

(entrevista realizada a 23 de maio de 1977, e publicada no primeiro número do *The Gestalt Journal*).

NOME DA PÁGINA NA Web: Interview with Laura Perls
http://www.gestalt.org/perlsint.htm

Laura Perls:

1. "Chewing takes time and patience and an awareness of what one is chewing."

2. "And actually what we see with every patient is that they imitate consciously, and with awareness, what they admire and what they like, but they introject, unawares, what they can't stomach in any other way."

3. num total de 9 utilizações da palavra na entrevista

Awareness no dicionário Merrian Webster on line:
http://www.m-w.com/dictionary/awareness

Main Entry: aware

Pronunciation: &-'war, -'wer

Function: adjective

Etymology: Middle English iwar, from Old English gewær, from ge— (associative prefix) + wær wary -– more at CO-, WARY

Date: before 12th century

1 archaic : WATCHFUL, WARY

2 : having or showing realization, perception, or knowledge
– awareness noun

synonyms AWARE, COGNIZANT, CONSCIOUS, SENSIBLE, ALIVE, AWAKE mean having knowledge of something. AWARE implies vigilance in observing or alertness in drawing inferences from what one experiences <aware of changes in climate.

COGNIZANT implies having special or certain knowledge as from firsthand sources <not fully cognizant of the facts. CONSCIOUS implies that one is focusing one's attention on something or is

even preoccupied by it <conscious that my heart was pounding. SENSIBLE implies direct or intuitive perceiving especially of intangibles or of emotional states or qualities <sensible of a teacher's influence. ALIVE adds to SENSIBLE the implication of acute sensitivity to something <alive to the thrill of danger. AWAKE implies that one has become alive to something and is on the alert <a country always awake to the threat of invasion.

AWARENESS NO THESAURUS:

http://www.m-w.com/cgi-bin/thesaurus?book=Thesaurus&va= aware

Entry Word: aware

Function: adj

Text: marked by realization, perception, or knowledge often of something not generally realized, perceived, or known <aware of her own inner weakness

Synonyms alive, apprehensive, au courant, awake, cognizant, conscious, conversant, knowing, mindful, sensible, sentient, ware, witting

Related Word acquainted, apprised, informed; alert, heedful; impressionable, perceptive, receptive

Contrasted words: anesthetic, impassible, insensible, insensitive; ignorant, unknowing.

Notas finais

A. Os números de documentos resultantes das pesquisas não são completamente fidedignos, uma vez que apresentam variações. Variam em cada instrumento de busca. Por exemplo, a mesma busca, com a mesma sintaxe, na mesma data (5/5/1999), apresenta para Gestalt Therapy:

1. (COM A SINTAXE DE BUSCA POR TODAS AS PALAVRAS)

Os nacionais: Radar UOL = 2.438, Infoseek nacional = 2.656 Variação de 9%

2. (COM A SINTAXE DE BUSCA: A FRASE EXATA)

Os americanos: Infoseek (americano) = 1.259, MSN (Microsoft, americano) = 1.341, Netscape (americano) = 1.270 Variação de 9%

A variação maior entre os instrumentos nacionais e americanos se deve provavelmente a critérios de busca, mais rigorosos ou mais abrangentes na varredura da rede com relação à busca efetuada. Ao mesmo tempo, alguns instrumentos de busca necessitam que a página seja "cadastrada" para constar. A maior parte de nossas pesquisas foi realizada com os instrumentos de busca nacionais.

B. alguns instrumentos de busca atuais (2005)
1. google – http://www.google.com.br/
2. buscador miner – http://busca.uol.com.br/miner.jhtm
3. buscador uol – http://busca.uol.com.br/index.jhtm
4. buscador lycos – http://busca.uol.com.br/index.jhtm
5. buscador yahoo – http://www.yahoo.com/

C. Alguns buscadores permitem a obtenção de documentos criados a partir de uma certa data.

O homem e a informática

Nenhuma das mazelas de nossa civilização será resolvida com o simples advento da Era da Informática. Educação, saúde, emprego, justiça social, distribuição de renda, ética na política, combate ao roubo, à violência, à corrupção, à hegemonia do consumir, são valores socioéticos a serem alcançados. Nenhuma tecnologia garante. A tecnologia é uma condição existente e portanto necessária; mas não suficiente. Tecnologia é o que não nos falta.

Em suma é disto que se trata. Todo programa de computador se resume numa série de comandos que aprendemos a utilizar. Esses comandos executam uma série de rotinas que foram convencionadas entre o programador e o computador. Numa linguagem de signos para lá de hieroglíficos... E por que hieroglíficos? Apenas porque não os conhecemos? Não. Essencialmente porque, como qualquer signo, carregam a condensação de um número infindável de sinais. E como se dá o processo de condensação dos signos na linguagem convencionada entre os programadores e o computador? Mediante a criação sucessiva de diversas linguagens, pela qual cada uma condensa a anterior, representando cada sentença anterior com um sinal da nova linguagem. Seqüencialmente, a próxima linguagem condensará sentenças, parágrafos, páginas ou mesmo capítulos inteiros em apenas um sinal da nova linguagem. Deste modo é possível ordenar ao computador que execute rotinas. Tais rotinas podem ser absurdamente complexas pelo fato de admitirem sentenças condicionais do tipo: Imprima; se faltar tinta escreva na tela que está faltando tinta.

Nota: Neste trabalho adota-se a nomenclatura de signos como condensação de sinais e símbolos como a condensação de significados, tal como – se não me falha a memória – adotavam os antropólogos da velha geração de Ralf Linton. Corrijam-me se estiver enganado.

A linguagem básica da informática é uma linguagem binária. Nos termos atuais, baseados na eletricidade, será sempre uma questão de sim ou não. De um ou zero. De passar corrente ou não passar. O programador escreve uma série de zeros e uns. E cria expressões do tipo 010100001010 que ele, o computador, entende como uma seqüência de passar e não passar corrente. Na linguagem seguinte ele conveniona que tal expressão corresponde a X e que a mesma expressão antecedida por um zero equivale a Y. E passa a se comunicar com o computador nessa nova linguagem XYZXW. Na próxima linguagem esta expressão será condensada por @. E passará a criar expressões do tipo @#$&%#$, que o computador decodificará até chegar à sua linguagem original em termos de 0 ou 1. Deste modo, ao apertarmos a tecla R no teclado, estando dentro deste programa, o computador recebe a ordem @ para fazer aparecer no monitor o sinal gráfico correspondente com as características de tamanho, cor, contornos específicos da fonte escolhida. Ao pedirmos para salvar um documento, ele grava em sua memória um arquivo, que será capaz de abrir e ler se assim ordenarmos. Ao receber a ordem de abrir determinado arquivo, um programa apresenta na tela a seqüência de sinais gráficos que correspondem ao texto digitado anteriormente. Ao receber a ordem de impressão, os programas executam a ordem de passar para a impressora a seqüência de sinais gráficos que aparecem no monitor. Lembrar que @ pode ser uma sentença condicional do tipo: Imprima; se faltar tinta escreva na tela que está faltando tinta.

Passemos, porém, ao que possa interessar mais diretamente ao psicólogo e às ciências humanas de modo geral. Até o presente momento, apenas o homem é capaz de criar símbolos e atribuir significados. Um símbolo é a condensação de inúmeros significados em uma forma sintética, seja essa forma visual, auditiva, ou conceitual. Uma seqüência de formas sintéticas gera uma linguagem. Palavras e imagens são símbolos que condensam significados. Trazem em seu bojo uma história de associações com outras palavras e imagens. Por sua vez, cada uma dessas imagens ou palavras evocadas é simbólica e condensa outros inúmeros significados. E para complicar as coisas, estamos constantemente não apenas decodificando as formas sintéticas dos símbolos. Ao mesmo tempo podemos estar ressignificando. Isto é, recodificando. Atribuindo novos significados. Criando novos símbolos, com novos significados. Esta é a atividade de criação do espírito humano operada pelo sistema nervoso. É isso que o computador não faz. A não ser de modo sistemático e segundo uma abordagem pré-convencionada. O computador é absolutamente convencional.

A atividade de criação do espírito humano é livre e não arbitrária. Ai... ai...ai... As atividades do espírito podem ser livres e libertadoras ou rígidas e aprisionadoras. Isto porque a história da criação de cada linguagem simbólica foi gerada dentro de uma infinidade de códigos sociais; e por sua vez gerou um novo código individual, um conjunto de regras implícitas, a que atribuímos valores. O que atribui valor aos símbolos são os sentimentos a eles associados. Atribuímos um valor positivo àquilo que nos atrai. A bondade protege, a beleza ilumina, a verdade sustenta e orienta. A maldade ataca, o feio esconde, a falsidade desorienta e perde. Valores positivos atraem, valores negativos afastam. Valores positivos geram desejos, valores negativos geram medos. Para complicar, medos distorcem desejos, desejos assustam. Os outros nos ressignificam, nos autenticam e inspiram, nos negam e anulam. Vivemos numa rede de relações. Habitamos no mundo dos símbolos. Não nos livramos de medos e desejos. A liberdade do espírito se funda no modo como nos relacionamos com esse código implícito imposto por desejos e medos. Símbolos são a atividade do espírito humano a criar e recriar formas sintéticas com inúmeros significados que se imbricam em valores. Um símbolo carrega em sua forma sintética conteúdos e valores.

Compreender um símbolo quer dizer clarificar seus conteúdos e valores. A atividade terapêutica nestes termos pode ser entendida como a liberação da função simbólica que se encontra prejudicada, normalmente constrita, excessivamente condicionada por medos e desejos. Em muitos casos o mesmo se dá por uma inversão do dinamismo, mas com aparência de avesso. A ressignificação requer que a personalidade se reaproprie de seus valores (medos e desejos), pois ela se encontra inundada por símbolos com seus conteúdos desconectados de seus valores. Parece ser esse o estado da cultura atual e de muitos de nossos adolescentes.

Há mais ou menos um século e meio estamos sofrendo uma segunda expulsão do paraíso. Havíamos sido expulsos de lá, na primeira vez, acompanhados, pela mulher, pelos anjos, por irmãos, pelas igrejas com toda a sua liturgia, e ocupando um lugar único em toda a criação. Aqui nos encontrávamos no reino terrestre, afinal também de Deus, e nos acenava a possibilidade de retorno ao reino celeste. Estes símbolos vieram perdendo força nos últimos 150 anos, desde os primórdios da revolução industrial. É como se já não nos encontrássemos no mesmo mundo em que nascemos. Tornou-se muito solitário este lugar único que ocupávamos na criação. Se os anjos sumiram, se os homens tornaram-se estranhos apertadores de parafusos, como os imortalizou Chaplin; se Deus sumiu, como nos avisou Nietzsche; se a mulher, mais recentemente, também solitária, encontra-se assoberbada com as novas tarefas e papéis que lhe atribuem os novos estatutos culturais; se a natureza cada vez se esconde mais nas fumaças das grandes cidades e nas paredes dos edifícios envidraçados, desejamos intensamente alguém que possa nos fazer companhia. E que nos seja semelhante de algum modo.

Dentro da iconografia desta virada de milênio, encontram-se vários símbolos emergentes. A ecologia como um novo modo de se relacionar com a natureza, as ONGs como um novo modo de organização e participação comunitária, a globalização como um novo modo de reorganização econômica e política em nível mundial, as reorganizações regionais do tipo da União Européia, como nova forma de independência e autodeterminação, a decantada multidisciplinaridade como epistemologia, o encontro da microfísica com a macrofísica como cosmogonia, o encontro do Ocidente com o Oriente como a conciliação da sabedoria das tradições com a ciência, o conceito de rede como a chave da ordem cósmica e, portanto, da eficiência e da sinergia, a ufologia como exploração fraterna do Universo, as promessas de revoluções da engenharia genética, da biotecnologia, das neurociências e da informática. Tudo isto como continuidade da trajetória da ciência (supostamente) a serviço do homem.

Todas essas palavras são símbolos novos, no sentido etimológico da palavra símbolo, que em suas origens significa reunião. Expressam uma necessidade urgente de re-união. E todas elas são vividas de modo religioso. Também a religião tem em sua origem etimológica o sentido de religar. Como símbolos novos todas essas palavras possuem um caráter numinoso que exerce uma atração fortíssima sobre a consciência, na busca de necessidades prementes que se encontram na penumbra da consciência. Todos esses símbolos encontram-se em intensa atividade, e de fato – juntamente com outros não citados – gerarão o novo mundo que se coloca em movimento.

A numinosidade de um símbolo tem como função a da cenoura na frente do burro ao colocá-lo para andar. Muitas vezes acontece cairmos em poças d'água qual o menino que corria atrás da borboleta. Costumam gerar confusões e controvérsias tais como as de Babel. Mas já é conhecida a função dos ritos mágicos na geração de novos bens culturais. Atira-se no que se vê, atinge-se o que não era visível.

É dentro deste contexto que serão tecidas brevíssimas considerações sobre dois destes símbolos. A informática e a sua cria mais abrangente e virulenta: a noção de rede.

Apenas ao homem é dado formular questões. O computador é sim um grande meio para ajudar a respondê-las e difundi-las. Computadores reagem a sinais e signos. Nos limites dos horizontes atuais jamais criarão ou entenderão símbolos e significados. Computadores não sentem medo e desejos, ainda que venham a ser programados para simulá-los. Computadores não apreciam harmonias, ainda que já sejam capazes de reproduzi-las e colocá-las em alguma melodia. Está próximo o dia em que o computador será capaz de monitorar funções complexas do organismo tal como já se verifica com o marca-passo e toda a aparelhagem que encontramos nas UTIs. É possível imaginar um *chip* que venha a monitorar a liberação de algum hormônio sintético de acordo com as necessidades extremamente complexas do organismo. Mas ainda não se vislumbram possibilidades de utilização de tecidos vivos como componentes de um computador para ampliar suas possibilidades. As tentativas de criar inteligência artificial não passam de um artifício inteligente para obtenção de verbas colossais para projetos que, seja como for, têm contribuído para o desenvolvimento da informática.

É possível entender o sonho de criação da máquina à imagem e semelhança de seu criador, bem como o receio de que isso venha a acontecer. Porém, a solução do lado humano dos problemas pertence à ordem de questões humanas que somente o homem será capaz de formular e responder. Possivelmente através da função numinosa dos símbolos. E do resgate de valores antiqüíssimos que se encontram como bens universais na origem das tradições. Continuaremos a viver numa rede de relações. E a habitarmos no mundo dos símbolos.

Retomemos então a noção de rede. O velho Marx já nos avisava: os meios de produção acabam organizando não somente a produção mas também sendo interiorizados como superestrutura mental que reorganiza o conhecimento e as relações sociais. Pois isso está acontecendo com a rede. Os problemas e as soluções impostas pela criação de *softwares* e *hardwares* vêm gerando *peoplewares* e *organizationwares*. Para o bem e para o mal. Se estamos tão longe, como sempre estivemos, de fabricar uma máquina que sente, estamos adquirindo algumas qualidades e defeitos desta ferramenta potentíssima. Descartamos gente, contratamos máquinas. Pessoas se tornam obsoletas com a mesma velocidade com que se criam tecnologias. E talvez estejamos atingindo uma velocidade cultural em que já ontem nos tornamos todos obsoletos e hoje ainda não fomos avisados. Se correr o bicho pega... Se ficar...

Tenho uma convicção que a prudência e a parcimônia me recomendam enunciar como hipótese. De onde surgiu a noção de rede, tal como vem sendo conceituada e cada vez mais amplamente utilizada em todos os segmentos da cultura atual?

Essa convicção é baseada numa experiência pessoal muito marcante. Quando visitei uma ONG dedicada a capacitar adolescentes de baixa renda para se inserirem no mercado de trabalho, tal como se configura nos atuais horizontes culturais, fiquei muito bem impressionado com o que vi. As pessoas estavam raciocinando em termos de rede, a instituição estava procurando se organizar de acordo com esse conceito e esse conceito estava sendo ressignificado a partir dos desdobramentos destas práticas. Mas o que mais me impressionou foi o fato de que sem nunca ter lido nada sobre o conceito, sem ter nunca sofrido o assédio messiânico, pedagógico ou propagandístico das eventuais qualidades sinérgicas da ordenação em rede da cultura institucional que inspirava e regia a coreografia e o enredo daquele bailado, pude entender e apreciar em cada detalhe os significados do espetáculo.

Nem eram tão bons os bailarinos. É verdade que o ambiente físico era muito bem cuidado, uma mescla de antigo e pós-moderno. Com resultado muito agradável: luz, arejamento, plantas, computadores, tudo num ambiente politicamente correto e, no entanto, descontraído. Uma casa antiga de classe medianésima, reciclada – imaginem! A acolher uma ONG... Quem diria. O enredo se encontra nos primórdios. A coreografia embrionária apenas se esboça sob a batuta de um regente oculto.

Quem me recebe é um rapaz de 40 anos; não posso deixar de chamá-lo de rapaz aos 40 e poucos, porque é este seu personagem. Tomado por uma febre psíquica de entusiasmo, delira em gorjeios os acordes harmônicos da aurora nascente do cosmos regido pelo símbolo rede. Não se utiliza da palavra. Talvez em alguma passagem secundária. Mas respira e exala, sem saber, o espírito do símbolo.

Minha convicção: só pude entender o espetáculo porque nos últimos anos tenho sido um usuário pesado de computador. Continuo leigo como um cristão não batizado. Nunca fiz nenhum curso de informática. Não fui sequer iniciado nas linguagens hieroglíficas dos 010100001010, xyzwxy, @#$&%#$, com que informatas se comunicam com seus computadores. De modo lúdico tenho explorado programas, tantos quantos me chegam às mãos. Apenas um curioso, muito curioso é verdade, mas com todos os percalços e deficiências de um curioso.

A história tem antecedentes na vida familiar. Meu filho, então com sete anos, ganhou de sua mãe um joguinho de Phantom System. Como resultado passei quatro meses trancado na saleta de televisão, com quatro adolescentes a derrotar o terrível Predador. Jogo infernal, de que a maior parte mesmo dos adolescentes desiste na terceira ou quarta fase, ou se torna vítima de um ritual iniciático de conseqüências imprevisíveis. Ao final das trinta fases do jogo, os quatro adolescentes carregavam as medalhas e insígnias do mérito. A coragem, a astúcia, a paciência, a extrema atenção e a persistência haviam vencido as batalhas contra o mal. Tornavam-se homens. Eu tomara um banho de convivência com a garotada e encontrava-me com esta energia. Simultaneamente passara por um treinamento intensivo de quase duzentas horas de uma disciplina rígida que impunha uma seqüência absolutamente rigorosa de passos a serem executados para suplantar os desafios impostos pelo jogo. Precisão e ordenamento foram qualidades exercidas com disciplina e repetição diárias.

Após uns sete anos, meu pai então com 72 anos, desde os 70 desbravando seu Itautec, com muita insistência consegue me convencer a comprar um computador. Uma amiga me empresta o seu *laptop* por uma semana. A ordem e a didática dos manuais do vô Dito transferem-se para rabiscos e anotações de cada pedaço de papel de meu caos pessoal. Assim conquistamos o Word 5 e os comandos básicos do DOS. Macros e *batches* constituem as planícies a serem desbravadas.

De novo, uma seqüência rigorosa de comandos exercitados diariamente compunham uma sintaxe de relação com os programas de absoluta precisão. O mais surpreendente no entanto é que, como esses programas são integrados, com a prática sempre se descobre que existe no mínimo meia dúzia de maneiras diferentes de conseguir o mesmo resultado. Cada qual com sua sintaxe exata. Ao modo de ser integrado destes programas subjaz o conceito de rede, muito antes de ser formulado ou entendido. Àquela altura eu desconhecia a existência da internet e ela por aqui havia chegado apenas para os informatas. Hoje se poderia afirmar que a internet é uma derivação inevitável dos fundamentos da programação computacional, que por sua vez se funda no modo como são concebidos os *hardwares*. Mas de qualquer maneira este exercitar estava em minha rotina diária e, sem saber, eu vivia esse conceito para mim inexistente.

Conto com a paciência e tolerância de psicólogos e humanistas. Pois necessito esmiuçar o que em meu entender deu origem ao conceito de rede. E enveredarei por detalhes da linguagem de signos e sinais criados por programadores para se comunicar com suas máquinas infernais.

O computador entende sim e não. Executa ordens escritas em linguagem 010100001010. Aceita comandos com sentenças condicionais do tipo: @, se xwz execute 0100001010, se xyw, execute 010100. As tais das sentenças condicionais se constituem na chave básica que geraram a complexidade do funcionamento em rede. Caso o computador só entendesse sentença sim ou não, só permitiria rotinas lineares e ainda estaríamos na pré-história do que anda acontecendo. Nada melhor do que a imagem para ilustrar esse entendimento. Imaginem uma árvore de Natal que, em vez de ser adornada por apenas um conjunto de lâmpadas em seqüência, fosse iluminada por uma infinidade de fios com seqüências diferentes de lâmpadas distribuídas pelas três dimensões de seu espaço. As sentenças condicionais permitem que passemos de uma seqüência de lâmpadas para outra e que apenas algumas lâmpadas sejam acesas em qualquer seqüência. É possível desta maneira ordenar que uma infinidade de conjuntos de lâmpadas seja acesa em uma seqüência caleidoscópica, formando imagens tridimensionais que percorrem todo o espaço ocupado pela árvore. O efeito pode ser encantador se acrescentarmos cores variadas às diversas lâmpadas. Com algoritmos que criam uma impressão de aleatoriedade, estaríamos diante de uma verdadeira festa visual. Mas, embora o resultado seja mirífico ainda estaremos sob o efeito de um programa absolutamente convencionado entre o programador e o sistema que ordena a seqüência em que as luzes se acendem. Estas lâmpadas estão em rede. E pode-se formar qualquer conjunto que se queira contando com dois estados possíveis para cada lâmpada: acesa ou apagada. Tudo regido por seqüências de sim ou não e por sentenças condicionais.

Do ponto de vista tecnológico foram os transistores que permitiram a criação dos circuitos integrados que viabilizam as sentenças condicionais. Sentenças condicionais remontam ao tempo de Aristóteles. O que é inédito é a possibilidade de, como na imagem da árvore de Natal, todas e cada uma das lâmpadas poder formar com qualquer conjunto das outras desenhos tridimensionais dançando seqüências imemoriais. A microeletrônica se encarregou de transportar os circuitos integrados (vale dizer: em rede) para dentro do *chip*, uma pastilha do tamanho de uma aspirina, onde já em 1993 cabiam 35 milhões de transistores (vide livro citado abaixo).

Essas possibilidades passaram a ser vislumbradas na organização das instituições, nas relações sociais, nas associações mentais. Como um modo de "pensar" que passa a vislumbrar modelos associativos abrangentes com características de rede. Cada pessoa como uma lampadinha que, ao ser acionada, faz parte da constelação ativa no momento, formando com as outras aquela constelação ou figura que se delineia e se apaga no instante seguinte. Assim se organizam festas, festivais, a terceirização nas empresas, as parcerias, o trabalho como *free-lancer*, o ficar dos adolescentes... Com profundas alterações nas noções de vínculo, compromisso, pertinência, participação, inclusão, permanência, começo, meio e fim, ordem, conseqüências, causa e efeito, tempo e espaço!

Como um vulcão o espetáculo pirotécnico entrou em atividade no meio de cultura em que vivemos. Atônitos, deslumbrados, estarrecidos, resistentes, a favor, contra, muito pelo contrário, me inclua fora disso, todos atarefados com suas fainas diárias, poucos se dão conta: nós somos o espetáculo.

É possível imaginar o homem como regido por seqüências equivalentes. Mas... Ai! Nossas sentenças condicionais são regidas por medos e desejos. Em códigos individuais resultantes de múltiplos códigos sociais inscritos em nossa história pessoal e coletiva. E quando relativamente libertos de medos e desejos, nos acometem a curiosidade, o tédio e a necessidade de expressão. De onde resulta que medos e desejos, ou a ausência deles, nos movem em direção a ressignificar, a transmutar e criar novos símbolos, condensando em seqüências de novas sentenças condicionais as infinitas expressões da experiência humana em busca dos valores antiqüíssimos, que se encontram como bens universais na origem das tradições. Continuaremos a viver numa rede de relações. E a habitarmos no mundo dos símbolos. O entendimento dos símbolos requer a *awareness* que focaliza com atenção cada uma de nossas sentenças condicionais, regidas por medos e desejos.

Computadores não têm história, não aprendem com a experiência. Não têm medo de levar um choque da tomada. E se, por acaso, algum circuito se queimar por excesso de voltagem, basta trocá-lo. E o novo circuito não trará a experiência do que foi trocado. Bem como ela não se transmite para nenhuma outra parte do circuito. Quanto aos *softwares*, em última instância eles podem passar por uma lavagem cerebral e esquecerem toda a experiência que tiveram com o usuário que possa ter particularizado sua interação com configurações personalizadas. Podem ser reinstalados todos depois de uma reformatação do HD. Em seres humanos não se apagam as histórias. Apenas *(sic)* é possível ressignificá-las através da restauração das funções simbólicas.

Como dissemos em ensaio neste mesmo livro:

"Ressignificar a história pessoal e cultural só é possível através do exercício contínuo de *awareness*. Da atenção cuidadosa que se debruça sobre a experiência passada e presente, decodificando a linguagem dos símbolos que condensa e se traduz por palavras e imagens imbricadas a sentimentos. A razão aponta o sentido e é capaz de extrair orientações dos sentimentos. Com palavras e imagens ressignifica a experiência com valores éticos. Com razão ou sem razão o homem vive sob a égide da ética, quer a pratique ou dela não se dê conta. Não há como se tornar sujeito das histórias sem nos darmos conta de que a elas estamos sujeitos. De que aquilo que fazemos nos constitui e, em última instância, fazemos a nós mesmos".

Gestalt-terapia: duas palavras

1. O que se passa no terapeuta:

O Como *e o* O quê *em vez do* Porquê; *Esquecer a mente e voltar aos sentidos;* awareness.

O Gestalt-terapeuta estará aberto, alerta, atento, ou como dito em outro trabalho, vivo, preocupado, voltado para, conoscente, consciente, buscando, relacionando-se com alguém, sapiente, sensível, alerta, testemunhando. E não apenas voltado para o esclarecimento de significados ou origens do que esteja presenciando. Atento ao que ouve, ao que vê, ao ser vivo que se constitui e se expressa em sua presença. Atento a como reage a isto tudo; ao que sente, ao que fantasia, ao que imagina, ao que lembra. Atento às impressões que este acontecer suscita em si. Atento ao outro e a si.

Não é de admirar que a Gestalt-terapia viesse a se tornar uma abordagem dialógica. Nascemos e somos constituídos em relações. Somos com o outro, para o outro. A interlocução, como dinamismo essencial de absorção, é a parte que faltou explicitar na metáfora digestiva da Gestalt-terapia. Neste momento em que escrevo, meus outros estão no passado e no futuro. No convite que instigou a produção deste texto. E em quem no futuro nos vier a ler. Sou o texto em busca de leitores. No momento o texto e eu nos constituímos. Dialogamos. Bastamo-nos de improviso. Provisoriamente. Embora por ora nos bastemos, não sobreviveremos sem leitores. Nossa razão de ser está em outra parte. Nos falta o essencial.

2. O que o terapeuta faz:

Contato, Suporte, Foco, Experimento.

O Gestalt-terapeuta testemunha, acompanha, recebe, acolhe. Expressa-se com clareza. O que sente, o que pensa, o que propõe, o que lembrou, o que fantasiou, o que entendeu, o que não entendeu, o que imagina possa ajudar, em que o cliente poderia prestar atenção. Em si e nos outros. Em suas relações, ao estar sozinho, ao estar em contato com suas dificuldades, ao ser elogiado, ao ser criticado, em cada coisa que vive. O terapeuta pode propor que o cliente experimente prestar atenção em nuances e detalhes de seus sentimentos, de suas fantasias, de suas relações, de suas dificuldades e satisfações. O terapeuta pode propor que o cliente experimente se expressar de outras formas. Ali consigo, dizer de outro modo, falar por imagens, ser mais claro e direto, ser mais suave ou enfático. O terapeuta pode propor que o cliente experimente se entregar mais ao que está sentindo, vivendo, acontecendo neste momento. Ou ao contrário, que cuide um pouco de si, que respire, que se afaste e alivie um pouco o que vive. Se estiver perdido dentro de si, que olhe para o terapeuta e sinta-se mais em contato com o estar junto. Se estiver perdido no contato, que se recolha um pouco e se dê conta do que está acontecendo dentro de si.

Não admira a Gestalt-terapia se interessar por polaridades. Muitas vezes a solução está no avesso do desequilíbrio, no oposto do que se repete. E aquilo que se mostra é justamente o que não é. Vislumbrar o que está dentro, dar acesso ao que se esconde. Descer da gangorra, do sobe e desce e passear pela amplitude do parque. Raiva e dor, desejo e medo, alegria e tristeza, amor e ódio, mano Caetano já disse. Matou a charada: são o dentro e fora um do outro. O avesso do avesso do avesso... Polaridade é avesso.

3. O processo:

Figura e Fundo, Repetições e Mudança, o Eu, o Tu e o Nós.

Mas por acaso a vida pára? E uma figura quando salta, não coloca o resto no fundo? Da mesma forma o avesso e o direito não são da mesma peça? O fundo não é um espaço indiferenciado e

Amor e Ética 305

passivo. Contém inversões que prefiguram impositivamente qualquer figura que possa emergir. O que a gente enxerga, o que à vista se mostra, não é sempre um pedaço? A vida que busca? Ou a vista que impõe?

Podemos estar atentos ao que acontece a cada passo. E nos darmos conta do que se repete. Como figura inacabada. Tentando ampliar chances de liberdade. Apenas a singularidade do instante encerra o inefável. Apenas nas pequenas singularidades de cada experiência se encontram passagens e possibilidades de transformação. Ao nos darmos conta do de repente, o repente cessa o que se repete. Como paradigma estaremos atentos ao presente, libertando o futuro, e talvez, desconstruindo o passado. Localizando bloqueios, interrupções, desvios, evitações, torções, inversões. Procurando dar fluxo ao que está incompleto, ao que não se pode expressar direito. Aquilo que se inverteu ao viver. E continua torcendo o vivido.

Em nossa tessitura o fio. Quantas vezes como um fio, por um fio, ao voltarmos sobre nós mesmos, não passamos por dentro e não constituímos o nós. De que redundam os buracos, a falta, o vazio infértil. Quantas vezes como um fio, ao voltar a mim mesmo, passo por dentro e ato os meus próprios nós em lugares errados. O nó na garganta, no estômago, nas costas o pinçamento de um músculo, no peito o coração apertado, o constrangimento, a vergonha, a culpa e a desculpa e nunca o perdão.

A nossa tessitura. Façam-se com um tecido desses as nossas vestimentas. Remendos que repuxam, que nos constrangem os movimentos. Para nada prestam. Andar, correr, saltar, se abaixar, sentar, descansar. Fica tudo repuxado. Buracos que nos desagasalham. O pudor, a exposição, a vulnerabilidade, o desamparo, a impotência e o desespero. Experimente então dançar. Dançar a dança dos véus com um véu cheio de remendos e buracos. A nuance, a sutileza, a sugestão, a graça, a leveza, a intensidade, a liberdade, a força, a metáfora. Perdidos para sempre. Fica tudo repuxado. A precariedade e força das metáforas. Que digo? Este tecido é vivo. O que nos repuxa são cicatrizes, inchaços, inflamações, dores, a febre, indigestões, o cansaço, a quase inanição. E viver assim. Por não ter outro jeito. Que digo? Este tecido é anímico. O que nos repuxa é o ressentimento, o abandono, a rejeição, a indignação, o aviltamento. A incompletude, a dependência, o medo.

Desfazer nós e reconstituir Nós. Alguém ainda acredita que isso possa ser feito sozinho? Baah! E por que não? E por que não? Simples. As idas e vindas do fio serão sempre interlocuções. De mim para o outro, de mim para mim, do outro para mim, do outro para si, do outro para o outro, para o outro. Para o nós. A cada momento a tessitura. O outro me distorce. Eu me inverto e me retorço. No que digo no que faço, no que sinto. Você torce o que eu digo, o que eu faço, o que eu sinto. O outro me acolhe. Eu me dissolvo, me entrego e me resolvo. Neste nó, neste aqui, a volta é por fora ou por dentro? Ir adiante ou para trás? Quem é que deve se mexer? Eu? Você? Vamos dançar? Aguardo-te, *por supuesto...*

Posfácio

Carta a um amigo escrevinhador

"De uma amizade assim é que todo mundo carecia...
Me sinto de peito cheio. Da honra de amigo assim."

"Quem se faz entender não precisa mandar."

Paulo, você me meteu mesmo numa encrenca. Daquela das boas, que a gente negaceia e acaba satisfeito de comparecer. Você sabe como é difícil para mim a linguagem escrita. Eu sei da sua "curtição" com ela; dá para ver ao longo de todos os textos que estão compondo este seu último livro.

O que mais me aflige na escrita é a sensação de ausência concreta do interlocutor. É como estar dirigindo na serração; só dá para ver a luz do nosso próprio farol.

E aqui vem a primeira observação sobre os seus textos: quanto a presença do outro pode ser libertadora. Eu me recordo de uma máxima ética da minha adolescência que dizia: "A minha liberdade termina onde começa a liberdade do outro". Pois você me fez compreender que a proposição deveria ser: "A liberdade do outro começa onde a minha termina e por isso a nossa liberdade é sempre maior..."

Suas referências encantadoras ao Amor como fundamento de todo sentido e aspiração humanos, seja no modo de Eros, seja no modo de Philia, é muito próprio do seu jeito mesmo. E no entanto você mesmo escreve: "O amor é uma planta da família das opiáceas. E, como o ópio, gera dependência química. Quanto mais somos amados, mais dependentes químicos nos tornamos. E quão melhor a qualidade do amor que recebemos, mais exigentes e autoritários nos tornamos. Por fim não há quantidade ou qualidade que nos satisfaça. Nós nos entorpecemos, perdemos a sensibilidade muitas vezes até o grotesco".

E também: "Como a realização do desejo amoroso é incompleta, insatisfatória, impossível mesmo em sua concepção original, ela induz à problematização da relação amorosa. O desejo de traição é gerado na própria interioridade da relação de amor que não se realiza em sua concepção original. O que no mínimo nos desaponta. E no limite é vivido como traição. A própria relação amorosa nos trai. Sentimo-nos traídos porque a relação amorosa nos surpreende".

Talvez a questão mesma seja a nossa impossibilidade de sermos totalmente preenchidos por uma relação. Parece que somos condenados à abertura, a carregarmos, cada um de nós, o vazio das nossas possibilidades ainda não realizadas.

Porém, esse vazio não tem de ser vivido como falta. O vazio do porvir só é falta quando estamos presos à perspectiva do poder entendido como pura dominação e controle. Nessa circunstância, quando buscamos, como diz você, "possuir, apoderar-se, tomar posse. O ego a serviço do poder, colocando a relação como disputa e domínio. Não necessitaríamos de ética", apenas de força, e ainda assim permaneceríamos infelizes e frustrados. Nessa perspectiva, a experiência vivida é de traição, pois de fato a pessoa terá sido traída pela própria expectativa. Afinal, se alguém imaginou que poderia alcançar a plenitude do preenchimento e isto se revela sempre enganoso, essa pessoa poderia se sentir traída, como se sua imaginação fosse uma promessa de algo. Quando a perspectiva da dominação impera, o espaço da relação amorosa se reduz ao empobrecido jogo de "provoco ciúmes para te dominar. Sinto ciúmes para te controlar".

Por outro lado, quando a vivência da liberdade deixa de ser compreendida como soberania ou poder absoluto e passa a constituir outra atitude diante do mundo, quando a perspectiva do encontro e da solidariedade abrem a compreensão da liberdade como sentir-se em casa, então o vazio ganha um sentido muito diferente do de falta. Quem pode nos mostrar essa possibilidade de modo privilegiado é sem dúvida Serapião, que "nunca se viu esse homem sozinho". Pois quem fez do mundo sua morada (Ethos) nunca está preenchido e também nunca está em falta: "A ele as coisas se ofereciam". O vazio disponível para acolher o porvir se tornou a possibilidade de receber com alegria serena e silenciosa a doação de tudo que acontece: "Assim que pensasse em alguma coisa seu anjo o conduzia. De anjo, chamamos nós. Que ele não punha nome. Apenas sorria por dentro. De pura gratidão. Mas que ele amava se via [...] É o mundo de Deus, dizia. Que assim quem vive nem carece de contrição. Em comunhão vivia."

Restam ainda algumas passagens para curtir, mas estas vão ficar para o bate-papo mesmo.

Um grande abraço do
Guto (João Augusto Pompéia)

Ao que lhe tasquei como resposta:
Valeu Guto!
Claro que o nome passou a ser "Carta a um amigo escrevinhador".
Andava mesmo à procura de um substituto para Pósfacio.
Quem busca há de estar neste misto de atento e distraído. Um meio olho aberto ao que procura. O outro olho meio aberto ao que aparece. Os dois outros meio olhos, semicerrados na penumbra da intimidade.
Afinal, vivemos mesmo como vagalumes, não lhe parece?

Grande abraço!
Paulo

PS: Outra peculiaridade curiosa do bichinho: seus faróis ele carrega no bagageiro! E tem mais: em noite de cerração, não voa, fica piscando na moita...

Anexo

O sagrado e o profano[*]

O convite

Quando Lilian Frazão me convidou para participar desta mesa, não sabia se aceitaria; na minha mineirice, pedi prazo. Ela, acostumada com o amigo – aliás, casada com um mineiro e, ainda por cima, como eu, um geminiano –, só falou de mansinho:

– Não demore a responder, tenho muitos convites a fazer para as mesas e outras "cositas" do evento.

Ainda comentei com ela:

– Gosto muito do tema da jornada, "O sagrado e o profano". Só não sei é o que vai dar num evento da Gestalt. Lá no fundo, eu mesmo estava era tentando me aproximar da tarefa, ensaiar, a ver o que saía... A gente podendo tatear, apalpar devagarinho primeiro, antes de agarrar com afinco. É sempre prudente; assim ensina a mineirice.

Nisso, a gentil amiga de tanto tempo me pôs a par dos desejos que inspiraram a escolha do tema da jornada. E de algumas pessoas que estavam sendo convidadas. Depois, em outra mineirice, essa dela mesmo, passou a dar exemplos de como gostaria de ver sendo tratado o tema... Aliás, falante – vocês a conhecem –, chegou mesmo a anotar uma frase inspirada, dela mesma, que utilizaria em sua palestra. E, generosa, observou como é bom a gente conversar.... Estava eu fisgado, ainda sem saber.

---

[*] Texto criado para mesa-redonda na Jornada de Gestalt-terapia (São Paulo, 15 a 17 de setembro de 2006).

Mas a minha dúvida em participar vinha mesmo era de como me sairia com o tema. Tentei escrever alguma coisa na mesma noite. Ih... Tava mais duro que pão amanhecido. No dia seguinte, sem que eu dissesse nada, um cliente muito especial me vem com a história de um francês, de sobrenome espanhol, lá dos fins do século XIX, início do XX, que andava atrás de Deus, Georges Bernanos. Estava resolvido: eu participaria desta mesa. Se o sagrado vem ao meu encontro desta forma, trazido por um cliente muito especial, nem adianta me debater.

Georges Bernanos. É tudo que sei de tal criatura. Apenas o nome ouvido pela primeira vez. Quem quiser saber mais que recorra ao Google, que aponta 582 mil citações na *web*. E um total de 783 em língua portuguesa. De lá, apenas retirei que tal criatura de fato existiu, tendo vivido de 20 de fevereiro de 1888 a 5 de julho de 1948. É fato histórico. E andou morando aqui no Brasil. Mais eu não quis saber, fascinado que fiquei com a historinha que ouvi.

A historinha que ouvi

"Georges Bernanos era um homem que andava à procura de Deus. De Deus, de Suas manifestações, de Sua natureza. E então, sabe onde foi encontrá-Lo? Pois certa vez cruzou com uma mulher de extraordinária beleza. E se dúvidas ainda lhe pairavam, foi fulminado pela certeza. Existindo esta extraordinária criatura, Deus existe e é o seu Criador. E uma das essências de Deus é ser a suprema beleza."

Divagações

Posso começar a lhes contar por que não quis saber uma vírgula a mais sobre Georges Bernanos. Tivesse esse homem vivido na Idade Média, teria sido condenado à morte por heresia. Se é que teria tido a chance de cruzar com tal mulher, não tivesse ela mesma sido recolhida em mosteiro para se salvar da morte certa na fogueira.

Mais: nem quero saber do resto da história desse encontro do Bernanos. Tudo para poder imaginar à vontade. Nosso tema é grave. Requer imaginação. Aliás, a própria teologia equivoca-se a esse respeito: Deus não se encontra em toda parte. Poderia, mas não vai a qualquer lugar.

Sim: o que tem a ver conosco esse tema? O sagrado e o profano? Estamos condenados a essa antinomia, a essa dupla natureza de nossa humana condição. De almas encarnadas, diria a linguagem religiosa.

Suponhamos, imaginemos as circunstâncias desse encontro do Bernanos. Um homem que andava à procura de Deus. Imaginemos as circunstâncias, as coisas profanas, acidentais, em que se deram tal encontro. Meras circunstâncias...

Imaginemos Bernanos como jovem, garboso, lá pelos seus vinte e tantos anos, estudante promissor de teologia, filho de gente abastada, família de comerciantes bem-posta e cheia de prestígio. Solteiro cobiçado. Entusiasta, cheio de vida, homem interessantíssimo... Ah, se essa mulher cruzasse com esse olhar fulgurante e cheio de luz, fulminado que fora o nosso jovem em vista de tal beleza extraordinária... Seria necessária a presença de muitos anjos, pois que ali se cruzavam destinos. Ou desatinos. Para a glória de Deus ou do diabo.

Fosse ao contrário, Bernanos entrado em anos, jovem senhor, sessentão, bem apanhado, bem casado, de família bem constituída e já constante de netos, homem benquisto em sua comunidade... Seriam outras as circunstâncias, as tais das coisas mundanas, as coisas profanas.

E, ainda assim, nem mesmo tudo isso definiria o encontro, ou o desenrolar da história que escutei. E tenho imenso apreço pelo modo como me foi contada. E pelo modo como a escutei. E que ela tivesse acabado exatamente onde parou.

A história que eu escutei: esse homem, fosse ele quem fosse, encontra a presença de Deus ao cruzar com mulher de extraordinária beleza. E em Deus está a essência da suprema beleza. Em seu olhar, imagino eu, haveria de existir um quê de gratidão. De doçura, de paz, de satisfação. A mulher de extraordinária beleza haveria de perceber um quê de qualquer coisa boa emanando daquele olhar. Não tivesse atribulada, ocupada em excesso, atormentada a ponto de não poder enxergar. Porque, ainda com tudo isso, se apenas lhe sobrasse um pequeno espaço que lhe permitisse ver... E seguiria agradecida, sem mesmo saber por quê.

Continuemos a imaginar: tivesse naquele olhar prevalecido a concupiscência, a cobiça, a carne, digamos assim, provavelmente a mulher tivesse se assustado. Desviado rápido o olhar e seguido depressa o seu caminho.

Vá. Sem entrar em detalhes, meras circunstâncias da idade, da experiência, da história dessa mulher, de para onde ela estava seguindo em sua vida. A história prosaica dessa humana criatura.

Mas vamos ao que interessa no nosso tema. Por que é que gostei especialmente da historinha? Pelo seu quê de surpreendente. Pela sua heresia, pela sua liberdade, pela natureza lúdica e provocante que existe em seu modo de contar. Pelo seu caráter humano. Pela acuidade no contar, ao colocar o sagrado, já em sua essência, como um modo de olhar. Por explicitar o impacto colossal que o sagrado exerce sobre o nosso ser.

Em se tratando de modo de olhar, tratemos logo de esclarecer. Fosse a beleza um fato de natureza objetiva, seríamos todos seres de beleza extraordinária; assim nos imporia a seleção natural, pois apenas seres com essa qualidade seriam sobreviventes e capazes de procriar. Vale lembrar a cena do anão e da gorila, cantada pelo anão para a platéia no filme *Cabaré*. O nome da canção: *If you could see her through my eyes*. Se você pudesse vê-la com meus olhos. Ou mesmo a historinha que conta como a coruja acabou perdendo seus filhos ao descrevê-los como os mais lindos da floresta. Assim é se lhe parece.

O sagrado se constitui dessa necessidade inelutável de atribuir significados e valores a nosso estar no mundo. Fazemos isso independentemente de nossas escolhas. Até mesmo o cético atribui valores e significados ao ceticismo. E é isso que o distingue do cínico. E vale lembrar Oscar Wilde: "Nada jamais é revelado ao verdadeiro cínico".

Estamos condenados a essa antinomia, a essa dupla natureza de nossa humana condição. O profano é igualmente inelutável. Estarmos no mundo, encarnados, nos coloca em face dessa outra realidade. A concretude intransponível de tudo com que deparamos na vida. A natureza por si é profana e não tem nenhum compromisso com o significado e os valores que atribuímos às coisas. É completamente indiferente a que eu tenha sentimentos e necessidades. E mesmo o outro humano é de uma realidade absolutamente inelutável. Somos companheiros imprescindíveis de jornada. Ou não seríamos humanos. Daí que sejamos, também, sagrados e profanos uns para os outros. É só pensar em Buber: não há como escapar de nossos modos de estar no mundo, o Eu-Tu e o Eu-Isso.

Vale também lembrar que o sagrado prescinde da perspectiva teísta ou, mais precisamente, da perspectiva monoteísta. Ou de ordens religiosas. O sagrado antecede a existência, ou a concepção do monoteísmo. O terreno do sagrado é onde se instalam essas concepções. Mas originariamente o sagrado é representado pela existência de deuses e demônios do politeísmo. Há sim uma ampliação da compreensão do sagrado quando entendemos que ele independe de teísmos. Mas há também de reconhecer o maior nível de abstração alcançado pelo monoteísmo. Basta lembrar a confusão instalada no Olimpo ou mesmo no panteísmo. Há riqueza na diversidade de divindades e na descrição acurada e específica que se faz de cada uma delas. Mas esse olhar que deseja o universo como uno, ainda que composto de realidades paralelas que coexistam, aponta a necessidade humana de integração. Ah, a natureza profana do mundo que não tem compromissos com necessidades humanas e se revela mais complexa... Há mais coisas sob o céu e na terra do que sonha nossa vã filosofia... Sim, não é tarefa fácil integrar a nossa complexidade ou a do mundo. E não há necessidade de simplificações ou exclusões. É necessário compreender a dimensão do sagrado que prescinde de teísmos; é preciso absorver a diversidade e riqueza dos politeísmos; é necessário reconhecer o salto do monoteísmo que busca a integração.

A tragédia humana pode ser mais bem entendida se atentarmos para essa dupla condição de nossa natureza. As confusões em que vivemos por sacralizarmos o que não deveríamos e igualmente ao profanarmos o que não entendemos. É da natureza de todo sagrado ser profanável. É da natureza de qualquer profano ser tido por sagrado.

Deus existe. E sua existência é necessária à nossa humana condição. Como Criador que nos revela a nossa condição de criatura. Deus nos coloca diante de nossos limites. Deus é necessário como essência da suprema beleza. Mas Deus é igualmente terrível, como além de bela é terrível a natureza na manifestação de suas forças. Nos vulcões, nos maremotos, nos terremotos, nas enchentes e nos seus desertos. Na inelutável luta que a vida representa para toda criatura viva. Deus existe e sua existência nos protege. Assim como terríveis são nossas tragédias. As que a vida nos impõe e aquelas que criamos em nossa inadvertência, ao profanar o que não deveríamos; ao sacralizar o que não deveríamos.

Daí também a preciosidade com que recebi a historinha que me foi contada. No modo como me foi contada e no modo como a escutei. No momento exato em que ela termina. O segredo dessa narrativa está em que ela termina no momento exato em que sua verdade é revelada. Sua última frase: "E uma das essências de Deus é a suprema beleza".

E o que há de culminante nesse modo de a narrativa encontrar o seu desfecho? E de ser lançada assim ao mundo, como uma flecha ou uma janela descerrada, onde existe o convite para a reflexão?

Seja Deus então a nossa proteção. Que nos convoca à humildade. Que nos alerta igualmente sobre os abismos da idolatria. Que nos convoca à jornada de ir descobrindo, constituindo um caminho cujas margens se delimitam com a *hybris* de um lado e com a indignidade de outro.

Este tal de sagrado é mesmo muito complicado. Voltemos à simplicidade enganosa do profano. Da história do homem em busca de Deus e que O vislumbrou como suprema beleza, na beleza extraordinária de uma mulher. Justo aqui se revela a existência necessária de Deus, como presença protetora. Como possibilidade salvadora. E de que é mesmo que Deus como presença nos protege? Das margens do caminho. Da *hybris* e da indignidade.

Seja! Se esse homem idolatra essa mulher, se a confunde com uma deusa, se projeta sobre ela seus anseios do sagrado, se a reveste de atributos divinos, se a confina a este mundo celestial, se esse homem inadvertidamente se afasta de Deus e a coloca em Seu lugar, se a congela em estátua e a coloca em pedestal, se essas coisas acontecem...

Seja! Se essa mulher, por humana fragilidade, se confunde com uma deusa apenas porque os outros a confundem, se incorpora a projeção que recebe aos baldes, se ela, exposta apenas à cobiça dos homens e à inveja das mulheres, como há de reconquistar sua humana condição...

Se uma mãe faz de seu filho seu deusinho... A que condena o seu filhinho? Se uma menina faz de seu pai seu deusão e não ultrapassa esse modo de estar no mundo... Assim a fragilidade de toda idolatria. Assim o primeiro mandamento da lei de Deus: amarás a Deus sobre todas as coisas.

Não. Não estou fazendo proselitismo nem catequese, refundando religiões ou reinventando a roda com outros nomes. Apenas falo de modo familiar. De um modo que conhecemos, ao menos de ouvir dizer. Estou apenas refletindo e imaginando o que me encantou na historinha como a escutei. E porque apreciei especialmente o seu final. Como em toda parábola, o segredo desta narrativa está em que ela termina no momento exato em que sua verdade é revelada.

Naquilo que se mostra, sagrado pra gente é o que julgamos importante. Profano, aquilo a que não atribuímos importância. Já por essa diferença simples é fácil notar que, para nos sentirmos bem, devemos estar bem com as coisas que julgamos sagradas. E em quantas histórias humanas vemos o sagrado transmutado em histórias prosaicas e banais? Às vezes eu me pergunto se sagrado não seria uma palavra manca, assim perneta, faltante de outra perna, e que seu sentido fosse mais bem expresso pela palavra *consagrado*.

Na verdade, não devemos nos descuidar nem do sagrado nem do profano. Ao risco de o profano descuidado transmutar-se em prioridade sagrada. Assim com a saúde, com as necessidades básicas.

Até mesmo com a humana criatura que é meu vizinho. De si homem prosaico, desimportante, nem mesmo sei o nome dele. De uns tempos para cá, eu, que mal conheço a cara do sujeito, ando com a impressão que deu de fechar a carranca assim que me vê. Sujeito estranho... Aliás, na seqüência, alguns vasos de minha mulher apareceram quebrados, estranhamente derrubados da mureta do jardim. O pneu do meu carro furou duas vezes assim que comecei a andar... Essa humana, estranha criatura, será? Será que anda me aprontando? Será que tem alguma humana veleidade de querer ser visto como pessoa? Por que é que não posso simplesmente ignorá-lo? Agora deu de me infernizar. O tal do profano ignorado transmutado em sagrado atravessado... o avesso do sagrado.

Estou falando nos desmundos em que adentramos ao sagrarmos nossos pactos com nossos demônios. Achando sempre que são meros diabinhos, diabretes divertidos com quem podemos brincar. Isto lá é verdade. Se não nos enredarmos nas nossas próprias artimanhas. E quando olhamos para eles, transformaram-se em homens barbados, com cavanhaques, cascos, rabo, chifres, transformados em nossos mestres autoritários. Não se pense que o diabo é menos exigente do que Deus. As más línguas até dizem que os diabos vivem nascendo a cada dia, cria nossa inadvertida, e não nos assustam porque nascem todos pequenininhos. E Deus, Deus é sempre imenso.

Com tudo isso temos de nos haver. Como se não nos bastassem os problemas de cada dia. O nosso cotidiano, a nossa jornada. A complexidade de nossa vida profana.

Não é então admirável que ainda encontremos pessoas atarefadíssimas em sua faina cotidiana, cantarolando qualquer cantiga como se estivessem a rezar?

E aqui ficam também meus agradecimentos à Summus e a todos que colaboraram para que esse livro pudesse ser lançado por ocasião deste evento de Gestalt-terapia, e que dele pudesse constar inclusive este texto.

Henrique Caldeira de Barros

PAULO BARROS

É psicólogo, escritor, professor, conferencista e pesquisador internauta. Exerce a profissão de psicoterapeuta há trinta anos. É formado pela Pontifícia Universidade Católica de São Paulo e foi professor na mesma universidade durante 10 anos. Tem formação inicial em orientação junguiana (sete anos) e formação complementar em Gestalt-terapia. Fez estágios de especialização em Gestal-terapia nos Estados Unidos com John O. Stevens, Barry Stevens e outros. Foi um dos introdutores da Gestal-terapia no Brasil, sendo diretor, durante dez anos, da coleção Novas Buscas em Psicoterapia (Summus Editorial), com mais de quarenta títulos publicados. Participou dos Encontros Nacionais de Gestalt-terapia com publicações em literatura especializada. É autor de *Narciso, a bruxa, o terapeuta elefante e outras histórias psi*, organizador, juntamente com Ieda Porchat, de *Ser terapeuta – Depoimento*, ambos da Summus Editorial, e tem trabalhos publicados na internet.

IMPRESSO NA

sumago gráfica editorial ltda
rua itaúna, 789   vila maria
02111-031 são paulo   sp
telefax 11 **6955 5636**
sumago@terra.com.br

G R Á F I C A
sumago